U0541274

A LIBRARY OF DOCTORAL DISSERTATIONS IN SOCIAL SCIENCES IN CHINA

中国社会科学博士论文文库

中国的城市化—工业化关联
改革开放以来的演进及决定因素

Urbanization–Industrialization Nexus in Post-Reform China
Evolution and Determinates

张慧慧 著
导师 张 军

中国社会科学出版社

图书在版编目（CIP）数据

中国的城市化—工业化关联：改革开放以来的演进及决定因素 / 张慧慧著. -- 北京：中国社会科学出版社，2024.7. -- （中国社会科学博士论文文库）.
ISBN 978-7-5227-3974-8

Ⅰ.F299.21；F424

中国国家版本馆 CIP 数据核字第 2024NZ2479 号

出 版 人	赵剑英
责任编辑	王　曦
责任校对	李斯佳
责任印制	李寡寡

出　　版	中国社会科学出版社
社　　址	北京鼓楼西大街甲 158 号
邮　　编	100720
网　　址	http://www.csspw.cn
发 行 部	010-84083685
门 市 部	010-84029450
经　　销	新华书店及其他书店
印　　刷	北京明恒达印务有限公司
装　　订	廊坊市广阳区广增装订厂
版　　次	2024 年 7 月第 1 版
印　　次	2024 年 7 月第 1 次印刷
开　　本	710×1000　1/16
印　　张	16.75
插　　页	2
字　　数	283 千字
定　　价	89.00 元

凡购买中国社会科学出版社图书，如有质量问题请与本社营销中心联系调换
电话：010-84083683
版权所有　侵权必究

《中国社会科学博士论文文库》
编辑委员会

主　　任：李铁映

副 主 任：汝　信　江蓝生　陈佳贵

委　　员：（按姓氏笔画为序）

王洛林　王家福　王缉思

冯广裕　任继愈　江蓝生

汝　信　刘庆柱　刘树成

李茂生　李铁映　杨　义

何秉孟　邹东涛　余永定

沈家煊　张树相　陈佳贵

陈祖武　武　寅　郝时远

信春鹰　黄宝生　黄浩涛

总 编 辑：赵剑英

学术秘书：冯广裕

总　序

在胡绳同志倡导和主持下，中国社会科学院组成编委会，从全国每年毕业并通过答辩的社会科学博士论文中遴选优秀者纳入《中国社会科学博士论文文库》，由中国社会科学出版社正式出版，这项工作已持续了12年。这12年所出版的论文，代表了这一时期中国社会科学各学科博士学位论文水平，较好地实现了本文库编辑出版的初衷。

编辑出版博士文库，既是培养社会科学各学科学术带头人的有效举措，又是一种重要的文化积累，很有意义。在到中国社会科学院之前，我就曾饶有兴趣地看过文库中的部分论文，到社科院以后，也一直关注和支持文库的出版。新旧世纪之交，原编委会主任胡绳同志仙逝，社科院希望我主持文库编委会的工作，我同意了。社会科学博士都是青年社会科学研究人员，青年是国家的未来，青年社科学者是我们社会科学的未来，我们有责任支持他们更快地成长。

每一个时代总有属于它们自己的问题，"问题就是时代的声音"（马克思语）。坚持理论联系实际，注意研究带全局性的战略问题，是我们党的优良传统。我希望包括博士在内的青年社会科学工作者继承和发扬这一优良传统，密切关注、深入研究21世纪初中国面临的重大时代问题。离开了时代性，脱离了社会潮流，社会科学研究的价值就要受到影响。我是鼓励青年人成名成家的，这是党的需要，国家的需要，人民的需要。但问题在于，什么是名呢？名，就是他的价值得到了社会的承认。如果没有得到社会、人民的承认，他的价值又表现在哪里呢？所以说，价值就在于对社会重大问题的回答和解决。一旦回答了时代性的重大问题，就必然会对社会产生巨大而深刻的影响，你也因此而实现了你的价值。在这方面年轻的博士有很大的优势：精力旺盛，思想敏捷，勤于学习，勇于创新。但青年学者要多向老一辈学者学习，博士尤其要很好地向导师学习，在导师的指导下，发挥自己的优势，研究重大问题，就有可能出好的成果，实现自己的价值。过去 12 年入选文库的论文，也说明了这一点。

什么是当前时代的重大问题呢？纵观当今世界，无外乎两种社会制度，一种是资本主义制度，一种是社会主义制度。所有的世界观问题、政治问题、理论问题都离不开对这两大制度的基本看法。对于社会主义，马克思主义者和资本主义世界的学者都有很多的研究和论述；对于资本主义，马克思主义者和资本主义世界的学者也有过很多研究和论述。面对这些众说纷纭的思潮和学说，我们应该如何认识？从基本倾向看，资本主义国家的学者、政治家论证的是资本主义的合理性和长期存在的"必然性"；中国的马克思主义者，中国的社会科学工作者，当然要向世界、向社会讲清楚，中国坚持走自己的路一定能实现现代化，中华民族一定能通过社会主义来实现全面的振兴。中国的问题只能由中国人用自己的理论来解决，让外国人来解决中国的问题，是行不通的。也许有的同志会说，马克思主义也是外来的。但是，要知道，马克思主义只是在中国化了以后才解决中国的问题的。如果没有马克思主义的普遍原理与中国革命和建设的实际相结合而形成的毛泽东思想、邓小平理论，马克思主义同样不能解决中国的问题。教条主义是不行的，东教条不行，西教条也不行，什么教条都不行。把学问、理论当教条，本身就是反科学的。

在 21 世纪，人类所面对的最重大的问题仍然是两大制度问题：这两大制度的前途、命运如何？资本主义会如何变化？社会主义怎么发展？中国特色的社会主义怎么发展？中国学者无论是研究资本主义，还是研究社会主义，最终总是要落脚到解决中国的现实与未来问题。我看中国的未来就是如何保持长期的稳定和发展。只要能长期稳定，就能长期发展；只要能长期发展，中国的社会主义现代化就能实现。

什么是 21 世纪的重大理论问题？我看还是马克思主义的发展问

题。我们的理论是为中国的发展服务的，绝不是相反。解决中国问题的关键，取决于我们能否更好地坚持和发展马克思主义，特别是发展马克思主义。不能发展马克思主义也就不能坚持马克思主义。一切不发展的、僵化的东西都是坚持不住的，也不可能坚持住。坚持马克思主义，就是要随着实践，随着社会、经济各方面的发展，不断地发展马克思主义。马克思主义没有穷尽真理，也没有包揽一切答案。它所提供给我们的，更多的是认识世界、改造世界的世界观、方法论、价值观，是立场，是方法。我们必须学会运用科学的世界观来认识社会的发展，在实践中不断地丰富和发展马克思主义，只有发展马克思主义才能真正坚持马克思主义。我们年轻的社会科学博士们要以坚持和发展马克思主义为己任，在这方面多出精品力作。我们将优先出版这种成果。

2001 年 8 月 8 日于北戴河

摘　　要

工业经济活动具有集聚经济和范围经济等特性，其在空间范围内的自发汇聚表现为工业化与城市化的紧密协同发展。经典的发展经济学理论认为工业化会推动城市化，城市化水平的提升反过来也会促进工业化发展，并且这一理论在以城市化与工业化国际经验为研究对象的文献中得到了证实。但是中国的工业化发展无论是从增加值还是从就业结构的角度来看都处于较高水平，而城市化发展无论从人口还是从城市建设角度来看都处于较低水平。那么中国的城市化到底在多大程度上滞后于工业化；这种滞后受到哪些因素影响；以及通过撤县设区这类行政区划改革能否改善城市化的滞后。本书主要围绕这三个问题开展研究。

关于中国的城市化是否滞后于工业化以及滞后的程度，第三章和第四章从定性和定量两个角度着重研究了这一问题。在定性层面，本书将中国的城市化和工业化发展历程与日本、韩国的城市化和工业化发展历程进行比较。通过比较发现中国的工业化水平与日本、韩国的工业化发展水平相当，但同期中国的城市化水平却明显低于日本、韩国。这从国际经验的角度证明中国的城市化滞后于工业化。在定量层面，本书将中国的城市化和工业化水平与钱纳里和塞尔昆（1988）总结的常态城市化和工业化水平进行了比较，发现中国的工业化水平相较常态工业化水平并不存在滞后，甚至略高，但中国的城市化水平却明显低于常态城市化水平。更进一步的，本书将耦合模型与熵值法相结合，度量了地级市城市化和工业化的协调程度。结果发现，从 1990 年到 2015 年，中国地级市层面的城市化和工业化协调程度呈现出先下降后上升的趋势，其中约在 2005 年到 2010 年之间，大多数地级市的城市化与工业化协调度较差，也就是城市化滞后于工业化的程度严重。

利用第四章得到的城市化与工业化协调程度测算结果，第五章研究了财政分权程度和地方政府竞争对城市化与工业化协调程度的影响。具体来说，第五章首先构建了地方政府和企业之间的两部门模型，分析了财政收入分权和地方政府竞争程度如何通过影响工业用地出让，进而影响城市化与工业化的协调程度。其次，利用1990年到2015年间城市层面的数据，实证检验了财政收入分权和地方政府竞争对地级市城市化与工业化协调程度的影响。结果显示，财政收入分权程度上升对城市化与工业化的协调程度有显著的正向影响，地方政府竞争程度的上升对城市化与工业化的协调程度有显著的负向影响，二者交叉项的系数说明财政收入分权程度的上升有利于缓解地方政府竞争加重给城市化与工业化协调程度带来的负向影响。在机制检验部分，研究验证了财政收入分权程度和地方政府竞争主要通过影响非城市区域工业用地出让，进而影响城市化与工业化间的协调程度。

撤县设区是中国为推动城市化发展而推行的行政区划改革，具体指的是将市辖区周边的县级区域改设为区级行政单位，与原市辖区在行政、经济、财政等方面逐渐融合。改为区级行政单位之后，该区域作为市辖区的一部分归地级市政府统一管理，其独立程度相比原来作为县级区域时大幅降低，而与原市辖区之间的协同发展程度大幅提升。第六章将2000年到2004年间以及2011年到2015年间发生的撤县设区作为准自然实验，结合双重差分法和倾向值匹配法，研究了撤县设区对城市化与工业化协调程度的影响。结果发现，撤县设区可以显著提升城市化与工业化之间的协调程度，也就是降低城市化滞后于工业化的水平。通过进一步的机制分析发现，撤县设区可以通过提升城市化水平改善城市化滞后于工业化的程度，其作用途径主要包括促进人口向城市区域集聚，提升城市区域的基础设施建设，提升工业用地出让质量等。

基于上述研究，为促进中国的城市化与工业化协同发展，第七章提出四方面的政策建议。一是深化财税制度改革，理顺央地财税关系。重点在于提升地方政府财政收支中财权和事权的匹配度，降低地方政府对于土地出让收入的依赖度。二是加快地方政府职能转型，优化地方官员激励机制。重点在于降低地方政府盲目扩大投资和横向恶性竞争的动机，引导地方政府将发展目标转向满足人民需求、提升公共服务能力等。三是顺应经济活动在空间上的内在组织规律，增强行政区划改革与经济发展的协调度。重点在于进一步推动全国统一大市场建设，促进劳动力、土地、资本等要素在地区间实现合理配置和集聚。四是着力推动城市群和都市圈的发展，注重以人为核心促进城、镇、乡村融合发展。

关键词：城市化；工业化；财政收入分权；地方政府竞争；撤县设区

Abstract

Industrial economic activities are characterized by agglomeration economy and scope economy, and their spontaneous convergence within a spatial scope is manifested as the coordinated development of industrialization and urbanization. Classical development economics holds that industrialization drives urbanization, and the improvement of urbanization levels, in turn, promotes industrialization. Relevant theories have been confirmed in literature that takes international experiences of urbanization and industrialization as research objects. However, China's industrialization development is at a relatively high level, both in terms of value added and employment structure, while urbanization development is at a relatively low level, both in terms of population and urban construction. This book focuses on three main aspects: to what extent does China's urbanization lag behind industrialization; what factors influence this lagging phenomenon; and whether administrative reforms such as the County-To-District can improve the level of urbanization lagging behind industrialization.

Chapters 3 and 4 focus on the issue of whether and to what extent China's urbanization lags behind industrialization, and examining it from both qualitative and quantitative perspectives. From a qualitative perspective, this book compares the development trajectories of China's urbanization and industrialization with those of Japan and South Korea. Through comparison, it is found that China's industrialization level is comparable to that of Japan and South Korea, but China's urbanization level during the same period is significantly lower. This, from an international experience perspective, proves that China's urbanization lags behind its industrialization. From a quantitative perspective, this book compares China's urbanization and industrialization levels with the normative urbanization and industrialization levels summarized by Chenery and Syrquin (1988). It is discovered that China's industrialization level does not lag behind the normative level, and is even slightly higher, but China's urbanization level is significantly lower than the normative level. Furthermore, this book combines the coupling model with the entropy method to measure the degree of coordination between urbanization and industrialization at the city level. The results show that from 1990 to 2015, the degree of coordination between urbanization and industrialization at the city level in China firstly declined and then increased. Specifically, between approximately 2005 and 2010, most cities experienced the worst degree of coordination between urbanization and industrialization, indicating the most severe lag of urbanization behind industrialization.

Using the measurement results of the coordination degree between urbanization and industrialization obtained in Chapter 4, Chapter 5 examines the impact of fiscal decentralization and local government competition on the degree of coordination between urbanization and industrialization. Specifically, Chapter 5 firstly constructs a two-sector model between local governments and enterprises, analyzing how fiscal revenue decentralization and the degree of local government competition affect the coordination degree between urbanization and industrialization by influencing the transfer of industrial land. Secondly, using city-level data from 1990 to 2015, the empirical test examines the impact of fiscal revenue decentralization and local government competition on the coordination degree between urbanization and industrialization at the city level. The results show that the improvement of fiscal revenue decentralization has significant positive impact on the coordination degree between urbanization and industrialization, while the intensification of local government competition has significant negative impact on the coordination degree between urbanization and industrialization. The coefficient of the cross-term between the two indicates that the improvement of fiscal revenue decentralization is conducive to mitigating the negative impact of intensified local government competition on the coordination degree between urbanization and industrialization. In the mechanism test section, the study verifies that fiscal revenue decentralization and local government competition mainly affect the coordination degree between urbanization and industrialization by influencing the supply of industrial land in non-urban areas.

The county-to-district reform is an administrative division reform carried out by China to promote urbanization, specifically referring to the transformation of the surrounding county-level areas of municipal districts into district-level administrative units, which will gradually integrate with the original municipal districts in terms of administration, economy, finance, and so on. After becoming a district-level administrative unit, this area, as part of the municipal district, will be uniformly managed by the prefecture-level municipal government, with its degree of independence significantly reduced compared to when it was a county-level area, while the level of collaborative development with the original municipal district will increase substantially. Chapter 6 takes the county-to-district reforms that occurred during the periods from 2000 to 2004 and from 2011 to 2015 as policy experiments, combing the Difference-in-Differences (DID) method and Propensity Score Matching (PSM) to study the impact of county-to-district reforms on the coordination degree between urbanization and industrialization. The results found that the county-to-district reforms can significantly improve the coordination degree between urbanization and industrialization, i.e., reduce the level of urbanization lagging behind industrialization. Further mechanism analysis revealed that the county-to-district reforms can reduce the lagging degree by enhancing the level of urbanization, primarily through promoting the concentration of population to urban areas, upgrading urban infrastructure, and improving the quality of industrial land supply.

Based on the above research, Chapter 7 proposes four policy suggestions to promote the coordinated development of urbanization and industrialization in China. Firstly, deepen the reform of the fiscal and taxation system and rationalize the fiscal and taxation relationship between the central and local governments. The key point is improving the matching degree between financial power and administrative power in local government fiscal revenue and expenditure, and reducing local governments' reliance on land supply. Secondly, accelerate the transformation of local government functions and optimize the incentive mechanism for local officials. The key point is reducing the motivation of local governments to blindly expand investment and engage in horizontal vicious competition, guiding them to shift their development goals towards serving people's needs and enhancing public service capabilities. Thirdly, comply with the inherent organizational laws of economic activities in space and enhance the coordination between administrative division reform and economic development. The key point is further promoting the construction of unified national market and facilitating the rational allocation and agglomeration of factors such as labor, land, and capital across regions. Fourthly, focus on promoting the development of urban agglomerations and metropolitan areas, emphasizing the principle of putting people at the center to promote the integrated development of cities, towns, and villages.

Key Words: Urbanization; Industrialization; Fiscal Revenue Decentralization; Local Government Competition; City-County Merger

目 录

第一章 绪论 ……………………………………………………… (1)
 第一节 研究背景与研究意义 ………………………………… (1)
 第二节 研究内容与框架 ……………………………………… (6)
 第三节 研究方法、实证数据与样本时期选择 ……………… (10)
 第四节 创新点与有待完善之处 ……………………………… (12)

第二章 文献综述 ………………………………………………… (16)
 第一节 城市化与工业化的内涵及影响因素 ………………… (16)
 第二节 城市化相对于工业化的滞后及影响因素 …………… (20)
 第三节 财政分权、地方政府竞争与城市化、工业化 ……… (24)
 第四节 行政区划改革与城市化、工业化 …………………… (29)

第三章 中国城市化与工业化的演变及国际经验 …………… (32)
 第一节 中国的城市及城市化 ………………………………… (32)
 第二节 中国的工业化 ………………………………………… (50)
 第三节 城市化和工业化的国际经验 ………………………… (67)
 第四节 小结 …………………………………………………… (83)

第四章 中国城市化—工业化协调发展演变及耦合度测算 … (84)
 第一节 国家层面城市化—工业化协调发展演变 …………… (84)
 第二节 地级市层面城市化—工业化协调发展演变 ………… (92)
 第三节 地级市城市化—工业化耦合度测算 ………………… (96)
 第四节 人口镇化与城市化—工业化协调发展分析 ………… (118)
 第五节 小结与政策建议 ……………………………………… (128)

第五章 财政分权、地方政府竞争与城市化—工业化协调发展 …… (133)
    第一节 引言 …… (133)
    第二节 理论模型 …… (142)
    第三节 实证方法与模型 …… (148)
    第四节 描述性统计 …… (151)
    第五节 实证结果 …… (163)
    第六节 机制检验 …… (171)
    第七节 小结与政策建议 …… (179)

第六章 撤县设区与城市化—工业化关联 …… (182)
    第一节 引言 …… (182)
    第二节 理论分析与实证方法 …… (186)
    第三节 实证结果 …… (189)
    第四节 稳健性检验 …… (198)
    第五节 机制检验 …… (202)
    第六节 小结与政策建议 …… (207)

第七章 全书总结及政策建议 …… (209)
    第一节 全书总结 …… (209)
    第二节 政策建议 …… (212)

附　录 …… (215)

参考文献 …… (222)

索　引 …… (241)

后　记 …… (244)

Contents

Chapter One Introduction ……………………………………………… (1)
    Section 1 Research Background and Significance ………………… (1)
    Section 2 Content and Structure ……………………………………… (6)
    Section 3 Research Methods, Empirical Data, and Sample Period …… (10)
    Section 4 Innovations and Limitations ……………………………… (12)

Chapter Two Literature Review ……………………………………… (16)
    Section 1 Connotation and Influencing Factors of Urbanization and
              Industrialization ……………………………………………… (16)
    Section 2 Lagging Degree and Influencing Factors of Urbanization
              Behind Industrialization ………………………………… (20)
    Section 3 Fiscal Decentralization, Local Government Competition,
              and Urbanization-Industrialization Nexus ………………… (24)
    Section 4 Administrative Division Reform and Urbanization-
              Industrialization Nexus ……………………………………… (29)

**Chapter Three Evolution of Urbanization and Industrialization
                in China and the International Experience** ……… (32)
    Section 1 Cities and Urbanization in China ………………………… (32)
    Section 2 Industrialization in China ………………………………… (50)
    Section 3 International Experience of Urbanization and
              Industrialization ……………………………………………… (67)

Section 4　Summary ………………………………………………（83）

Chapter Four　The Evolution and Coupling Degree Measurement of Urbanization-Industrialization Coordination ………（84）

Section 1　Evolution of Urbanization-Industrialization Coordination at National Level ……………………………………（84）
Section 2　Evolution of Urbanization-Industrialization Coordination at the Prefecture Level ………………………………（92）
Section 3　Coupling Degree Measurement of Urbanization-Industrialization at the Prefecture Level ………………………………（96）
Section 4　Population Town Urbanization and Urbanization-Industrialization Coordination ……………………………（118）
Section 5　Summary and Policy Recommendations ………………（128）

Chapter Five　Fiscal Decentralization, Local Government Competition, and Urbanization-Industrialization Coordination ……（133）

Section 1　Introduction ………………………………………………（133）
Section 2　Theoretical Model ………………………………………（142）
Section 3　Empirical Methods ………………………………………（148）
Section 4　Descriptive Statistics ……………………………………（151）
Section 5　Empirical Results ………………………………………（163）
Section 6　Mechanism Test …………………………………………（171）
Section 7　Summary and Policy Recommendations ………………（179）

Chapter Six　County-to-District Reform and Urbanization-Industrialization Nexus …………………………………（182）

Section 1　Introduction ………………………………………………（182）
Section 2　Theoretical Analysis and Empirical Methods …………（186）
Section 3　Empirical Results ………………………………………（189）
Section 4　Robustness Test …………………………………………（198）
Section 5　Mechanism Test …………………………………………（202）
Section 6　Summary and Policy Recommendations ………………（207）

Chapter Seven　Summary and Policy Recommendations ············ (209)
　　Section 1　Summary ·· (209)
　　Section 2　Policy Recommendations ······························ (212)

Appendix ··· (215)

References ·· (222)

Index ·· (241)

Postscript ··· (244)

第一章

绪　　论

第一节　研究背景与研究意义

中国经济发展进入新常态以来，经济增长模式发生了明显变化，不仅表现在经济增速由过去的高速增长转为中高速增长，而且意味着旧的经济增长动能日益衰退，新的增长动能亟待培育。过去中国经济增长的动能更多依靠的是粗犷的生产要素投入、大量低成本的劳动力供给，但面临着投资边际收益下降和劳动力成本的急速上升等不利因素，未来经济增长动能的培育需要更多依靠人力资本和创新发挥作用，而城市则是集聚人力资本，促进创新的重要空间载体。《中华人民共和国国民经济和社会发展第十四个五年规划和2035年远景目标纲要》提出，要深入推进以人为核心的新型城镇化战略，以城市群、都市圈为依托促进大中小城市和小城镇协调联动、特色化发展。党的二十大报告也将新型城镇化战略作为国家发展的重要战略。与此同时，值得注意的是，不论在理论指导层面还是在实践执行层面，中国的新型城镇化战略都不是单独发挥作用的，而是与新型工业化以及现代化经济体系建设相互联动、协同发展的。

城市人口和城区占地面积在一个国家的规模和占比不断提高的过程被认为是城市化的重要表现。城市的重要作用是促进生产要素和生产活动的集聚，通过集聚企业、人力资本、生产资料等多方面的资源，城市可以发挥经济增长的规模效应（Gennaioli et al., 2013）。Duranton和Diego（2004）详细论述了城市集聚经济的三种微观机制，包括共享、匹配和学习。这里的共享不仅意味着大型公共设施的共享，还包括生产过程当中中间产品供应商的共享，以及生产收益和风险的共享。匹配则是指劳动力和企业以及工作岗位之间的匹配。匹配的质量会随着匹配主体数量的增多而提高，而劳动力和企业匹配质量的提高则会提升企业的生产率。学习主要包括知识的生产、溢出和积累这三个方面，人口集聚有助于思想的交流和传播，同时不同技能劳动力之间以及不同企业之间的学习行为也会更加普遍。

城市的集聚与规模的扩大会给经济发展带来诸多好处，但是也并不意味着城市规模可以无止境地扩张。因为如果城市规模过大会导致"城市病"，主要表现为交通过度拥挤，以及住房紧张、能源紧缺等问题频发。所以有很多研究都探讨了城市最优规模的问题，其中齐普夫法则（Zipf's law）和城市首位度理论阐述了城市规模发展的重要规律。陆铭（2017）详细分析了在人力资本外部性的作用下，城市规模扩大对于经济增长的重要性，同时阐述了城市最优规模的存在性及其决定因素。同时陆铭（2017）认为，城市规模与经济增长之间的倒"U"型曲线背后实际上意味着城市资源供给的不足，而非规模不经济，就文中所探讨的发展阶段而言，中国的大城市以及特大城市尚未超过最优规模。此外还有 Au 和 Henderson（2006a）、柯善咨和赵曜（2014）等也研究了城市的最优规模，发现城市规模与劳动生产率之间呈现倒"U"型关系，并且认为中国地级市的城市规模绝大多数都小于最优规模。所以在中国的城市化发展问题上，如何进一步推动城市化的高质量发展才是关键。

从城市发展的动力来看，根据已有的国际经验，城市化的发展通常伴随着工业化的发展，工业化的发展水平在一定程度上被认为是城市化的必要条件，但却不是充分条件，因为城市化并不必然随着工业化的发展而同步发展。就中国改革开放四十多年城市化与工业化的发展状况来看，许多研究发现城市化的发展明显滞后于工业化的发展。关于城市化是否滞后于工业化以及滞后的程度，也有多篇文献进行了研究（沈可和章元，2013；陈斌开和林毅夫，2013；倪鹏飞等，2014；刘瑞明和石磊，2015）。这些文章大多从人口、土地以及产业结构等角度度量了中国的城市化和工业化，研究发现中国的城市化确实滞后于工业化。

城市化发展滞后于工业化发展带来的直接后果是经济转型发展时期动力不足。因为当粗放的工业化模式无法为经济增长提供持续动力并且在带来增长的同时导致严重的环境污染和生态危害时，未来的经济增长必然将更多采取集约型、创新型以及环境友好型的发展模式，这也正是中国目前所经历的经济转型阶段。相较旧的发展模式，新发展模式的特点是减轻了对于传统资源的依赖，转而将更多的人力资本和资金投向高技术领域，从而实现创新发展。这一过程中，高技术人才通过知识学习及共享等享有的正向外部性则需要城市的集聚经济发挥作用。当城市化程度低时，集聚经济无法在人才技能互补上充分发挥作用，从而导致经济转型过程当中动力不足。通过已有研究对中国城市化与工业化发展的路径分析可知，尽管中华人民共和国成立以来工业化发展一直在快速推进，但城市化并没有实现相应的快速发展。为了推进城市化的发展，中国采取了许多行政性政策，比如大力促进中小城镇发展，增加对中小城镇的土地供应，各省区市兴起的建造"新城"，以及撤县设市、撤县设区等行政区划改革等。这些政策一方面确实在一定程度上促进了城市化的发展，为中小城镇发展提供了发展基础和发展机遇，但同时也带来了一系列的弊端，主要表现为资源浪费和错配。

因此，基于发展经济学中城市化与工业化协调发展的理论，结合中国城市化发展滞后的现状，对中国城市化滞后于工业化的程度以及影响因素进行研究就变得尤为重要。现有文献当中虽然有部分文章研究了城市化相对于工业化发展的滞后程度，但是大多数的研究都以人口城市化作为唯一的度量标准，只有少数文献在人口城市化以外兼论了土地城市化的问题。仅从人口城市化或者土地城市化的单一角度来研究城市化相对于工业化的滞后，难以反映中国城市化的全貌，因为城市化不仅体现在人口和土地方面，还包括城市的道路、医疗等基础设施建设。此外，现有的研究多数偏向于国家层面整体城市化相对于工业化的落后程度，没有细分到地级市层面对这一问题进行研究。但实际上，由于中国幅员辽阔，地级市作为最基本的城市化发展空间载体，不同的地级市间在城市化和工业化发展上有着明显的差别，而认清这些差别有助于制定有针对性的改善政策。

对城市化与工业化发展模式的讨论离不开对宏观经济增长模式的分析，特别是在中国经济保持高速增长近二十年的情况下，中国的经济增长模式更是被许多国内外研究者称为"谜"。在对影响中国经济发展的关键性制度进行研究的国内外文献中，有两项制度引起了广泛讨论，一项是分税制，另一项是中国的土地供给制度。这两项制度不仅对经济增长具有重要影响，而且对中国的城市化和工业化进程也具有重要影响。同时，考虑到中国的行政治理模式中，地方政府官员的晋升制度采取的是类似锦标赛模式，更加扩大了前面两项政策带来的影响。具体而言，在地方政府官员竞争激烈的情况下，分税制所导致的财权上收和事权下移使得地方政府面临的财政缺口逐步扩大，而土地供给制度的改革在这种情形下为地方政府提供了弥补财政缺口的良策。地方政府一方面可以通过低价出让工业用地吸引投资，另一方面可以通过出让商业服务以及住宅用地等刺激当地房地产发展。这两项措施均可以为当地 GDP 的增长作出贡献。由于土地是工业化过程中最重要的投入要素之一，地方政府的工业用地供给模式决定了工业化在地理位置上的布局无法完全依靠市场的力量来引导，而是受到了许多行政层面因素的影响。这种行政性因素导致工业化过程中自发的集聚经济被打乱，城市化发展随之受到严重影响。在这种发展模式下，工业化对城市化的推动作用被削弱，城市化相对于工业化发展明显滞后。

通过梳理相关文献可以发现，已有研究更加关注地方政府竞争给工业化带来的影响，并且这些研究认为地方政府竞争确实对工业化的发展路径产生了重要影响。而文献中对地方政府行为影响城市化的相关研究则较少，实际上从行政层面来看，政府部门自上而下始终关注和重视城市化的发展和推动，具体表现为多次通过行政力量来调整和改革中国的行政区划，以此来推动城市化的发展，如撤县设区、撤县设市以及设立省直管县等。这种行政力量更准确地来说是一种造城行为，通过自上而下的方式将某一区域推入城市化发展的轨道中。但是这种造城行为是否真的能够在城市化落后于工业化的情况下推动城市化的发展，如果确实能够对城市化发展产生正面积极的影响作用，那么又是通过什么样的机制达到这种效果？这些重要问题在现有研究当中尚未得到明确的解答。

基于现有文献的研究发现和尚未得到一致结论的研究领域，本书主要回答了以下三个问题：

第一个问题是：中国的城市化发展相对于工业化发展是否存在滞后？为了回答这一问题，第四章在论证全国层面城市化确实滞后于工业化的基础上，对地级市层面城市化滞后于工业化的程度以及这种滞后在不同地区之间的差异进行测算。测算过程首先构建了城市化和工业化的综合评价体系，该体系从多个角度刻画了城市化和工业化发展内涵，然后基于这一评价体系计算了城市化和工业化各自的发展水平以及城市化相对于工业化的滞后程度。为了对城市化和工业化发展进行更加准确的评价，实证过程中对于城市化和工业化的度量单元选取了地级市这一城市化发展的基础空间，并且详细地描述了城市化滞后于工业化发展程度的地区差异。

第二个问题是：中国的财政分权和地方政府竞争对城市化和工业化之间的协调发展产生了怎样的影响，以及其中的具体作用机制是什么？为了解决这一问题，第五章首先构建理论模型讨论了财政分权和地方政府竞争如何通过影响地方政府的土地供给模式，进而影响工业企业投资以及城市化和工业化的协调发展，然后在地级市层面度量了地方政府的财政分权程度和竞争程度，并利用实证回归分析了这二者对城市化和工业化的协调发展所产生的影响。

第三个问题是：撤县设区这一通过行政手段推动的城区空间扩张是否能够真正提升城市化和工业化之间的协调发展程度？这一问题的研究实际上是关于撤县设区的政策效果评估。2000年以来撤县设区在多个地级市频发，其主要目的在于扩大地级市市辖区的范围，让原本具有较高独立性的县级行政单位和其所属地级市的市辖区在行政区域、财政决策、经济决策等方面融为一体，进而发挥规模经济和集聚经济的作用。但是撤县设区是否真的能够发挥推动城市化发展的作用以及其发挥作用的机制还需要详细研究，关于这一问题的研究将在第六章进行。

这三个问题构成了全书研究的主体内容，其内在逻辑关系是以城市化与工业化的协调发展为主干，重点回答了"是什么、为什么、怎么办"这三个方面的问题。其中在"是什么"的问题上，重点构建了评价体系来定量反映城市化与工业化的协调发展演变历程，作为后续分析的特征事实基础。在"为什么"的问题上，重点抓住了改革开放以来分税制和地方政府竞争这两项影响城市化和工业化发展模式的制度因素，分析了为什么中国的城市化发展会滞后于工业化发展。在"怎么办"的问题上，重点评估了以促进城市化发展为目标的行政区划改革对城市化滞后于工业化问题的影响效果，从而为怎么办才能解决城市化滞后于工业化这一问题提供决策思路。

总体来说，在中国经济转型、经济增长新旧动能转换的过程中，城市化和工业化扮演着重要的作用。对比国际发展经验，本该协调发展相互促进的城市化和工业化，在中国却表现得并不协调。而这种不协调与中国过去的经济增长路径之间有着密不可分的关系。与此同时，这种城市化滞后于工业化的发展模式也将导致中国当前经济转型动力不足。为了发挥城市化在人力资本互补和集聚经济正外部性方面的作用，中国将不得不依靠其他方式来推进城市化的快速发展,其中一种方式就是行政区划改革。通过行政区划改革的方式推动城市化发展需注重因地制宜,顺应市场规律,避免在推进城市化的过程当中,产生虚假的城市化结果。因为虚假城市化不仅对经济增长没有起到积极的促进作用,还会造成资源的浪费和错配从而拖累经济增长。

第二节 研究内容与框架

图1-1展示了分章节的逻辑框架。从各章节之间的递进关系来看,一共可以分为五层,第一层是绪论以及文献综述,这两部分构成了全书的框架基础和文献基础;第二层是改革开放以来中国城市化与工业化的发展演变过程以及发达国家城市化和工业化发展的历史经验,这部分构成了全书研究内容的经验分析基础;第三层包括两部分,一部分是从定量和定性的角度分析国家层面城市化与工业化之间的协调发展演变,另一部分是通过分别构建城市化和工业化的评价系统,计算二者的耦合度来反映地级市层面城市化与工业化之间的协调发展,这两部分特别是第二部分地级市层面城市化与工业化协调性的定量测算,构成了后续实证分析研究的定量测度基础;第四层也分为两个部分,一部分是财政分权和地方政府竞争对城市化—工业化协调发展的影响,另一部分是撤县设区对城市化—工业化协

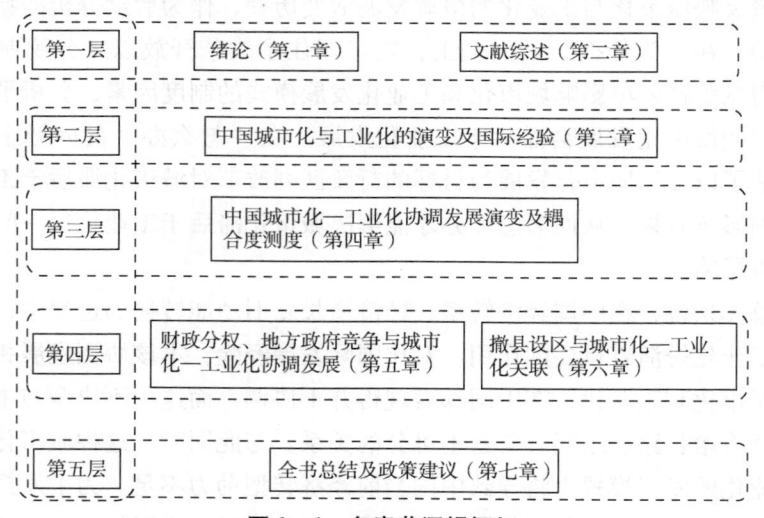

第一层	绪论(第一章)	文献综述(第二章)
第二层	中国城市化与工业化的演变及国际经验(第三章)	
第三层	中国城市化—工业化协调发展演变及耦合度测度(第四章)	
第四层	财政分权、地方政府竞争与城市化—工业化协调发展(第五章)	撤县设区与城市化—工业化关联(第六章)
第五层	全书总结及政策建议(第七章)	

图1-1 各章节逻辑框架

调发展的影响，这两部分中前者重在分析什么因素导致了城市化发展滞后于工业化发展，后者重在分析如何改善城市化滞后于工业化的程度；第五层则主要是对全书内容进行总结，并根据研究结论提出政策建议。

第一章是全书的绪论，主要对整体研究背景以及内容和框架进行介绍，包含四个方面的内容：第一个方面是研究背景以及研究意义；第二个方面是逻辑框架和主要内容介绍；第三个方面则介绍了研究方法，以及在研究过程当中所使用的数据；第四个方面总结了主要内容的关键创新点和基于已有文献做出的边际贡献。

第二章主要对后续研究内容相关文献进行综述，构成了全书的文献基础，主要包括四个方面的内容：第一方面是国内外文献中关于城市化和工业化发展相关研究的综述；第二方面是关于城市化相对于工业化的滞后及其原因的相关文献综述；第三方面是国内外文献中关于财政分权以及地方政府竞争研究的相关综述；第四方面是国内外文献中关于撤县设区以及其他行政区划改革影响城市化发展的相关综述。

第三章主要研究了改革开放以来，中国城市化和工业化的发展演变过程，并且分析总结了日本和韩国这两个东亚代表性国家，以及美国这个代表性发达国家的城市化和工业化发展过程，将中国的发展过程与跨国历史经验进行比较。其中前半部分对于中国城市化和工业化发展历程的总结是分开进行分析的，因为要想研究二者之间协同发展的过程，必须先对各自的演进过程进行详细分析，在此基础上才能够准确判断每一阶段二者相对发展的情况。后半部分国际经验总结部分的主要目的在于给中国城市化与工业化的发展提供一个参照体系。通过对三个代表性国家的分析，可以发现城市化的发展一般都是在工业化快速发展的过程中迅速成熟。随着工业化步入成熟阶段之后，城市化的发展速度也会逐渐减慢，并且向都市圈的发展模式转换。近年来，中国也密集出台了多项政策促进城市群、都市圈发展，而现实中中国的城市化仍处于都市圈发展的前期阶段，尚未成熟。

第四章主要研究了城市化与工业化之间的协调性，具体可以分为两个部分。其中前半部分的研究分析是将全国作为一个整体，与已有的国际经验进行比较，从定性和定量两个方面判断中国的城市化相对于工业化是否存在滞后，以此来衡量整体城市化和工业化的协调性。研究结果发现，不管是从定性角度看还是从定量角度看，中国的城市化都严重滞后于工业化的发展，特别是在进一步区分城市化和城镇化的情况下，以严格的城市化口径来度量时，城市化相对于工业化的滞后程度更为严重。后半部分则是在地级市层面上，用多方面的指标构建了城市化和工业化的综合评价系统，这两个评价系统可以较为准确地反映每个地级市城市化和工业化发展水平的全貌。在此基础上，第四章利用耦合度模型测算了城市化与工业化之间的发展协调性。通过测算耦合度可以发现，中国地级市城市化与工业化发展之间的协调性在1990年到2015年之间呈现出先下降后上升的演变趋势。也就是说城市化相对于工业化的滞后程度表现为先增大后减小。多数地级市城市化滞后于工业化最为严重的时期均集中在2005年到2010年之间。分区域来看，相比较于中西部地区，虽然东部地级市2015年城市化与工业化之间的协调性更高，但是从时间趋势上来看，东部地级市在2005年到2010年城市化相对于工业化滞后程度的恶化情况更为明显。此外，第四章在测算城市化—工业化协调发展水平演变的基础上，还进一步分析了人口镇化与这种协调发展演变的关系。研究发现，从省级层面来看，人口城市化与镇化之间的关系由正相关逐渐转为负相关，反映出城市化与镇化之间并没有实现良好的协同发展模式。而在此过程中，由于镇化与工业化之间的正向互动不断增强且与城市化的竞争关系逐步显现，导致镇化与"两化"协调性的关系渐趋负向。

第五章主要是基于第四章中测算得到的地级市层面城市化与工业化发展协调程度，进一步研究了财政分权和地方政府竞争给城市化—工业化协调发展带来的影响。为了更加清楚地阐述财政分权和地方政府竞争影响城市化—工业化协调发展的机制，第五章首先构建了理论模型，根据理论模型推导出了变量之间的相互作用关系，并据此建立了实证回归模型。模型的被解释变量是第四章中计算所得的城市化—工业化协调发展指标，两个核心解释变量分别是地级市层面的财政收入分权程度和地方政府竞争程度，此外还包括了其他地级市层面的控制变量。这些地级市层面的数据构成了一组非平衡面板数据，可以使用固定效应模型估计财政收入分权、地方政府竞争以及二者的交叉项对地级市城市化和工业化协调性的影响。根据理论模型的推导过程可知，地方政府竞争和财政分权实际上是通过影响地方政府的工业用地出让面积来影响城市化与工业化的协调程度。所以验证工业用地出让面积对城市化与工业化协调性的影响十分重要。因此第五章在机制检验部分利用地级市层面的工业用地出让面积作为解释变量，研究了其对于城市化—工业化协调度，以及工业企业数量、城市道路面积等衡量工业化和城市化的多个指标的影响。

第六章的研究内容同样基于第四章中得到的地级市城市化—工业化协调度的定量测度结果,对改善城市化滞后于工业化的相关政策进行了研究。具体而言,主要目的在于检验撤县设区这一带有造城性质的行政区划改革政策对于城市化—工业化协调发展所产生的影响。撤县设区对于地级市所产生的主要影响在于扩大了地级市市辖区的范围,将原本具有较高独立性的地级市下辖县转变为与整个地级市市辖区在行政、经济等方面的决策上具有高度一致性和协调性的区域。新成为市辖区的原县级区域与原有的市辖区也会逐步实现高度融合,增强对外来人口和企业的吸引力。县级区域转变为市辖区之后,其重心也会逐步转移到城市建设上来,从而提高整个地级市的城市化水平。为了评价撤县设区的政策效果,第六章主要使用了双重差分法(Difference in Difference),该方法是进行政策效果评估时的常用方法。通过实证分析发现,撤县设区确实可以显著提升城市化与工业化之间的协调程度,并且其发挥作用的机制主要是提升城市化水平,这一点在第六章的机制分析部分也得到了验证。

第七章则是对全书研究内容的总结,并基于研究结论进一步提出促进城市化与工业化协调发展的相关政策建议,主要包括:一是对中央与地方政府,以及省以下各级政府的财政收入分权制度进行更加合理的改革,提升地方政府在财政收支方面财权与事权的匹配程度,降低地方政府对于土地使用权出让收入的依赖程度。二是进一步深化对于地方政府官员的考核体系,减少地方政府盲目扩大投资、重复建设以及同级地区间恶性竞争的激励,鼓励以城市群发展为导向的地方政府合作,促进地方政府转型,由生产投资型逐步转向服务型,为经济发展创造良好的生态环境。三是应当对行政区划进行进一步调整,从而促进劳动力以及其他生产要素在地区间的合理配置和集聚。在以行政区划改革推动城市化发展的过程当中,应当注重以人的流动和集聚为关键考察指标进行改革安排,而不是仅仅停留在土地城市化发展,从而避免产生虚假的城市化。四是推动以城市群和都市圈发展为主导方向的新型城镇化战略需要重点提升各地区之间的行政治理协调程度,引导各地区根据自身的资源禀赋、地理条件等因地制宜培育本地优势产业,降低地区间在产业发展布局之间的同质化发展,增强各地区间开展有效合作和良性竞争的现实基础。

第三节 研究方法、实证数据与样本时期选择

本书在研究方法方面主要采取了理论模型与实证回归相结合的方式，其中第四章和第五章构建数理模型的主要目的是更加清楚地阐述研究内容的理论机制，为后续实证模型设计提供理论依据，第五章和第六章的实证回归占据了相应章节的主体内容，目的在于获得准确的定量分析结果。表1-1梳理了所有使用到的理论模型和实证方法的名称、目的、特点以及所属章节。

表1-1　　　　　　　　理论模型和实证方法汇总

模型名称	目的	特点	所属章节
理论模型			
耦合模型	度量城市化系统与工业化系统的耦合度	既考虑系统之间的协同性，又考虑二者的发展水平	第四章
熵值法	计算城市化系统和工业化系统中各指标的权重	给出系统中每个指标的客观权重	第四章
政府和企业两部门均衡模型	描述财政分权和地方政府竞争影响城市化与工业化协调发展的机制	清楚刻画地方政府的行为和企业的决策过程	第五章
实证模型			
固定效应模型	研究财政分权和地方政府竞争对城市化与工业化协调发展的影响规模	利用面板数据特点解决内生性问题	第五章
系统GMM模型	研究工业用地供给在影响城市化与工业化协调发展中发挥的作用	利用动态面板特点解决内生性问题和遗漏变量问题	第五章
双重差分法（DID）	研究撤县设区对城市化与工业化协调发展的影响规模	准确估计政策处理效果	第六章
倾向值匹配法（PSM）	对发生撤县设区的地级市和没有发生撤县设区的地级市进行匹配	提高实验组和对照组的匹配程度，解决估计的选择性偏差	第六章

在研究过程中所使用到的数据主要包括《中国城市统计年鉴》、人口普查年份和人口抽样调查年份的人口数据以及土地供应数据和撤县设区数据等。在第三章国际经验分析部分还用到了世界银行数据库，OECD数据

库，日本、韩国以及美国的国家统计数据，由于这些数据仅用于描述性统计分析，所以在表1–2当中没有一一进行总结。表1–2主要展示了第四章到第六章当中进行指标体系测算和实证分析所使用到的数据。其中《中国城市统计年鉴》的优势在于不仅分别展示了地级市全域的数据和市区单独的数据，而且包含了县级市的数据，其中县级市数据主要用于第三章中对比地级市城区经济发展和镇区经济发展。限于篇幅原因，没有在表1–2中详细说明。此处土地供应的数据是从中国土地市场网爬取的，该网站披露了2007年以来每一块出让成功的土地所属的行政区域、面积、土地来源、用途、供地方式、成交价格、批准单位等一系列信息，使用时主要筛选了土地用途为工业用地的相关信息。行政区划变更数据整理自行政区划网，该网站公布了中国每年各省份的详细行政区划及变更公告，具体到乡镇及街道等行政区划级别。需特别说明的是，本书所使用的数据均不包括港、澳、台地区。

表1–2　　　　　　　　　　数据总结

数据库	年份	目的	特点
《中国城市统计年鉴》	1990年、1995年、2000年、2005年、2010年、2015年	获取度量城市化和工业化系统的指标	有地级市层面分市区和整体的行政、经济等多方面的数据
《中国城市统计年鉴》	1986—2015年	获取度量财政分权、地方政府竞争程度的度量指标，以及其他实证回归的控制变量	有地级市层面分市区和整体的行政、经济等多方面的数据
《中国统计年鉴》	1986—2015年	获取省及中央的本级财政收入、支出以度量财政分权指标	具有宏观层面的本级财政收入
人口普查数据	1990年、2000年、2010年	获取各普查年度的常住人口数据	准确度量普查年份的常住人口数据
人口抽样调查数据	1995年、2005年、2015年	获取抽样调查年度的城市人口比重	准确度量抽样调查年份的城市人口比重
土地供应数据	2007—2015年	获取每一个出让地块的详细信息	披露了每一个成功出让地块的详细信息
行政区划变革数据	2000—2015年	获取每一年的行政区划变革（主要是撤县设区）	详细记录了每一年的行政区划及所发生的变革

在进行研究时期选择时，根据主要研究内容以及相关数据的可得性，

主体实证部分的研究时期主要选在1990年到2015年。之所以选定这一时期，主要是出于以下几个方面的考虑：一是尽可能拉长研究时期，以增强研究内容的可信度与一般性，因此，以人口普查及人口抽样调查数据可得性为主要约束条件，选取了1990年到2015年的三次人口普查年份数据和三次人口抽样调查数据年份。二是尽量选取所研究的机制作用比较典型的时期。第四章主要研究了财政分权水平对于城市化—工业化协调度的影响。过去三十年当中，对中国经济发展产生重要影响的两次财政体制改革，一次是1994年的分税制改革，这一改革基本决定了后面二十多年中央和地方政府之间的财政分权模式；另一次是从2012年开始局部试行，到2016年开始全面推行的"营改增"，营业税退出历史舞台对于中央和地方之间的财政关系再一次产生了深刻的影响。由于第五章主要研究分税制所带来的影响，因此为了避免"营改增"带来的干扰，时期选择上没有纳入2015年之后的数据。三是根据中国发展模式的转变进行时期选择。随着2014年末新预算法的生效，地方政府的债务及其与财政之间的影响关系发生了深刻的变化，同时，从2016年起中国进入了供给侧结构性改革阶段，在此过程中，中国的工业化发展模式产生了显著的变化，其与城市化发展以及与地方财政之间的相互作用关系也产生了相应的调整。为了保证研究时期内书中所阐释的理论模型对真实经济运行具有较强的解释力度，所以将研究时期框定在2015年及之前，从而避免现实经济运行逻辑的变化降低实证分析结果的解释力度。综合以上几点的考虑，最终主体研究部分的时期选在了1990年到2015年。此外，为了增强背景介绍和典型事实分析内容与后续主体研究内容的匹配程度，第三章在对所有相关数据进行统计分析时，也都选取了相同的研究分析区间。

第四节　创新点与有待完善之处

相较已有文献，本书主体部分的创新点和边际贡献主要包括，首先，全面系统地测算了地级市层面城市化和工业化的发展程度以及城市化滞后于工业化的程度；其次，进一步研究了影响城市化与工业化协调发展的重要因素。这对于准确判断中国城市化及工业化发展现状以及未来发展规划的制定有重要的参考价值，同时对于培育经济转型发展中的新动能具有一定的理论和经验价值。具体而言包括以下几个方面。

第三章的贡献在于系统梳理了中国改革开放以来城市化的发展历程和工业化的发展历程，并且通过梳理日本、韩国、美国这三个国家城市化与工业化协调发展的过程和都市圈的发展趋势，对比分析了中国当前城市化发展滞后于工业化的具体表现。

第四章的核心贡献是全面系统地测算了地级市城市化与工业化各自的发展水平，并且进一步测算了城市化与工业化的协调发展程度。第四章的创新点主要体现在以下两个方面：（1）已有文献中，在宏观层面将中国人口城市化和工业化数据与钱纳里和赛尔昆（1988）总结的国际经验进行对比时，由于无法准确找到经济水平临界值的年份，一般做粗略估计处理，本书则选取了位于临界值前后两年的准确数值与钱纳里和赛尔昆（1988）的结论进行对比，并计算偏差，由此得到了中国城市化及工业化水平与国际经验偏差的上限和下限，从而提高了结论的可信度。（2）已有文献在评价城市化及工业化水平时，往往采取单一指标来进行度量，比如只用城市人口比重或者建成区面积等代表人口城市化或者土地城市化的指标来反映城市化整体的发展，而工业化则只使用工业增加值占比或者工业就业人员占比来反映，并进一步用这些单一指标来判断城市化相对于工业化是否存在滞后。这样的度量方式无法准确反映城市化与工业化的全貌。本书则将耦合模型与熵值法结合起来，构建了城市化和工业化的评价系统，采用多指标的方式全面准确地度量了城市化和工业化的发展水平。在此基础上利用两个系统之间的耦合程度来判断城市化与工业化发展的协调程度。通过这种方式测算得到的协调程度不仅将城市化与工业化之间的相对发展水平纳入其中，而且综合纳入了城市化与工业化各自的发展水平。

第五章的核心贡献是构建理论模型并结合实证分析，从一个现有研究尚未基于充分关注的角度分析了影响城市化与工业化协调发展的因素。第五章的创新点主要体现在以下四个方面：（1）在已有文献当中，考虑影响城市化发展的因素时，多从户籍制度、人口流动以及产业结构等方面入手。目前很少有文献研究财政制度如何通过影响地方政府推动经济发展的方式来影响城市化的发展，而本书则重点分析了这一点。（2）为了阐述财政分权与地方政府竞争影响城市化与工业化协调发展的机制，第五章构建了政府和企业两部门局部均衡模型，并利用比较静态的方式分析了财政分权程度和地方政府竞争程度发生变化时对城市化与工业化协调发展程度产生的影响。(3)已有文献在研究城市化相对于工业化滞后程度的影响因素时,多用单一指标来反映城市化相对于工业化的滞后,而本书则利用前一章计算所得的系统度量指标的优势,选取三个不同的方式来度量城市化与工业化的协调发展程度,从而使得研究结果更为稳健。(4)为了验证在理论模型部分所阐述的机制,本书在机制检验当中利用工业用地出让数据进行了检验。已有文献当中,在研究土地供应问题时,所用的数据多为《中国国土资源年鉴》,而该年鉴并没有提供准确的工业用地出让信息,所以根据现有文献在判断工业用地时,往往用协议出让土地代表,但实际上二者之间存在明显的差距。第五章利用中国土地市场网公布的土地交易数据可以准确判断每一个出让地块的用途,从而准确计算地级市甚至是县及市辖区层面工业用地出让的面积,提高了研究结论的可信度。

  第六章的核心贡献是研究了撤县设区对于城市化与工业化协调发展程度的影响。第六章的创新点主要体现在以下三个方面:(1)现有研究中,较少有文献研究撤县设区这一行政区划改革对城市化发展的影响效果,唐为和王媛(2015)研究了撤县设区对人口城市化的影响,但是其被解释变量仅限于人口城市化。本书的被解释变量则是第四章中系统度量的地级市层面城市化与工业化的协调程度。(2)实证过程中在利用倾向值匹配法(PSM)对实验组和对照组进行匹配时,同时考虑了协变量的长期水平和短期水平,且在两种时期长度下均得到了一致的实证结论,证明了实证研究结论的稳健性。(3)在实证结果显著的基础上进一步分析了撤县设区影响城市化与工业化协调发展的机制,从单独的城市化、工业化以及土地供应等多个角度验证了基础研究结论,而这里得到的研究结论和机制在已有文献中尚未被发现。

  与此同时,本书的主体部分也存在一些不足之处,有待进一步完善,主要包括以下几个方面:

  第一,第四章对于城市化水平和工业化水平的测算中,由于难以获得每一年准确的常住人口数据,所以只能计算1990年到2015年每隔五年的城市化水平和工业化水平以及二者的协调程度,无法得到城市化与工业化协调程度的逐年连续变化趋势。故而对于协调程度变化趋势的转折点只能判断出位于2005年到2010年之间,不能判断其精确的年份。

  第二,第五章对于地方政府竞争程度的测算选取了人均实际利用FDI,

这一指标虽然在现有文献中被广泛用于度量地方政府竞争，但是也存在一定的争议。在未来的研究当中，应当进一步完善对地方政府竞争的度量，以验证本书研究结论的稳健性。比如可以用企业实际税率来度量地方政府竞争程度。此外，第五章的机制检验部分，限于土地出让数据的可得性，在验证工业用地出让面积的中介效应时，只用了 2010 年和 2015 年的数据进行实证分析。未来仍需对研究时期进行拓展。

第三，第六章在机制分析部分主要研究了撤县设区给劳动力和工业经济集聚、道路面积和公共交通、工业用地出让质量以及城市劳动生产率的影响。实际上，撤县设区影响城市化的渠道应当更为广泛，但限于数据可得性的问题，目前只对这几方面进行了讨论。未来应当在这一方面继续进行补充完善。此外关于工业用地出让质量的度量，参考已有文献的研究，第六章主要使用了工业用地中协议出让占比来衡量工业用地出让质量。实际上这一指标并不是工业用地出让质量最直接的度量方式，而应重点关注出让后带来的投资或对经济增长的贡献，但目前无法实现这方面的准确度量，需要在未来的研究中进行完善。

第二章

文献综述

第一节 城市化与工业化的内涵及影响因素

一 城市化的内涵与影响因素

目前关于城市化的研究当中，对于城市化的定义主要是指人的城市化，也就是城市常住人口占总人口的比重（Zhang and Song，2003；Bertinelli and Black，2004；Sato and Yamamoto，2005；Clark and Cummins，2009；Greif and Tabellini，2010；余永定和杨博涵，2021），还有一些研究将城市人口密度作为城市化的度量标准（Bertinelli and Black，2004；Carlino et al.，2007；Gollin et al.，2016；Xu et. al.，2019；卢洪友和朱耘婵，2020）。另外也有一些文章关注空间的城市化和土地的城市化（Nunn and Qian，2011；Li，2011；陆铭等，2011；周文等；2017），即城市用地占比或者是建成区用地占比以及城市当中的耕地占比。笔者认为，对于城市化发展的考察应当考虑上述多个方面的综合效果，故本书在研究城市化与工业化协调程度的部分，利用上述多方面因素构建了中国地级市城市化的评价体系。此外，还有一些文章在评价城市化的时候纳入了产业结构（戴永安，2010；王国刚，2010），但是考虑到产业结构更多反映了工业化的发展，而本书研究的重点在于城市化与工业化发展的不一致性，所以在构建地区城市化评价体系时不考虑产业结构水平，而将产业结构作为工业化的考量指标。

关于中国的城市化及城市化过程当中出现的问题有许多研究已经进行了深入的讨论。第一类文章对中国目前所处的城市化阶段进行了探究，王小鲁（2010）详细回顾和总结了中国在过去城市化的过程当中所经历的不同过程以及每个过程当中的城市规模与数量，经过与国际经验的比较以及实证分析，文章认为中国大城市的规模和数量还远远不够，应当着力推动人口规模在百万级别以上的城市的发展和集聚。王曦和陈中飞（2015）在分析城市化影响因素的基础上，利用国际数据分析了各因素对于城市化的影响程度，进而对中国合意的城市化水平进行了预测，分析发现中国实际的城市化水平远低于依据国际经验预测的城市化水平，并且认为其中最重要的拖累因素是中国的户籍制度。Au 和 Henderson（2006a）利用中国城市层面的 GDP 数据和人口数据测算了人均产出和城市规模之间的关系，发现二者之间表现为倒"U"型。文章利用估计所得的模型估算了中国最优城市规模，发现在文章所研究的时期，中国大多数城市的规模远小于最优规模，并且认为对于人口流动的人为干预是造成城市规模偏小的重要原因。梁婧等（2015）利用 2003—2009 年的数据也研究了中国城市的最优规模，发现中国城市规模普遍偏小。江曼琪和席强敏（2015）详细分析了国外和国内学者对于城市化的定义，认为应当用密度和规模来对城市进行定义，并利用人口普查数据对中国当前的人口集聚现状进行了分析，发现中国的大城市体现出高度集聚的特征。袁富华等（2020）分析了城市化发展过程中的人口增长模式演变，认为中国城市化已发展至成熟阶段，其人口增长趋势也将呈现出向低度均衡路径的收敛。此外还有 Anderson 和 Ge（2005）、Giesen 和 Südekum（2011）等文章研究了中国的城市规模的分布。简新华和黄锟（2010）以及郭克莎（2000）则通过将中国的城市化水平和钱纳里和赛尔昆（1988）的发展模型进行对比发现中国的城市化水平相比于国际经验存在严重滞后。

第二类文章研究了中国城市化的影响因素，中国经济增长前沿课题组（2011）构建理论模型研究了中国土地财政扩张对于城市化的影响。一方面他们认为土地财政的扩张推动了基础设施的投资，从而推进了土地城市化的发展，但是另一方面土地财政的发展模式又推高了房价，阻碍了人口城市化，并且还会导致去工业化的发展。章元和万广华（2013）研究了粮食国际贸易对于中国城市化的影响，他们认为耕地面积的最低需求会限制城市化的发展，而粮食的国际贸易则会在一定程度上缓解这一问题，并且利用实证模型验证了谷物的国际贸易与城市化水平之间的正相关性。杜修立和张昱昭（2022）提出了利用跨国面板数据分析中国城镇化率的决定因素，研究发现典型经济因素和体制改革因素是中国城镇化率提升的重要动力，并且改革因素的贡献更加突出。Deng 等（2008）研究了中国城市核心区域扩张的影响因素，研究发现，人均收入、人口规模以及运输成本都会正向显著影响中国城市核心的空间边界。而在产业结构方面，农业地租会对城市核心的扩张起到负面作用，第二产业份额对城市核心扩张没有影响，第三产业份额有轻微的正向影响。Xu 等（2019）研究了 2001—2005 年城市人口密度的变化，研究发现城市人口密度与城市土地扩张以及地区 GDP 增长等因素的影响，并且通过跨国比较发现，中国人口密度的下降速度大于印度等地区，需要通过有效的城市发展战略进行优化。顾乃华（2011）认为中国省级层面的行政制度通过影响市场化程度和开放度会对本地区的城市化及城市化对服务业的推动作用产生影响。范剑勇等（2015）从土地供给的角度研究了地方政府在推进城市化的过程中所扮演的角色。

此外，还有部分国外的文献研究了城市化进程中其他国家的表现，早期的经典文献中，Krugman 和 Elizondo（1996）研究了发展中国家的城市化水平将如何受到国际贸易的影响，贸易的自由度越高，经济发展对城市集聚的依赖度越低。类似的还有 Ades 和 Glaeser（1995）、Moomaw 和 Shatter（1996）、Riefler（1979）。Lang 和 Dhavale（2005）总结分析了美国大都市区的地理区位和人口集聚情况。Munshi 和 Rosenzweig（2016）研究了在印度城市化的过程当中，保险制度和城乡工资差距对于男性劳动力流动性的影响。Partridge 和 Rickman（2008）研究了美国农村地区距离大都市的距离对其贫困程度的影响，发现距离大都市越远的地方越无法享受城市化带来的积极影响。此外还有许多文章（Rigby and Essletzbichler，2002；Andersson et al.，2007）研究了美国大城市区与劳动生产率等方面的问题，在此由于篇幅原因不做展开。

二 工业化的内涵与影响因素

1940 年英国经济学家科林·克拉克在威廉·配第的研究基础上归纳总结出了配第—克拉克定理，即随着人均收入水平的上升，劳动力会依次在农业部门、工业部门和服务业部门之间进行转移，最开始是农业部门的劳动力逐渐向工业部门转移，随后当人均收入增加到一定水平后，工业部门的劳动力会逐步转移到服务业当中去。在此过程中，劳动力从农业部门转移到工业部门的过程一般被认为是工业化过程。同时工业化过程不仅体现在就业占比的扩大，也体现在工业增加值占 GDP 比重的上升。

鉴于中国工业化发展相较发达国家起步较晚，因此发达国家早期的发展经验对中国具有一定的参考价值。郭克莎（2000）详细分析了经济发展过程当中工业化的一般国际经验，而后对照国际经验分析了中国20世纪50年代到20世纪末工业化发展的特殊之处，主要体现在收入水平低、市场化落后以及对后期工业化的滞后性影响较大。文章还分析了中国20世纪90年代工业化过程中，由于工业所占比重过高导致的产业结构偏差和服务业占比的下降，以及由于中国工业基础薄弱导致的工业化在转向技术集约化阶段所面临的困难。陈佳贵等（2006）对1995年到2004年中国所有省级区域所处的工业化阶段进行了综合评价。文章的评价体系涵盖了经济发展水平、产业结构、工业结构、就业结构、空间结构等多个方面。研究发现中国各地区工业化水平之间形成的结构正在由金字塔型逐渐转变为橄榄型。不同区域之间的工业化发展速度也有显著差别，其中东部地区的工业化速度最快，中部地区和西部地区的工业化速度其次，东北部地区的工业化速度最慢，并且工业化发展速度慢的地区与工业化发展速度快的地区之间的差距在不断拉大。张军等（2009）研究了中国工业化过程中的结构转变和全要素生产率的提升，发现中国的工业化在1980年到2006年由粗放型逐渐转为集约型，对于劳动力的吸收能力也有所上升。庞瑞芝和李鹏（2011）研究了在"低碳""节能""环保"等约束下中国新型工业化的增长绩效及其区域差异，文章发现随着东部地区劳动力成本的上升，东部地区开始进行工业内部的升级，减少劳动力的投入，转变为更加依赖新型技术的发展模式。而在东部地区进行转型升级的过程当中，后发的中西部地区却并没有承接东部地区淘汰的劳动密集型产业，而是发展了高污染、高能耗的资本密集型产业，导致中西部地区相对于东部地区的工业化增长绩效显著下降。所以文章认为中国过去实施的扶持中西部的战略措施之所以没有缩小与东部地区的差异，主要原因在于扶持政策只是在资金上的倾斜，导致了中西部的工业发展陷入高污染、高能耗的困境。进入新发展阶段，中国的工业化发展成就显著，黄群慧（2021）通过测算工业化水平综合指数进行综合评测后认为，2020年中国已经基本实现了工业化。

此外，还有一些文献研究了中国工业化过程中多个方面的影响因素，如梁若冰（2015）研究了通商口岸和铁路对于中国近代工业化的影响。Faber（2014）研究了贸易一体化对于中国工业化的影响，该文章将中国高速公路的建设看作自然实验,研究发现由于高速公路建设带来贸易成本的下降导致了周围非目的地区域工业产值的下降。董敏杰等(2015)研究了中国不同地区和不同行业工业产能利用率的差异,并且分析了经济增长、市场化发展以及国有产值比重等多个方面对工业产能利用率的影响。何晓萍(2011)研究了中国工业节能减排的影响因素。周亚虹等(2012)和张海洋(2010)研究了中国工业企业技术创新的效率和影响因素。肖国东(2019)在测度制造业转型升级方向和速度的基础上,分析了工业化不同阶段技术创新和人力资本对于制造业转型升级的影响。

国外文献当中对工业化以及工业其他方面相关问题也有诸多研究,Jorgenson 和 Stiroh（2000）计算了美国工业细分产业的生产率和对经济增长的贡献,Stiroh（2002）则估计了工业企业生产率,并研究了其影响因素。此外还有许多研究（Melitz,2003；Bloom and Van Reenen,2007）都在工业部门生产率的研究方面作出了贡献。Baldwin 等（2001）研究了全球范围内多个国家工业化的过程,并将其总结为分散工业化、工业化起飞和加速工业化并缩小收入差距这三个阶段,此外文章还分析了贸易成本和政府政策在国家工业化过程当中所发挥的作用。Squicciarini 和 Voigtländer（2015）研究发现人力资本不仅是现在经济增长的重要因素,早在工业革命时期的工业化过程当中人力资本就发挥着重要的作用,文章利用法国18 世纪的数据验证了"百科全书"的订阅密度对法国工业化时期的经济增长有着显著的正向作用,此外公民的识字水平以及法国的专利数据也验证了人力资本对于法国工业化的重要作用。

第二节 城市化相对于工业化的滞后及影响因素

钱纳里等发展经济学家认为工业化的发展是推动城市化的引擎,因为当经济重心由农业转向工业的时候,工业部门会吸纳大量农业部门的劳动力进入工业部门,成为城市中的常住人口,进而实现人的城市化。理论上来说,工业化与城市化之间并不是单向作用,而是相互影响。一系列经典文献对工业化与城市化之间相互作用的路径进行了分析,Fujita 和 Krugman（1995）构建理论模型研究了工业化与城市化之间相互促进的机制,文章中用图 2-1 描述了模型的机制。简单来说,就是当一个城市的制造业产品多样化提高时,其价格水平就会下降,进而导致居民在名义收入水平不变的情况下，实际收入水平提升，由此吸引更多的消费者进入这个城市，而这些新进入的消费者也会是劳动力，劳动力的增加会进一步提升这个城市工业部门的专业化程度，更多的专业化企业的出现则会进一步推动该城市制造业产品的多样性，从而形成一个自我实现的循环。在这个过程当中，制造业企业的专业化和数量的增加体现为工业化，而消费者也就是人口的增加体现为城市化。与此同时，不论是消费的多样化还是生产的专业化都是集聚经济带来的好处，这也是城市在推动经济发展过程中的优势。

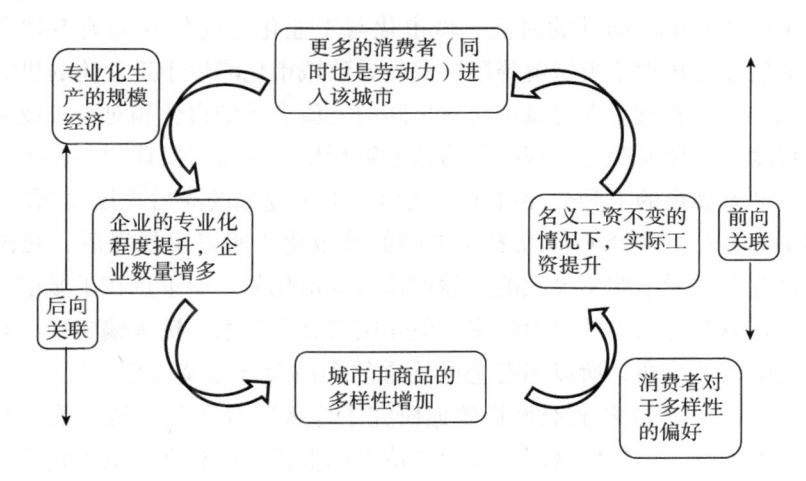

图 2-1 企业和劳动力空间集聚的循环影响关系

资料来源：Fujita and Krugman（1995）。

此外，还有后续一系列文章在此基础上进一步研究了城市化和工业化互相推动的机制，以及集聚经济在此过程当中发挥的作用（Krugman, 1998；Gordon and McCann, 2000；Hanson, 2005；Fujita and Krugman, 2003）。由此可见，国际发展经济表明城市化与工业化之间确实应当是同步协调发展的，但是诸多国内外针对中国的研究却发现中国的城市化显著滞后于工业化。

国内有许多文献都研究了中国的城市化发展相对于工业化发展是否存在滞后以及具体原因。陈斌开和林毅夫（2013）认为城市化发展迟滞的原因在于中国过去的产业发展中，实行的是重工业优先发展的战略。因为重工业吸收就业的能力较差，导致无法带动农村的剩余劳动力向城市转移，进而延缓了中国的城市化进程。他们在文章当中构建了地区层面的技术选择指数，以此来度量该地区重工业优先发展的程度，并且用该城市中的就业人数占总就业人数的比重作为城市化的度量指标进行了实证分析，结果发现重工业发展优先程度对城市化具有显著的负向影响。此外，他们的文章还发现重工业优先发展的策略会导致城乡收入差距的扩大。倪鹏飞等（2014）研究发现国际贸易是解释中国的城市化滞后于工业化的重要原因。因为他们认为经典文献当中提出的城市化和工业化相互促进、协调发展的现象是建立在相对封闭的经济体系下的。当存在国际贸易，可以将工业生产产品销往国外的时候，城市化与工业化之间的互动关系就会变弱。他们在构建理论模型解释国际贸易导致城市化滞后于工业化的机制的基础上，用非农就业率与城市化率之间的差值表示城市化相对于工业化的滞后程度，用贸易顺差的规模作为核心解释变量进行了实证回归，结果发现贸易顺差规模的上升会导致城市化相对于工业化的滞后程度显著增大。刘瑞明和石磊（2015）研究发现中国的城市化之所以发展滞后，是由于所有制存在二元结构所导致的。他们认为城市化的发展重点在于城市企业对于农村剩余劳动力的拉力作用，但是国有企业普遍是资本偏向型，对劳动力的吸收能力弱，所以国有企业比重的升高会导致城市化发展的滞后。该文用1985—2011年省级面板数据研究了地区国有企业产值比重对城市化水平的影响，结果发现国有企业产值占比上升，确实会对城市化水平带来显著的负向影响。沈可和章元（2013）也从类似的角度研究了城市化发展滞后于工业化发展的原因，他们的切入点是地区资本密集型的投资倾向。他们的文章认为，中国的城市化之所以滞后于工业化，是因为城市投资倾向于资本密集型产业，这导致城市发展倾向于资本深化，而对劳动力的吸收能力降低。该文章在实证过程中度量了城市地区全社会固定资产投资中资本密集型产业投资所占比重，然后用这一变量作为核心解释变量，对城市就业规模及比重以及城市户籍人口比重等衡量城市化发展水平的变量进行了回归，研究发现资本密集型产业投资占比的上升确实会显著降低城市对于劳动力的吸收能力，从而导致城市化发展的滞后。总体而言，已有研究在影响城市化与工业化协调发展的因素方面，多数关注中国工业化过程中的产业结构特征，分析工业发展没有产生相应的人口转移的具体原因。还有一些文献只研究了城市化是否滞后于工业化以及滞后程度的问题。简新华和黄锟（2010）将中国的城镇化水平与钱纳里和赛尔昆（1988）通过综合分析 100 多个国家得出的常态城市化水平进行比较分析发现，相比于中国的工业化水平，中国的城市化水平存在明显的滞后。在钱纳里等（1988）总结的发展模型当中，城市化与工业化之间的偏差始终为正，而简新华和黄锟（2010）计算得到的中国的城市化与工业化之间的偏差始终为负。这种定量的滞后效果不仅在工业化以工业增加值占比的度量口径衡量下成立，在用工业就业占比来衡量工业化程度的情况下同样成立。

许多国外文献也研究了中国城市化水平偏低的原因，Mullan 等（2011）认为中国的农村土地流转制度导致了城市化水平偏低；Au 和 Henderson（2006a，2006b）与 Whalley 和 Zhang（2007）认为是由于中国的户籍制度导致了城市化率偏低。此外还有一系列文献（Young and Deng, 1998; Hertel and Zhai, 2006）在这一方面作出了贡献。

上述文献当中，对于城市化滞后于工业化原因的探究多停留在城市地区为什么对农村剩余劳动力吸收能力弱这一角度，而城市吸收劳动力能力弱的原因则多数都归结于城市的产业结构问题，不论是从重工业占比的角度看，还是从国有企业占比以及资本密集型企业投资占比的角度看。这更多反映的是中国在工业化发展中产业结构类型存在的问题导致了城市化发展相对于工业化发展的落后。但是本书将从另外一个全新的角度对城市化滞后于工业化的原因进行分析，也就是中国的财政分权和地方政府竞争模式对城市化与工业化协调发展的影响。

城市化滞后于工业化的研究对于理解中国经济的发展有着重要的作用，许多文献都研究了城市化发展迟滞带来的影响。李文（2001）认为城市化滞后会加重农村人口负担，加剧人地之间的紧张关系，影响农村生产率的提高，过度的农村剩余劳动力甚至会给城市管理带来负面影响。白南生（2003）认为城市化发展的迟滞会压抑经济的增长，而大力推动城市化的发展则可以加速劳动力转移，推动 GDP 增长。Chang 和 Brada（2006）认为中国城市化落后于工业化的现象在改革开放之前并没有显现出来，而是在改革开放之后逐步显现，并且导致这种现象的原因是对城乡人口迁移的过度限制。他们的研究发现城市化滞后于工业化会大大提升经济发展的成本，导致经济增速下降。此外还有许多文献都对城市化发展迟滞带来的影响进行了分析（周其仁，2012；王桂新，2013；施建刚和王哲，2012）。

这一部分前述两个小节的内容主要对城市化和工业化发展的相关文献

进行了综述,通过上述内容可以发现,中国城市化相对于工业化发展确实存在滞后,但是对于具体原因的研究尚未有明确结论,而且在滞后程度的测度方面现有的研究采用的衡量指标比较单一,没有反映城市化和工业化发展的全貌,本书的主体研究则会弥补现有文献在这两个方面的欠缺。

第三节 财政分权、地方政府竞争与城市化、工业化

财政分权是经济学研究范畴的一个经典概念,其发展演变经历了两代理论。第一代的财政分权理论重点关注多级政府存在的必要性。正是因为多级政府的存在,居民可以采取"用脚投票"的方式来决定自己的居住地区,提升了政府为辖区居民提供优质公共产品的激励(Hayek,1945;Oates,1999)。第二代的财政分权理论则重点关注财政分权对于经济增长的促进作用,文献研究认为中央—地方的分权会促进流动资本在地区之间的竞争,从而营造更加高效的生产环境,促进经济增长(North,1990;Weingast,1995;Qian and Weingast,1997)。还有一部分文献认为具有中国特色的联邦式央地关系中,财政分权赋予了地方政府与中央政府共享税收的权力以及进行经济决策的权力,这是地方政府激励的重要来源(Montinola et al.,1995;Blanchard and Shleifer,2001;Jin et al.,2005)。

国内外许多文献都研究了财政分权给经济增长带来的影响。谢贞发和张玮(2015)使用荟萃分析法研究了38篇关于中国的财政分权是否能够促进经济增长的文献。所谓的荟萃分析法指的是对搜集到的研究某一存在可比性内容的文献,利用统计分析的方法对这些文献的结论进行系统性定量分析。谢贞发和张玮(2015)研究发现,已有文献当中主流的研究认为财政分权确实促进了中国经济增长,但是这些已有的研究结论都受到其本身研究特征的影响,所以根据现有的研究结果还很难准确对财政分权的政策效果做出评判。就目前的研究结论来说,认为财政分权可以显著促进经济增长的文献有很多(如张军等,2007;林春,2017;张曙霄和戴永安,2012;张晏和龚六堂,2005;Breuss and Eller,2004),同时也有一些文献认为财政分权会在一定程度上抑制经济增长(如殷德生,2004;Zhang and Zou,1998;廖直东,2022)。Davoodi和Zou(1998)利用48个国家的面板数据分析了财政分权和经济增长之间的关系,研究发现发展中国家财政分权程度的上升会抑制经济增长,而发达国家则不存在这种现

象。Thornton（2007）、Bodman（2011）也得到了类似的结论。还有一些文献则分地区讨论了财政分权给经济带来的正向作用和负向作用的差异，范子英和张军（2009）构建了一个非期望产出模型的同时度量了财政分权给经济增长带来的正面产出和负面产出，计算了各省份的经济效率。研究发现改革开放以来，在综合考虑财政分权给经济带来的正向产出和负向产出的情况下，有效率的省份逐渐从京津唐以及东北地区向东南沿海省份转移。他们的文献进一步研究发现开放和财政分权的作用效果会随着开放阶段而发生变化，当地区的开放程度越高，地方政府对经济的影响能力会越容易受到限制，从而财政分权给经济带来的影响也会减弱。

还有一些文献研究了财政分权对经济发展过程当中其他方面的影响，如财政分权对环境污染的影响（张克中等，2011；李香菊和刘浩，2016；刘建民等，2015；郑洁等，2018；后小仙等，2018；韩君和孟冬傲，2018；Khan et al.，2021；Cheng et al.，2021；Sun et al.，2022）；财政分权对地方政府官员行为的影响（尹恒和杨龙见，2014；Uchimura and Jütting，2009）；财政分权对产业结构以及企业行为的影响（沈鸿和顾乃华，2017；魏福成等，2013；李琳和周一成，2018）；财政分权对基本公共服务供给均衡的影响（闫坤和黄潇，2022）；以及财政分权对地方政府债务的影响（王永钦等，2015；Qian and Roland，1998；Guo et al.，2022）。

另外还有一类与本书研究内容相关的文献就是对财政分权程度的度量。由于研究目的、影响机制以及数据可得性等多方面的原因，已有文献关于财政分权的度量不尽相同，因此表2-1详细总结了不同文献中使用的方法。表2-1主要以省级层面的财政分权程度为例，对财政分权程度的度量方式进行了总结。事实上，地级市层面以及县级层面的财政分权程度均可用表2-1的度量方式进行类推。可以发现，总体而言财政分权的度量可以分为三类不同的角度，第一种是从收入的角度，计算被度量的行政区域本级的财政收入与上级及全国层面的财政收入的比值。考虑到人口规模的效应，许多研究会使用人均指标来进行测算。第二种是从支出的角度，计算被度量的行政区域本级的财政支出与上级及全国层面的财政支出的比值，同样也可以使用人均指标来测算。第三种是从收入支出比的角度，计算被度量的行政区域本级的财政收入占其财政总支出的比重，这里需要注意财政总支出实际上是可以近似等于本级财政收入加上上级行政单位向本级转移的财政收入，故这一收入支出比的度量方式实际上反映了地方政府的财政收入自主权,进而反映本级行政单位和上级行政单位之间的财政分权关系。

表2-1　　　　　　　　现有文献中对财政分权的度量指标

类型	度量方法	文献来源
财政收入分权	省本级预算内财政收入/中央或全国本级预算内财政收入	Oates (1969)、沈坤荣和付文林 (2005)、贾俊雪和郭庆旺 (2008)、赵文哲 (2008)、郭庆旺和贾俊雪 (2010)、王文剑 (2010)、吴木銮和林谧 (2010)
	省本级预算内人均财政收入/中央或全国本级预算内人均财政收入	
	省本级预算内人均财政收入/(省本级预算内人均财政收入+中央或全国本级预算内人均财政收入)	
财政支出分权	省本级预算内财政支出/中央或全国本级预算内财政支出	Oates (1969)、Zhang and Zou (1998)、Lin and Liu (2000)、Akai and Sakata (2002)、Chen (2004)、傅勇和张晏 (2007)、Qiao et al. (2008)、周业安和章泉 (2008)、范子英和张军 (2009)、傅勇 (2010)、张晏和龚六堂 (2005)
	省本级预算内人均财政支出/中央或全国本级预算内人均财政支出	
	省本级预算内人均财政支出/(省本级预算内人均财政支出+中央或全国本级预算内人均财政支出)	
财政收支比	省本级预算内财政收入/省本级预算内财政总支出	De Mello (2000)、龚锋和卢洪友 (2009)、陈硕 (2010)、陈硕和高琳 (2012)

资料来源:陈硕和高琳 (2012)。

以上内容主要对财政分权相关的研究进行了详细综述,接下来将对与本书研究内容有密切关系的第二部分内容进行综述,即与地方政府竞争相关的研究内容。

虽然近几年中国地方政府竞争引起了广泛的关注,但是这并不是中国所特有的。事实上,每一个国家的地方政府都会由于公共品、流动资本以及官员晋升等种种原因产生竞争。周黎安 (2007) 将中国地方官员的考核和行为模式概括为锦标赛模式,原因在于中国地方政府官员的升迁取决于其在位时的政绩。在这种激励模式下,地方政府官员就会努力提高自己的政绩,并且争取自己的政绩要优于自己的竞争对手,这导致中国地方政府之间的竞争格外激烈。同时该文献认为中国过去的高速经济增长也正是得益于这种地方政府竞争模式。因为中央政府对地方官员考察的标准是地区的GDP增速,因此各地官员都十分关心本地的经济增速,进而促进了全国经济的快速增长。此外还有一些文献研究了地方政府竞争与经济增长之间的关系，多数文献都认为地方政府竞争是促进中国经济快速增长的原因（邓晓兰等，2019；付强和乔岳，2011；周业安等，2004；Li and Zhou，2005；Xu，2011，Cai and Treisman，2006）。还有一些文献研究了地方政府竞争对环境的影响（李胜兰等，2014；刘建民等，2015；Wu et al.，2020；You et al.，2019），地方政府竞争对政府支出行为的影响（张莉等，2018；方红生和张军，2009，Burgess et al.，2012），地方政府竞争对区域产业布局的影响（马草原，2021）；地方政府竞争对居民收入分配的影响（贾俊雪和梁煊，2020）；以及地方政府竞争对出口的影响（任志成等，2015；巫强等，2015）。

还有文献研究了其他国家地方政府的竞争行为，如 Hawkins（2010）的研究表明，地方政府之间的竞争并不一定会促进经济发展，相反，越来越多的美国地方政府之间在寻求合作以克服交易成本，促进经济发展。Zanzig（1997）则研究了地方政府对于所辖地学区教育质量的建设和对学生生源的竞争，竞争激烈时，整体的教育成绩也会有显著上升。此外，还有文献（Joulfaian 和 Marlow，1991；Cai and Treisman，2005；Stansel，2006；Ashworth 等，2014，Xiao et al.，2019）研究了地方政府竞争对经济发展中多个方面的影响，此处不再一一展开。

对于中国地方政府竞争程度的度量，已有文献基本从两个角度出发，一方面是从 FDI 的角度，另一方面是从企业税率的角度。因为对于中国的实际情况而言，地方政府之间的竞争并不是公共品供给，而是提高当地的经济总量，所以对流动资本的追逐就成为关键。在这种情况下，利用地区实际使用 FDI 就可以反映地方政府的竞争程度，这一指标也被许多研究广泛使用（张军等，2007；谢冬水，2016）。而另一方面，地方政府为了吸引企业落户本地，往往会给予税收优惠，那么企业所面临的实际税率也可以反映地方政府之间的竞争程度（傅勇和张晏，2007；贾俊雪和应世为，2016）。

财政分权和地方政府竞争虽然看似描述两个并行的政策机制，但是实际上，由于两者同时发生并相互作用，在综合作用下，对中国经济发展的多个方面都产生了重要影响。李郇等（2013）研究了财政分权和地方政府竞争对土地财政的影响，其中财政分权部分该文献主要讨论的是分税制改革带来的财权上收、事权下放引起的财政分权的变化给土地财政带来的影响。该文献利用时空动态面板计量模型研究发现，在分税制和地方政府竞争的双重作用下，土地财政的增长一方面存在横向竞争，另一方面存在惯性依赖，这使得土地财政成为地方政府财政总收入的重要来源。傅勇和张晏（2007）则研究了财政分权和地方政府竞争双重作用下对地方政府公共支出结构的影响。他们利用省级层面的面板数据研究发现，财政分权和地方政府竞争的双重作用会导致地方政府的支出偏向于基础设施建设，从而对人力资本和公共服务的投入缺失，并且通过实证过程中使用交互项发现地方政府竞争会加剧财政分权对于支出结构的影响。贾俊雪和应世为（2016）研究了财政分权和地方政府税率对地方辖区内企业面临的实际税率的影响，他们的研究发现，从收入角度和支出角度度量的财政分权对企业面临的实际有效税率存在非对称影响。财政收入分权程度的提升会导致地方政府使用低税负的策略来进行竞争，从而使企业面临的有效税率下降。财政支出分权程度的上升则会促使地方政府竞争过程中更多采用支出策略，从而降低对企业实施低有效税率的激励。巫强等（2015）研究了财政分权和地方政府竞争对中国出口增长的影响。他们用理论模型证明财政分权程度越高，也就是在中央和地方政府税收分成中地方政府留存比例越高，那么当地企业越倾向于出口；并且地方政府之间的竞争程度越激烈，当地企业越倾向于出口。该文献利用省级面板数据验证了理论模型提出的机制，但是该文献并没有研究地方政府竞争和财政分权之间是否存在相互作用。

虽然有许多文献都研究了财政分权和地方政府竞争对中国经济发展过程中多方面的影响，但是就笔者所了解到的，目前还很少有文献研究财政分权或是地方政府竞争对城市化和工业化的影响，更没有将这二者结合起来研究对城市化相对于工业化滞后程度所产生的影响。谢冬水（2016）研究发现，在地方政府竞争和土地垄断的双重作用下，地方政府更加关注经济增长和财政收入，导致一味推动空间城市化而忽略了人口城市化。陈海达（2009）研究发现财政分权会影响政府支出的结构，使其更加偏重基础设施建设，从而影响城市发展。此外该文献还认为财政分权程度将影响最优的城市规模，并且这种影响效果在中小型城市当中尤为明显，而对大城市的影响效果则较弱。本书的研究则对现有文献形成了重要的补充。本书在第五章当中构建的理论模型详细阐述了财政分权和地方政府竞争影响城市化和工业化发展协调性的机制，并且用实证回归对理论模型中提出的结论进行了验证。

第四节　行政区划改革与城市化、工业化

行政区划改革指的是发生在不同级别或者相同级别之间的行政区划变更。中国改革开放以来发生过几类影响较大的行政区划改革，包括撤地设市、撤县设市、撤县设区、设立省直管县等。这些行政区划改革会给地方的行政管理和经济管理带来重要冲击，导致地方政府官员经济决策的方式和可影响的范围发生变化，从而对地区的经济增长带来重要影响。本书在第六章重点关注的是撤县设区给城市化与工业化协调发展所带来的影响，所以在这一部分，将主要对研究撤县设区的相关文献进行综述。

从行政治理的角度来看，撤县设区这一政策会给发生撤并的县或县级市以及其所属的地级市在行政事务方面带来重大改变，从而对所涉及地区内的经济事务产生重要影响。撤县设区发生之前，县或县级市在行政和经济决策上均拥有较高的自主权。而在成为市辖区之后，所有的决策都要遵循地级市对市辖区范围的统一协调安排。从这个角度来看，撤县设区限制了县或县级市这一小区域层面的决策权，但是赋予了地级市政府更大范围的决策和协调权力。

已有文献中，对于撤县设区带来的影响的研究主要集中在以下两个方面。第一方面是撤县设区给城市化发展带来的影响。唐为和王媛（2015）利用2000年到2004年发生的撤县设区作为准自然实验，研究了由政府主导的城市范围扩张对城镇人口增长率带来的影响。结果发现发生撤县设区的地级市其城镇人口增长率显著高于没有发生撤县设区的地级市的城镇人口增长率，这说明撤县设区有利于人口向城镇地区集中。并且他们的研究发现这种效果背后的机制是由于撤县设区带来的区域市场融合，从而导致集聚经济效应增长，促进了企业创造就业的能力。高琳（2011）则认为某一区域撤县设区能否促进城市化发展，关键在于该区域的撤县设区是主动适应还是被动调整。所谓被动调整指的是撤县设区是伴随着撤地设市的发生而发生的，而主动适应指的则是地区已经转化为地级市，为了发展城市化而进一步进行撤县设区。该研究认为只有主动适应型的撤县设区才能够促进城市化发展。邵朝对等（2020）研究发现，撤县设区在一定程度上促进了地级市城市的经济增长，但是呈现先上升后下降的倒"U"型增

长轨迹，并且发现撤县设区带来的短期增长效应更多的是通过地方政府利用土地出让吸引企业，从而带来的快速增长。

第二方面是撤县设区给地方政府行为带来的影响，以及地方政府行为策略的变化给经济发展带来的影响。张清源等（2018）研究发现撤县设区会导致被撤并地区的土地供给规模显著增加，从而导致该地区的房价水平显著下降。张莉等（2018）利用2000—2007年县级层面的数据研究发现，相比没有发生撤县设区的县级区域，发生撤县设区的县级区域的基础设施建设支出占比显著减小，而民生性支出占比显著上升，同时政府的行政管理费用也显著上升。该研究发现的机制在于发生撤县设区之后，县级区域由县或县级市转为了市辖区，与其他县级区域之间的地方政府竞争程度减弱，从而进行基础设施建设投资的动力下降。卢盛峰和陈思霞（2016，2017）认为撤县设区导致被撤并的县级行政区域管理层在经济事务上的决策权力被削弱，同时也减弱了其在经济发展方面的激励。所以会导致当地企业可以获得的政策性偏袒和保护变弱。具体而言，发生撤县设区的辖区内的企业其融资条件和出口绩效相比没有发生撤县设区的辖区内的企业显著变差。这两方面的结果背后的机制均是由于发生撤县设区后县级政府在财政经济支出方面的激励变弱，从而导致当地企业面临的生存环境变差。谢贞发等（2022）研究发现，撤县设区带来的城市规模扩张对基础教育、医疗卫生服务等产生配置效应，具体而言，撤县设区后，地级市层面会增加医疗卫生支出，被撤并的县政府则会增加教育支出。陈熠辉等（2022）研究发现撤县设区对企业创新活动具有正向促进效应，其中的机制在于，撤县设区将增强区域内的经济集聚效应，提升资源配置水平，从而促进企业创新。Tang 和 Geoffrey（2017）也发现撤县设区能够促进地区经济增长，而这种影响程度与地方资源禀赋有关。

除了撤县设区以外，中国还实行了一些其他的行政区划改革方式，如撤地设市、撤县设市以及设立省直管县等。Fan 等（2012）发现撤县设市以后县级市的经济增长并没有显著优于普通的县域，原因在于撤县设市创造的城市规模太小，无法发挥集聚经济的作用，而集聚经济只有在大城市当中才能发挥其作用。因为无论是共享中间产品，抑或是人力资本的互补和外溢都需要足够的市场规模来发挥作用。王小龙和方金金（2015）发现实施财政上的"省直管县"可以显著降低县辖区工业企业的有效税率，因为"省直管县"有助于提高县级政府的税收留成比例，增大其财政实力，使得地方政府更加有激励给辖区企业提供优惠的实际税率。陈思霞和卢盛峰（2014）研究发现实施"省直管县"相当于加深了分权程度，给予了基层政府更大的决策权力，所以这一行政管辖上的变革会显著提高地方政府在基础设施建设上的支出，降低在教育以及民生等方面的支出。才国伟等（2011）的研究发现，"省直管县"并不一定会损害县所在的地级市的利益，因为通过实证研究他们发现"省直管县"虽然不利于城市经济增长，但是有助于第三产业占比的提升和城市环境质量的提高。郑新业等（2011）的研究发现通过"省直管县"显著提升了被直管的县的经济增长，并且这种增长的来源是经济分权而非财政分权。此外还有刘冲等（2014）、宫汝凯和姚东旻（2015）以及李猛（2012）等文章对"省直管县"给县域地区在行政、经济、投资以及财政等多个方面带来的影响进行了深入研究。

　　撤县设区并不是中国特有的城市发展经历，美国也曾有过类似的行政区划调整，即市县合并。由于美国的市县合并是自下而上由民众公投决定，而不受联邦政府的约束，所以美国市县合并有一定的概率被公投否决（Leland and Thurmaier，2000；Leland and Kurt，2005；Martin and Schiff，2011；Jones，2014）。对于市县合并之后带来的影响，有些文献研究发现，市县合并反而带来了政府效率的下降和公共支出的增加，并没有产生规模效益（Feiock and Carr，2000；Reese，2004；Kushner and Siegel，2005；Gaffney and Marlowe，2014）。关于市县合并对于经济增长的影响，已有的研究结论也并不一致。有些研究认为市县合并确实可以增加就业机会，促进中心城区的经济复苏（Rosentraub，2000；Carr and Feiock，1999）。也有研究认为美国的市县合并并没有促进经济增长，相反还在税收等方面带来了负面影响（Norris，2001；Savitch et al.，2010；Jimenez and Hendrick，2010）。

　　总结上述的研究可以发现，对于撤县设区这类行政区划改革给城市化产生的影响，虽有部分研究已经作出了一定贡献，但是其中对于城市化影响的测度不够全面。而具体到撤县设区给城市化相对于工业化滞后程度的相关研究，就笔者所能够涉猎的文献而言，尚未有研究在这一问题上进行深入分析。因此本书第六章的研究内容将从以上这两个角度弥补现有研究的缺失。

第三章

中国城市化与工业化的演变及国际经验

第一节 中国的城市及城市化

一 城市对于经济发展的作用

城市是中国经济发展的基石和引擎。"十三五"规划纲要的第三十三章和"十四五"规划纲要的第二十八章当中详细阐述了关于优化城镇化布局和形态的若干条规定,其中第一条就是加快城市群的建设发展。而城市群最重要的就是有大城市在其中发挥中心带动作用。发达国家城市经济繁荣发展对国家经济发展的促进作用已经得到了学术研究的广泛证实。美国东北部沿岸以波士顿、纽约、费城等五个核心城市带动的城市群,涵盖了周边近50个中小城市,虽然该城市群区域面积只占到美国总面积的1.5%,但是人口却占到美国总人口的20%,而制造业产业的总产值更是占到了全美的30%。日本共有三个著名的都市圈,分别是东京都市圈、大阪都市圈和名古屋都市圈。这三者当中发展程度最高的是东京都市圈,主要由东京都、埼玉县、千叶县和神奈川县组成。需要注意的是日本的"县"和中国的"县"不同,按照日本的行政区划规定,都、道、府、县是平行的一级行政区,而每个县又有自己下辖的市,如埼玉县的埼玉市,千叶县的千叶市以及神奈川县的横滨市,所以日本的"县"在行政区划上和中国的"省"更为相近,而和中国的"县"比较相近的则是日本的"町"。日本的东京都市圈占地面积只占日本总面积的3.5%,但是拥有的人口则占到日本总人口的三分之一以上,同时GDP也占到了日本总量的一半。由此可见,城市群、都市圈的重要特征是大量的人口集聚在面积相对较小的土地上,创造了占比远超土地占比以及人口占比的GDP体量,构成了经济增长中的重要部分，而在城市群中发挥核心作用的则是其中的大城市，如美国的波士顿、纽约，日本的东京。

城市对于经济发展的促进作用体现在多个方面，如城市有助于企业和劳动力生产率的提高；城市规模的增加对于教育回报率的提升具有显著正向作用；城市有助于高技能劳动力和低技能劳动力之间的互补，等等；总之劳动力和资本在城市的集聚会大大提高其生产率，这是城市对于经济增长促进作用的直观体现。对于城市为什么能够促进经济增长，已有研究从多个角度进行了诠释。

从城市有助于企业和劳动力生产率提升的角度来看，城市的主要作用在于能够充分发挥经济生产过程当中的正外部性，不论是企业技术的溢出还是人力资本的外部性，其作用均能够在城市中实现最大化。Andersson等（2007）利用微观企业数据分析了为什么美国城市的劳动生产率要显著高于农村的劳动生产率，他们发现主要原因在于城市当中劳动力市场的密度更高，而劳动力和企业搜寻匹配的质量则与劳动力市场的密度呈显著正向相关关系，所以城市中更高的匹配质量使得城市相对于农村具有更高的劳动生产率。此外还有很多文章都研究了城市规模对于企业劳动生产率的影响，如 Baum 和 Pavan（2012），Det 等（2017），梁婧等（2015），柯善咨和赵曜（2014）等。这些文章都认为企业或者城市层面的生产率会随着城市规模的扩大而提升。还有一类文献认为城市规模的增加能够显著提升教育的回报率，这使得城市能够吸引更多高教育水平的劳动力集聚，最终提升整个城市的生产率。Xing（2016）发现不同城市之间教育的回报率具有显著差异，而教育的回报率与城市本身的规模以及城市的教育结构具有很大关系。随着城市规模的扩张和城市中受教育程度较高的人口占比上升，该城市的教育回报率也会显著提升。而这一逻辑则有助于解释高校扩招以来，中国大学生在大城市的集聚以及大城市本身生产率水平的不断上升。陆铭（2017）则认为城市在推动经济发展中的一个重要方面就是技能互补，即高技能劳动力与低技能劳动力的互补。其原因主要包括三个方面，第一方面是劳动力的分工，即城市市场容量上升时会促进分工的细化，所以对于不同技能的需求也更具有多样性；第二方面是人力资本的外部性，在劳动分工的情况下，人力资本外部性不仅意味着高技能劳动力生产率的上升，同时也会溢出到低技能劳动力，提高其生产率；第三方面是消费外部性，城市中高技能劳动力收入水平的上升会对家政、餐饮等方面的消费产生更大的需求，而这些行业则为低技能的劳动力提供了更多就业机会。

对上述文献的研究结论进行总结，我们可以发现，城市最大的优势在于集聚，并且最重要的是劳动力的集聚，而这种集聚为什么可以提高生产率，促进经济增长，已有文献也对其微观基础进行了研究。简单概括来说主要包括共享（sharing）、匹配（matching）和学习（learning）。所谓共享，一方面针对的是不可分的公共品，如城市当中的公园、游乐场等，这些场所的建设需要投入大量的固定成本，具有较高的建设门槛，所以在这种情况下城市的人口规模就变得尤为重要。类似于公共场所存在不可分性，许多生产部门也存在不可分性，如自来水公司、供电公司等，由于其基础设施相关配备等原因产生的固定成本极大，所以只有当服务对象达到一定规模之后才能够覆盖成本获取收益。另一方面还包括生产所需中间产品，以及生产活动的风险以及收益等，这对于企业的生产活动来说十分重要。匹配所指的内容则与Andersson等（2007）的观点一致，当整个市场中匹配主体的数量增加时，匹配的质量也会随之上升。学习指的则是城市更有利于知识、技能以及信息的扩散，因为城市中劳动力的集聚会增加其沟通的频率，更有利于降低学习的成本，增强知识的外溢，特别是对于隐性知识而言。

基于对现有研究的梳理可以发现，城市确实能够从多个方面提升企业和劳动力的生产效率，并且随着经济发展阶段的变化，在以工业为主导产业转向以服务业为主导产业的过程中，城市在经济增长中扮演的角色将越来越重要。本章在下面的内容中将详细阐述城市的定义及分类，以及中国城市的发展现状。

二 中国的城市化发展

不同的学科和分析维度对城市的定义不尽相同，单从经济学的角度来看，Hirsh认为"城市是具有相当面积、经济活动和住户集中，以致在私人企业和公共部门产生规模经济的连片地理区域"（张文佳和柴彦威，2009）。人类历史上最早的城市可以追溯到新石器时代的埃利都遗迹，距今只有几千年的历史。有学者认为早期城市的兴起一方面是为了防御外敌，即所谓"城"，另一方面是为了商品交易，即所谓"市"。但是人类文明发展到今天，对于城市的理解和定义已经不仅仅局限于这两个方面了，要建设成为一座现代化城市，在人口规模、人口密度、基础设施建设、产业结构等多个方面都需要发展到一定的水平。

新中国成立以来，中国的行政区划进行过多次调整，不同的城市辖区也发生过许多变化。大体上中国的行政区域可以划分为四级，第一级为省、自治区和直辖市以及特别行政区；第二级是省和自治区下辖的地级市、自治州、地区以及少数的盟；第三级是地级行政区域下辖的县、自治区、县级市以及自治县等；第四级则是县级行政区域下辖的乡、镇及街道（见图3-1）。从行政划分的角度来看，中国的市一级政府对县级政府赋有管辖权，但是实际上县域地区在决策上具有较高的自由度。具体而言，虽然从行政级别上来说，县域地区与市辖区平级，但是在财政和经济决策上县域地区均相对更加自由。县级行政区域中还存在一部分省直管县，但数量很少。截至2021年年末，中国包括4个直辖市、23个省、5个自治区和2个特别行政区，合计34个省级行政单位，而从城市的角度来讲，除了4个直辖市，还包括293个地级市和394个县级市，但是县级市能否从严格的经济学意义上被定义为城市，学术界不同的研究学者之间还有不同的意见，此处不再详细展开，本章后续内容会对这一问题展开进一步的讨论。

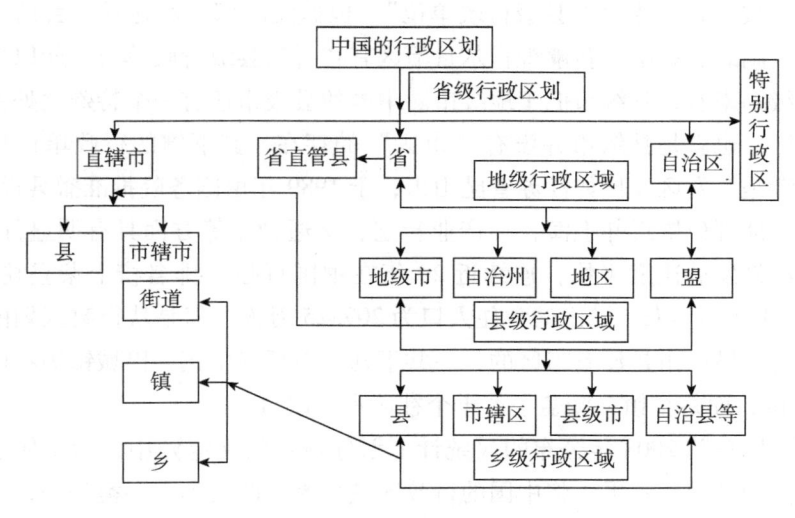

图3-1 中国的行政区划

资料来源：作者自行整理绘制。

为了便于对城市化发展进行跨国比较，首先来对比一下美国和日本的行政区划。美国是联邦制，共有50个州，每个州下面又设置了县或同级别的行政区，而在县下面则是市或者镇。日本的行政区划在本章开篇已经进行了简要阐述，四个平行的一级行政区划包括都、道、府、县，而每一个都、道、府、县下面又会设置市、町和村。所以在美国和日本的行政区划中，城市（City）指的就是县或与县同级的其他行政区域的下辖区域，与镇（Town）和村（Village）同级，城市的经济中心一般集中在城区（Urban）。在这种情况下，Urbanization 一词便容易理解一些，主要指的是人口向城市中心的集聚（人口的城市化），以及城区面积的扩张（土地的城市化）。但是 Urbanization 一词进入中国以后，其含义有所变化，自从第十个五年规划当中使用城镇化一词以来，Urbanization 被广泛地译为城镇化，但是在中文语境下城镇化则不仅包括中国行政区划当中的地级市市辖区，而且包括县级市和普通县所辖的镇，这种定义远远扩大了 Urban 所指代的含义。

中国的县级市是在中国快速城镇化和支持鼓励中小城市建设的背景下发展起来的，其行政级别与市辖区、县及自治县等县级行政单位相同，一般由所属的地级市代管，也有一小部分县级市由所在的省级行政单位直接管理，被称为"省直辖县级行政单位"。根据民政部官网显示，目前只有河南、湖北、海南和新疆维吾尔自治区有省直辖县级行政单位。所以单从行政级别来看，县级市低于地级市。中国的县级市还有一个特殊之处就是不设区，也就是县级市并没有"市区"的存在，其下辖的行政单位均为镇或者是开发区。比如江苏省昆山市，于 1989 年由国务院批准撤县设市。由于其地理位置近邻上海，在产业转型、交通物流等方面具有明显优势，因此经济发展速度飞快，连续近 20 年在中国百强县排名榜上荣登榜首。截至 2020 年年末，昆山的常住人口为 209.25 万人。但是从行政区划的角度来讲，昆山市是没有市区的，一共下辖了包括玉山镇、巴城镇等在内的 10 个镇，而每个镇又涵盖了若干个社区和行政村。

在国务院 2008 年公布的《统计上划分城乡的规定》中，为了便于统计中国的城镇化水平，将中国的行政区域分为了两大类，一类是城镇，另一类是乡村。城镇包括的是城区和镇区，城区指的是"在市辖区和不设区的市，区、市政府驻地的实际建设连接到的居民委员会和其他区域"；镇区指的则是"在城区以外的县人民政府驻地和其他镇，政府驻地的实际建设连接到的居民委员会和其他区域"。乡村指的则是在这种规定划定的城镇以外的区域。在这种统计标准下，诸如昆山市这种不设区只包括镇和开发区的县级市在统计时应当统计为镇区人口，而不会统计到城区人口当中。中国的地级市当中也有五座城市是不设区的，包括广东省的中山市和东莞市，海南省的三沙市和儋州市，以及甘肃省的嘉峪关市，但是这些地级市均设置了城区，故在上述统计口径下，归到城区当中。官方在统计城镇化时，将城区人口和镇区人口加总起来计算其占全国人口的比重以此来衡量中国的城镇化水平。但是通过研究可以发现镇区的发展与城区的发展之间有很大差异，在基础建设、公共服务、经济发展、人口流动等方面镇区与城区也存在较大的差异。因此，为了增加分析的严谨性，后续内容将对地级市市辖区与县级市进行详细区分。

为了清楚地判断城镇化这一指标是否准确反映了中国城市化的进程，以及城镇化的过程当中有多少人口是生活在镇区，而不是城区。笔者根据第三次、第四次、第五次、第六次全国人口普查数据以及 2005 年和 2015 年 1% 人口抽样调查数据计算了各个地区的城镇人口占比、城市人口占比、镇区人口占比以及镇区人口占城镇总人口的比重，计算结果展示在表 3-1、表 3-2 和表 3-3 当中。此处城市只包括城区，而城市和镇区的划分标准就是国务院 2008 年公布的《统计上划分城乡的规定》。为了详细展示不同层面地区的各项指标，表 3-1、表 3-2 和表 3-3 当中分别展示了三类区域层面的数据，第一类是全国的平均水平，第二类是分东部、东北部、中部和西部四个区域的平均水平，第三类是各个省份的各项指标水平。在表 3-1 到表 3-3 所计算的四项指标当中，城镇人口占比指的是城镇总人口占所在地区总人口的比重；这一指标与官方对于城镇化率的统计方式相同，计算所得的数值也与官方公布的城镇化率相同；城市人口占比指的是城区人口占所在地区总人口的比重；镇区人口占比指的是镇区人口占所在地区总人口的比重；镇区/(城区+镇区) 指的是镇区人口占城市和镇区总人口的比重。

从表 3-1、表 3-2 和表 3-3 的对比当中，可以发现，1982 年到 2015 年，中国的城镇化率上涨显著，从 20.6% 上涨到 56.1%，平均每年城镇化率上涨 1.08 个百分点。其中上涨速度最快的阶段为 2000 年到 2005 年，从 36.9% 上涨到 44.8%，平均每年上涨 1.58 个百分点。如果只考虑人口向城市的集中，我们可以发现，城市人口占总人口的比重从 1982 年的 14.5%，上涨到了 2015 年的 32.7%，平均每年上涨 0.55 个百分点。与此同时，镇区人口占总人口的比重从 1982 年的 6.1% 上升到 2015 年的

23.4%，平均每年上涨 0.52 个百分点。人口向城区和镇区集聚的速度几乎不相上下。但是我们从镇区人口占城镇总人口这一指标当中可以发现，从全国层面来看，镇区人口在城镇人口当中所占的比重不断上升（1982年到 1990 年间略有下降），1982 年这一比重为 29.6%，到了 2015 年这一比重上升到 41.8%。

从分区域的角度来看，在 2010 年以前，城镇化率从高到低排序依次是东北部＞东部＞中部＞西部，但从 2010 年开始，这一趋势在东北部和东部之间发生了逆转，东部的城镇化率超过了东北部。但是城市人口占总人口的比重却一直表现为东北部＞东部＞中部＞西部。东北部城镇化率的另一个特点是增长十分缓慢，1982 年城镇化率已经达到了 40.9%，远高于东部的 22.2%，但是到了 2015 年，东北部的城镇化率也只达到了 61.0%，东部的城镇化率却增长到了 64.3%。其间，东北部平均每年的增长 0.61 个百分点，而东部平均每年增长 1.28 个百分点，是东北部的两倍。东北部与东部之间这种城镇化率的反转并不是主要由人口向城区集聚实现的（因为直到 2015 年，从城市人口这一指标来看，东部依然低于东北部），这种反转主要依靠的是人口向镇区的集聚。1982 年，东部和东北部镇区人口占总人口的比重分别为 5.9% 和 12.1%，到 2015 年，东部和东北部镇区人口占总人口的比重分别为 22.1% 和 16.6%。东部镇区人口占总人口的比重增加了 16.2 个百分点，东北部则只增加了 4.5 个百分点。与此同时，东部镇区人口占城镇总人口的比重从 26.4% 上升到了 34.4%，东北部镇区人口占城镇总人口的比重却从 29.6% 下降到了 27.3%。这反映了东部和东北部人口集聚的差异，东部人口集聚的过程中，城区和镇区都显示出对于人口的强大吸引力，这两个区域的人口占比增长速度都很快，东北部则人口多向城区集中，且速度很慢。

如果用中部、西部的城镇化过程与东部和东北部的城镇化过程进行对比，我们可以发现另一个重要结论，就是镇区人口的增长在中部和西部的城镇化过程中扮演了相当重要的角色。中部和西部在 1982 年镇区人口占城镇总人口的比重分别为 31.7% 和 32.7%，到了 2015 年，中部和西部的这一比重分别上升到了 52.7% 和 49.6%。中部的镇区人口已经明显超过了城区人口，而西部的镇区人口也几乎和城区人口持平。从 1982 年到 2015 年，中部的城镇化率从 16.0% 上升到 50.8%，而在这 34.8 个百分点的涨幅当中，城区人口比重的上升只贡献了 13.1%（从 10.9% 上升到

24.0%),剩下的21.7个百分点的涨幅均来自人口向镇区的集聚(从5.1%上升到26.8%)。西部的情况与此类似,从1982年到2015年,西部的城镇化率从16.6%上升到48.3%,在这31.7个百分点的涨幅当中,有13.1个百分点的涨幅来自人口向城区的集聚(从11.2%上升到24.3%),而剩下的18.6个百分点的涨幅则来自人口向镇区的集聚(从5.4%上升到24.0%)。

综上所述,除东北部地区以外,东部、中部和西部的城镇化过程的显著特点是人口向镇区的集中明显快于向城区的集中,这一点在中部和西部表现得更为明显,在东部的河北、江苏、福建、山东也表现得较为明显。到2015年,中部的安徽、江西、河南、湖南以及西部的广西、四川、贵州、云南等地,镇区人口均显著超过了城区人口。这一现象正是中国改革开放以来大力发展中小城镇的结果。

表3-1　　　　1982年、1990年中国分地区城镇化率　　　　单位:%

	1982年				1990年			
	城镇人口占比	城市人口占比	镇区人口占比	镇区/(城区+镇区)	城镇人口占比	城市人口占比	镇区人口占比	镇区/(城区+镇区)
全国	**20.6**	**14.5**	**6.1**	**29.6**	**26.2**	**18.8**	**7.4**	**28.2**
东部	**22.2**	**16.4**	**5.9**	**26.4**	**30.3**	**22.1**	**8.2**	**27.0**
北京	64.7	60.6	4.0	6.2	73.2	67.5	5.7	7.8
天津	68.7	66.2	2.5	3.6	68.2	64.9	3.3	4.9
河北	13.7	11.4	2.3	16.7	17.9	14.1	3.8	21.1
上海	58.8	53.3	5.5	9.4	66.1	61.7	4.5	6.8
江苏	15.8	11.1	4.7	29.5	22.6	15.6	7.0	30.9
浙江	25.7	17.6	8.1	31.4	30.6	15.8	14.8	48.2
福建	21.2	12.8	8.4	39.6	22.7	14.2	8.5	37.6
山东	19.1	11.7	7.4	38.8	26.8	19.5	7.3	27.1
广东	18.6	12.0	6.6	35.5	38.9	27.0	12.0	30.7
海南	/	/	/	/	20.6	9.6	11.0	53.4
东北部	**40.9**	**28.8**	**12.1**	**29.6**	**48.5**	**36.8**	**11.7**	**24.1**
辽宁	42.4	33.3	9.1	21.5	51.4	42.9	8.5	16.6
吉林	39.6	24.4	15.2	38.3	42.8	29.5	13.3	31.2
黑龙江	40.1	26.9	13.3	33.1	49.3	35.1	14.2	28.8

续表

	1982 年				1990 年			
	城镇人口占比	城市人口占比	镇区人口占比	镇区/(城区+镇区)	城镇人口占比	城市人口占比	镇区人口占比	镇区/(城区+镇区)
中部	16.0	10.9	5.1	31.7	20.1	14.5	5.6	27.8
山西	21.0	16.8	4.2	20.0	26.7	22.3	4.4	16.5
安徽	14.2	9.8	4.3	30.5	17.7	11.6	6.1	34.3
江西	19.4	12.7	6.7	34.6	20.9	14.3	6.6	31.4
河南	14.5	9.7	4.8	33.3	15.1	10.0	5.1	34.0
湖北	17.3	11.5	5.9	33.9	29.6	22.8	6.8	23.0
湖南	14.2	9.4	4.8	33.9	17.4	12.7	4.6	26.8
西部	16.6	11.2	5.4	32.7	20.7	13.7	7.0	33.7
内蒙古	28.9	16.6	12.3	42.6	35.5	22.8	12.7	35.9
广西	11.8	6.8	5.0	42.5	15.4	7.3	8.1	52.5
重庆	/	/	/	/	/	/	/	/
四川	14.3	9.9	4.4	30.6	19.7	14.2	5.6	28.2
贵州	18.9	14.2	4.7	24.9	20.0	13.9	6.1	30.5
云南	13.0	7.5	5.5	42.3	14.7	6.6	8.1	55.0
西藏	9.6	5.7	3.9	40.9	18.1	11.3	6.8	37.4
陕西	19.0	14.0	5.0	26.1	20.6	14.8	5.8	28.2
甘肃	15.3	10.1	5.2	34.0	20.8	16.3	4.5	21.5
青海	20.5	17.7	2.8	13.5	25.3	17.5	7.7	30.6
宁夏	22.5	17.1	5.3	23.8	28.5	16.7	11.8	41.4
新疆	28.4	20.0	8.4	29.6	33.0	23.8	9.2	27.9

注：1988 年之前海南归属广东省，从 1988 年 4 月成立海南省。重庆从 1997 年开始成为直辖市，在此之前归属于四川省。
资料来源：根据第三次全国人口普查数据和第四次全国人口普查数据计算所得。

表 3-2　　　　　2000 年、2005 年中国分地区城镇化率　　　　单位：%

	2000 年				2005 年			
	城镇人口占比	城市人口占比	镇区人口占比	镇区/(城区+镇区)	城镇人口占比	城市人口占比	镇区人口占比	镇区/(城区+镇区)
全国	36.9	23.5	13.4	36.2	44.8	27.7	17.1	38.2

第三章 中国城市化与工业化的演变及国际经验

续表

	2000 年				2005 年			
	城镇人口占比	城市人口占比	镇区人口占比	镇区/（城区+镇区）	城镇人口占比	城市人口占比	镇区人口占比	镇区/（城区+镇区）
东部	**45.7**	**30.1**	**15.6**	**34.2**	**54.5**	**37.4**	**17.1**	**31.4**
北京	77.5	70.0	7.6	9.7	83.6	78.9	4.7	5.6
天津	72.0	54.0	18.0	25.1	74.1	57.4	16.7	22.5
河北	26.3	17.2	9.1	34.5	34.8	20.2	14.7	42.1
上海	88.3	77.5	10.8	12.2	89.1	80.6	8.4	9.5
江苏	42.3	25.9	16.3	38.6	55.6	34.8	20.8	37.4
浙江	48.7	28.5	20.1	41.4	56.1	37.8	18.3	32.6
福建	42.0	22.9	19.0	45.3	50.7	29.7	20.9	41.3
山东	38.2	24.5	13.6	35.7	47.3	28.4	18.9	39.9
广东	55.7	35.5	20.1	36.2	62.4	46.2	16.2	25.9
海南	40.7	22.3	18.4	45.3	53.3	38.5	14.8	27.8
东北部	**52.4**	**38.6**	**13.8**	**26.4**	**56.8**	**40.2**	**16.7**	**29.3**
辽宁	54.9	44.1	10.8	19.7	60.1	45.2	14.9	24.8
吉林	49.7	34.5	15.1	30.5	51.5	33.5	18.0	35.0
黑龙江	51.5	35.1	16.4	31.8	57.0	39.4	17.6	30.9
中部	**29.3**	**17.9**	**11.3**	**38.7**	**38.0**	**20.3**	**17.7**	**46.6**
山西	35.2	22.2	13.0	37.0	42.3	25.7	16.6	39.2
安徽	26.7	14.3	12.4	46.5	39.6	16.0	23.6	59.6
江西	27.7	13.7	14.0	50.7	38.1	14.1	23.9	62.9
河南	23.4	15.1	8.3	35.4	32.3	18.0	14.3	44.2
湖北	40.5	27.9	12.6	31.1	44.5	29.6	14.9	33.6
湖南	27.5	16.6	10.9	39.7	36.7	20.8	15.9	43.3
西部	**28.8**	**16.4**	**12.4**	**43.1**	**35.5**	**18.8**	**16.7**	**47.0**
内蒙古	42.7	24.3	18.4	43.0	55.5	36.2	19.3	34.7
广西	28.2	14.1	14.0	49.8	33.8	14.4	19.4	57.5
重庆	33.1	21.6	11.5	34.6	45.9	24.6	21.3	46.4
四川	27.1	14.8	12.3	45.3	31.4	15.4	16.0	51.0
贵州	24.0	12.4	11.6	48.3	26.8	12.0	14.9	55.4

续表

	2000年				2005年			
	城镇人口占比	城市人口占比	镇区人口占比	镇区/(城区+镇区)	城镇人口占比	城市人口占比	镇区人口占比	镇区/(城区+镇区)
云南	23.4	11.0	12.4	53.0	32.1	17.5	14.6	45.4
西藏	19.4	8.3	11.1	57.2	26.7	13.3	13.4	50.2
陕西	32.1	19.5	12.6	39.3	41.1	24.2	17.0	41.2
甘肃	24.0	15.7	8.3	34.6	30.3	13.9	16.4	54.2
青海	32.3	20.7	11.7	36.4	38.0	19.7	18.3	48.1
宁夏	32.4	21.9	10.6	32.6	41.1	27.5	13.6	33.1
新疆	33.8	23.1	10.7	31.6	37.2	24.4	12.8	34.4

注：2005年1%抽样人口调查数据统计了分城市、镇和乡村的人口数量，通过这三类人口数据可以推算城市人口占比、镇区人口占比和城镇人口占比。

资料来源：根据第五次全国人口普查数据和2005年1%人口抽样调查数据计算所得。

表3-3　　　　2010年、2015年中国分地区城镇化率　　　　单位：%

	2010年				2015年			
	城镇人口占比	城市人口占比	镇区人口占比	镇区/(城区+镇区)	城镇人口占比	城市人口占比	镇区人口占比	镇区/(城区+镇区)
全国	**50.3**	**30.3**	**20.0**	**39.7**	**56.1**	**32.7**	**23.4**	**41.8**
东部	**59.7**	**40.0**	**19.7**	**33.0**	**64.3**	**42.2**	**22.1**	**34.4**
北京	86.0	79.4	6.6	7.7	86.3	80.1	6.2	7.2
天津	79.4	68.5	11.0	13.8	82.4	73.0	9.4	11.4
河北	43.9	20.0	23.9	54.4	50.9	21.6	29.3	57.6
上海	89.3	76.6	12.7	14.2	87.4	74.5	12.9	14.8
江苏	60.2	38.3	21.9	36.3	66.1	39.1	27.0	40.9
浙江	61.6	37.5	24.2	39.4	65.4	40.9	24.5	37.9
福建	57.1	34.0	23.1	40.4	62.2	36.3	25.9	41.6
山东	49.7	29.6	20.1	40.4	56.6	31.7	24.9	43.9
广东	66.2	50.2	16.0	24.1	68.3	52.9	15.4	22.5
海南	49.7	26.8	22.9	46.1	54.7	29.6	25.1	45.9
东北部	**57.7**	**42.3**	**15.4**	**26.6**	**61.0**	**44.3**	**16.6**	**27.3**
辽宁	62.1	50.3	11.8	19.0	67.0	54.1	12.9	19.2

续表

	2010 年				2015 年			
	城镇人口占比	城市人口占比	镇区人口占比	镇区/(城区+镇区)	城镇人口占比	城市人口占比	镇区人口占比	镇区/(城区+镇区)
吉林	53.4	37.1	16.2	30.4	54.9	35.6	19.3	35.2
黑龙江	55.7	36.9	18.8	33.8	58.4	39.4	19.0	32.5
中部	**43.5**	**21.9**	**21.7**	**49.7**	**50.8**	**24.0**	**26.8**	**52.7**
山西	48.1	26.4	21.7	45.1	54.6	28.4	26.2	48.0
安徽	43.0	20.5	22.5	52.4	50.0	22.5	27.5	55.0
江西	43.8	16.8	26.9	61.5	51.2	17.9	33.3	65.0
河南	38.5	19.5	19.0	49.4	46.4	20.1	26.3	56.7
湖北	49.7	31.3	18.4	37.0	56.4	35.6	20.8	37.0
湖南	43.3	19.4	23.9	55.2	50.5	22.6	27.8	55.1
西部	**41.4**	**21.3**	**20.1**	**48.6**	**48.3**	**24.3**	**24.0**	**49.6**
内蒙古	55.5	32.4	23.1	41.6	59.9	34.2	25.7	42.9
广西	40.0	18.1	21.9	54.6	46.6	21.0	25.7	55.0
重庆	53.0	30.1	22.9	43.2	60.5	36.8	23.8	39.3
四川	40.2	19.8	20.4	50.8	47.2	22.2	25.0	52.9
贵州	33.8	15.9	17.8	52.8	41.6	18.2	23.3	56.2
云南	34.7	13.8	21.0	60.4	42.9	18.0	24.9	58.0
西藏	22.7	9.1	13.6	60.0	27.4	11.8	15.6	56.9
陕西	45.7	23.7	22.0	48.2	53.4	27.6	25.8	48.4
甘肃	35.9	20.6	15.4	42.8	42.7	22.4	20.3	47.4
青海	44.7	24.3	20.4	45.6	49.9	25.1	24.8	49.7
宁夏	48.0	32.7	15.3	31.9	54.8	35.4	19.3	35.3
新疆	42.8	27.8	15.0	35.0	46.8	29.0	17.8	37.9

注：2015 年 1% 抽样人口调查数据统计了分城市、镇区和乡村的人口数量，通过这三类人口数据可以推算城市人口占比、镇区人口占比和城镇人口占比。

资料来源：根据第六次全国人口普查数据和 2015 年 1% 人口抽样调查数据计算所得。

以上内容是关于人口在城区和镇区集中情况的比较。因为中国的县级市是不设区的，只下辖若干镇或者开发区，所以城区所指的范围基本上就是直辖市和地级市的市辖区，而镇区则包括了县级市所辖的镇以及县、自治县等同级别的行政区划所下辖的镇。为了对比城区和镇区的经济发展情况，此处整理了《中国城市统计年鉴》中 2011 年、2013 年和 2015 年县级市以及地级市市辖区的经济发展指标分别作为镇区经济和城区经济的代表。由于县级市一般情况下是当该县的经济发展程度较高的时候，才会有可能被批准撤县设市，所以用县级市来估计所有镇区的经济情况存在明显的高估。但是通过后文的分析，我们可以发现，即使用发展水平偏高的县级市代表镇区经济，县级市的经济发展与地级市市辖区的经济发展仍存在显著差异，所以尽管县级市的数据不能反映镇区经济的全貌，但并不妨碍我们想要论证的观点。

表 3-4、表 3-5 和表 3-6 分别展示了 2011 年、2013 年和 2015 年中国县级市和地级市市辖区的经济指标对比情况，包括人均 GDP、人均地方财政预算收入和人均地方财政预算支出以及非农业增加值占比。这些变量的数据都来自对应年份的《中国城市统计年鉴》，从指标解释和统计口径来看，县级市层面的变量只统计了镇区经济，而没有统计农村经济。除了汇报各省份的情况之外，表中还计算了全国和四大区域加总的情况（不包括北京、上海、天津和重庆，因为直辖市没有下辖的县级市，所以不存在可以比较的对象）。从表 3-4 到表 3-6 的对比当中，我们可以发现，从全国层面和分四大区域的层面来看，县级市的各项经济指标均弱于地级市市辖区，并且差异十分显著。从全国层面的人均 GDP 来看，地级市市辖区比县级市始终高出近 70%（其中 2011 年为 69%，2013 年为 67%，2015 年为 69%）。从人均地方财政预算收入来看，地级市市辖区相当于县级市的 2.5 倍左右（2011 年为 2.8 倍，2013 年为 2.5 倍，2015 年为 2.4 倍）。从人均地方财政预算支出来看，地级市市辖区相当于县级市的 2 倍左右（2011 年为 2.1 倍，2013 年为 1.99 倍，2015 年为 1.99 倍）。从非农业增加值占比来看，县级市和地级市市辖区之间也存在显著差异，县级市第一产业占比的平均水平在 2011 年到 2015 年一直保持在 10% 左右，而地级市市辖区第一产业占比的平均水平则保持在 3% 左右。

从东部、东北部、中部和西部四大区域的角度来看，每个区域县级市的经济发展水平也与地级市市辖区存在明显差异，并且从人均 GDP 的角度来看，即使东部地区的县级市（在全国县级市经济发展当中明显领先）相比于中部和西部的地级市市辖区也不存在明显优势。2011 年，东部县级市的人均 GDP 为 51199 元，中部和西部地级市市辖区的人均 GDP 分别为50469元和47447元；2013年东部县级市的人均GDP为61353元，中部和西部地级市市辖区的人均GDP分别为62562元和59384元；2015年东部县级市的人均GDP为66339元，中部和西部地级市市辖区的人均GDP分别为72069元和67338元。2013年中部地级市市辖区的人均GDP超过东部县级市的人均GDP，2015年西部地级市市辖区的人均GDP也超过了东部县级市的人均GDP[①]。从人均地方财政预算收入和支出的角度来看，地级市市辖区相对于县级市则存在绝对优势，不论是同区域之间的比较还是跨区域之间的比较。

表3-4　　2011年中国县级市和地级市市辖区经济指标对比

	县级市				地级市市辖区			
	人均GDP（元）	人均地方财政预算收入（元）	人均地方财政预算支出（元）	非农业增加值占比（%）	人均GDP（元）	人均地方财政预算收入（元）	人均地方财政预算支出（元）	非农业增加值占比（%）
全国	40844	2380	4004	0.894	69153	6707	8443	0.969
东部	51199	3185	4226	0.916	95403	8938	10529	0.976
河北	43007	1712	3280	0.906	63037	5493	8726	0.975
江苏	83050	6306	6782	0.949	88608	9611	10094	0.973
浙江	58201	4129	4908	0.940	100295	11367	12000	0.973
福建	52340	2864	4003	0.912	84932	9142	9541	0.971
山东	54718	2958	3960	0.907	74711	5947	7495	0.968
广东	21378	1049	2192	0.828	134891	11291	13918	0.984
海南	19746	1364	4806	0.602	45218	5032	7755	0.917
东北部	39533	2047	4370	0.833	71561	6850	9600	0.975
辽宁	54199	3433	4622	0.876	80752	9737	11615	0.979
吉林	33544	1424	4669	0.828	65975	4664	8992	0.977
黑龙江	27423	968	3706	0.728	62361	4236	7188	0.969
中部	28869	1378	3119	0.876	50469	4666	7105	0.963

---

① 此处之所以用东部县级市的经济指标与中西部地级市市辖区的经济指标对比，是因为东部的县级市在所有县级市当中经济发展水平较高，而中西部的地级市市辖区在所有地级市市辖区当中经济发展水平较低，这种跨区域比较有助于证明在全国范围内县级市的经济发展水平低于地级市市辖区的发展水平。

续表

	县级市				地级市市辖区			
	人均GDP（元）	人均地方财政预算收入（元）	人均地方财政预算支出（元）	非农业增加值占比（%）	人均GDP（元）	人均地方财政预算收入（元）	人均地方财政预算支出（元）	非农业增加值占比（%）
山西	36599	2182	3826	0.947	46728	4105	6008	0.982
安徽	20966	1651	3675	0.849	42230	4107	6504	0.952
江西	21839	1721	3410	0.868	52441	4100	6740	0.967
河南	38751	1629	2945	0.924	36015	4231	6552	0.962
湖北	23781	1026	3134	0.808	69269	5791	8012	0.965
湖南	27194	1031	2732	0.859	65594	5666	8855	0.961
西部	**29195**	**1808**	**4574**	**0.870**	**47447**	**5361**	**6100**	**0.949**
内蒙古	50328	2386	7449	0.895	103081	5721	7233	0.971
广西	14692	640	2457	0.799	42029	3011	5391	0.909
四川	24842	1402	3488	0.844	41622	3647	6211	0.939
贵州	23112	1953	3813	0.919	30515	3394	5651	0.956
云南	26665	2101	4637	0.876	49724	3200	4895	0.962
西藏	34115	601	4762	0.905	/	/	/	/
陕西	30054	1098	3368	0.913	44733	3239	5632	0.956
甘肃	37915	1131	7721	0.905	33403	20263	5018	0.938
青海	142326	6741	18078	0.984	43946	1251	12355	0.995
宁夏	65937	4210	9413	0.935	42213	3834	8068	0.945
新疆	38438	2790	6506	0.851	88030	9884	10495	0.991

注：①表中人均 GDP、人均地方财政预算收入以及人均地方财政预算支出均为现价；②2011年西藏只有一个地级市为拉萨市，由于《中国城市统计年鉴》中2011年拉萨市地级市市辖区的人口数据缺失，所以以表中西藏地级市的数据缺失。

资料来源：根据《中国城市统计年鉴》计算所得。

表3-5　　2013年中国县级市和地级市市辖区经济指标对比

	县级市				地级市市辖区			
	人均GDP（元）	人均地方财政预算收入（元）	人均地方财政预算支出（元）	非农业增加值占比（%）	人均GDP（元）	人均地方财政预算收入（元）	人均地方财政预算支出（元）	非农业增加值占比（%）
全国	49688	3339	5342	0.898	82881	8272	10628	0.969

续表

	县级市				地级市市辖区			
	人均GDP（元）	人均地方财政预算收入（元）	人均地方财政预算支出（元）	非农业增加值占比（%）	人均GDP（元）	人均地方财政预算收入（元）	人均地方财政预算支出（元）	非农业增加值占比（%）
东部	**61353**	**4193**	**5539**	**0.919**	**110148**	**10873**	**12441**	**0.974**
河北	49933	2247	3899	0.909	67214	7539	10463	0.970
江苏	106027	8123	9046	0.952	108833	11468	12287	0.972
浙江	68129	5115	6150	0.943	115850	12848	13436	0.973
福建	64145	4601	6243	0.918	99098	12000	13226	0.973
山东	66195	4384	5459	0.912	89931	8111	9847	0.966
广东	26067	1399	2961	0.836	144496	12714	14751	0.983
海南	24885	2302	6157	0.635	57834	6979	9974	0.916
东北部	**49432**	**2862**	**5961**	**0.838**	**83515**	**8411**	**12169**	**0.974**
辽宁	66199	4729	6509	0.880	95343	11837	15000	0.980
吉林	41461	1996	5856	0.838	82202	6390	11623	0.978
黑龙江	37724	1530	5383	0.743	67717	4872	8536	0.959
中部	**35569**	**2329**	**4288**	**0.881**	**62562**	**7441**	**9556**	**0.964**
山西	39227	3027	4778	0.943	53115	5541	7887	0.980
安徽	26639	2500	4567	0.858	51054	6003	9022	0.953
江西	27420	3303	5082	0.881	62573	5952	9065	0.969
河南	44831	2254	4009	0.924	45614	5796	8356	0.960
湖北	32248	1841	4198	0.826	89394	13803	11565	0.965
湖南	34269	2406	4112	0.871	83963	7530	11616	0.966
西部	**37978**	**2838**	**6097**	**0.882**	**59384**	**4869**	**8079**	**0.953**
内蒙古	70703	3976	10813	0.901	123583	10604	12805	0.972
广西	17256	984	3162	0.805	51690	4290	7244	0.917
四川	31538	1820	4553	0.858	52519	3877	7290	0.945
贵州	33694	3770	5999	0.927	43468	5096	7855	0.959
云南	35129	3051	6063	0.882	67595	3839	5906	0.964
西藏	39403	735	6263	0.910	/	/	/	/
陕西	41019	3427	4681	0.922	56333	4873	7936	0.959
甘肃	40717	2081	11403	0.896	40320	2527	6581	0.940

续表

	县级市				地级市市辖区			
	人均GDP（元）	人均地方财政预算收入（元）	人均地方财政预算支出（元）	非农业增加值占比（%）	人均GDP（元）	人均地方财政预算收入（元）	人均地方财政预算支出（元）	非农业增加值占比（%）
青海	176328	9794	19872	0.980	49358	1706	9709	0.982
宁夏	79329	4735	12134	0.942	52297	5535	11203	0.950
新疆	51329	4598	8274	0.873	103046	12315	14269	0.992

注：①表中人均GDP、人均地方财政预算收入以及人均地方财政预算支出均为现价；②2013年西藏只有一个地级市为拉萨市，由于《中国城市统计年鉴》中2013年拉萨市地级市市辖区的人口数据缺失，所以下表中西藏地级市的数据缺失。

资料来源：根据《中国城市统计年鉴》计算所得。

表3-6　　2015年中国县级市和地级市市辖区经济指标对比

	县级市				地级市市辖区			
	人均GDP（元）	人均地方财政预算收入（元）	人均地方财政预算支出（元）	非农业增加值占比（%）	人均GDP（元）	人均地方财政预算收入（元）	人均地方财政预算支出（元）	非农业增加值占比（%）
全国	53587	3783	6535	0.900	90492	9201	12868	0.967
东部	66339	4979	6880	0.924	117851	12589	15964	0.972
河北	48475	2516	5475	0.909	65098	6582	10407	0.952
江苏	111130	9213	10284	0.953	120683	13100	14578	0.970
浙江	74924	6463	8062	0.950	130364	15747	18213	0.975
福建	75666	5670	6647	0.927	107093	12934	15425	0.972
山东	70909	5241	6630	0.913	94812	9745	12000	0.965
广东	28570	1475	4251	0.848	153511	15492	21566	0.981
海南	30839	3282	8315	0.666	71785	9004	12995	0.927
东北部	45916	1904	6206	0.812	77736	6547	11358	0.966
辽宁	54202	2055	4909	0.845	84819	8075	10958	0.978
吉林	42827	2148	7269	0.828	83313	6062	13157	0.974
黑龙江	37757	1362	6726	0.719	64205	4762	10703	0.935
中部	40841	2763	5521	0.886	72069	8412	12050	0.965
山西	34602	2546	5385	0.936	57901	5487	9456	0.982
安徽	31106	3685	5364	0.869	58518	7075	11062	0.957

第三章　中国城市化与工业化的演变及国际经验　　49

续表

	县级市				地级市市辖区			
	人均GDP（元）	人均地方财政预算收入（元）	人均地方财政预算支出（元）	非农业增加值占比（%）	人均GDP（元）	人均地方财政预算收入（元）	人均地方财政预算支出（元）	非农业增加值占比（%）
江西	32230	4953	6976	0.887	63463	6562	10144	0.963
河南	49761	2694	4820	0.929	57222	7933	11838	0.961
湖北	38898	2534	5828	0.839	101322	11384	14298	0.968
湖南	40955	1853	5372	0.874	97883	11332	14712	0.967
西部	**43786**	**3463**	**7524**	**0.887**	**67338**	**5336**	**9013**	**0.954**
内蒙古	77019	4972	13611	0.903	134732	10530	14200	0.974
广西	20047	1393	4266	0.827	58030	4726	8783	0.923
四川	37765	2261	5608	0.871	59489	4485	8182	0.948
贵州	44234	5559	7524	0.919	55911	4652	7692	0.949
云南	39386	3430	7363	0.886	76672	4065	6833	0.966
西藏	/	/	/	/	94272	3879	11647	0.995
陕西	45902	3087	5759	0.923	65659	5141	7057	0.962
甘肃	48206	3330	11374	0.904	45542	3658	9098	0.936
青海	105904	9940	22564	0.958	73880	2998	8756	0.982
宁夏	92190	4860	12544	0.945	58192	5990	14112	0.953
新疆	63030	5413	10828	0.879	111512	15070	17874	0.991

注：①表中人均GDP、人均地方财政预算收入以及人均地方财政预算支出均为现价；②由于2014年西藏撤销日喀则地区和日喀则县级市，成立日喀则地级市，所以从2014年开始西藏没有县级市。但是由于数据可得性的原因，表中西藏地级市市辖区的数据只包含了拉萨市。

资料来源：根据《中国城市统计年鉴》计算所得。

　　从省份的层面来看，大体上地级市市辖区的经济发展程度均强于县级市的经济发展程度。但也存在一些特殊情况，如山东、河南和甘肃在个别年份存在县级市人均GDP高于地级市市辖区的情况，最特殊的是青海，其县级市的人均GDP一直明显高于地级市市辖区的人均GDP，原因是青海省的格尔木市虽然是县级市，但是经济发展水平较高，而青海的县级市极少，所以格尔木市的发展显著拉高了平均水平。还有一个比较特殊的省份就是江苏，从2011年到2015年，江苏的县级市的人均GDP一直略低于江苏市辖区的人均GDP，二者之间的差距并不显著，原因是江苏确实存在许多经济发展水平很强的县级市，如昆山市，连续近二十年位列中国百强县排名榜榜首。此外，江苏的江阴市、张家港市以及常熟市等县级市的经济发展水平也都很高，导致江苏县级市整体的发展水平与地级市市辖区相差不大。但是由于县级市的经济发展水平强于普通的县域地区，所以用县级市的经济指标指代镇区经济存在高估。

综上所述可以发现，若以县级市作为镇区经济的代表，以地级市市辖区作为城区经济的代表，即使在镇区经济存在高估的情况下（因为县级市的镇区经济强于普通县的镇区经济），镇区经济的发展水平依然与城区经济存在显著差异。此外，根据Fan等（2012）的研究发现，县级市规模太小，无法发挥城市集聚经济的作用，因此撤县设市产生的县级市其经济增长水平并没有显著强于普通的县域地区。所以在后续章节的研究中所提到的"城市化"，指的均为直辖市以及地级市的城区，不包括县级市及其他县级区划所下辖的镇区经济，相应的研究重点也集中在"城市化"。在少数地方为了作为对比也会将县级市和普通的镇区经济统一纳入研究范畴，在这种情况下则采用"城镇化"来指代，即既包括城市化发展，也包括镇区发展。

第二节 中国的工业化

工业化简单来说就是一个国家的工业经济比重不断上升，取代农业经济成为经济结构主体的过程。中华人民共和国成立以来，中国的工业化一直处于快速发展的过程中，除了工业经济占比提升以外，中国工业化的重要特点之一是与国有企业的改革历程密切相关。随着改革开放的深化，市场配置资源的作用在中国工业化过程中开始发挥越来越重要的作用，国有工业企业也在这一阶段经历了多次改革。改革初期，首先对国有工业企业实施的改革就是扩大工业企业自主权，并且率先在四川的6个地方国营工业企业进行试点。工业企业自主权扩大体现在企业可以在完成国家计划的情况下，根据市场需求进行补充生产，并按国家规定的价格自销，同时还实行了利润留成的制度，充分调动了企业生产的积极性。在扩大企业自主权的基础上，20世纪80年代初，国家对国有工业企业实施了经济责任制，并推行利改税，规定凡是有盈利的国营大中型企业按照实现利润的55%缴纳所得税，而有盈利的国营小型企业则将其实现利润按照八级超额累进税率缴纳所得税。到了1987年，中国开始普遍对国有大中型工业企业实施责任承包制,而对国有小型工业企业实施租赁制,并且开始推行股份制企业试点。接下来就是1993年开始实施的国企改革,通过抓大放小的改革策略,让小企业实现了市场化。在此之后的近三十年中,国有企业一直在不断改革。国企改革是中国工业化演变的重要部分,此外还有一部分是私营企业以及乡镇企业的发展和转型。为了详细描述中国改革开放以来工业化的过程,这一章将从多个角度对工业化过程中的经济指标进行整理和讨论。

工业增加值占比是反映工业化程度的重要指标。图3-2展示了改革开放至2016年,中国三次产业结构的变动情况及工业增加值占国内生产总值的比重。从图中可以看出,中国的第二产业比重一直在40%到50%之间波动。从1980年到1990年,第二产业比重呈现出缓慢下降的趋势,但从1990年开始上升,一直维持在45%左右,直到2012年再次开始缓慢下降,并且在2016年降到了39.88%。工业增加值占国内生产总值比重的变动趋势与第二产业比重的变动趋势完全一致,二者之间大约有5%的差距,这一差距代表了建筑业占国内生产总值的比重。此外,我们还可以发现,改革开放以来,第一产业的比重在不断下降,到2016年基本维持在10%左右。第三产业所占比重则在一直上升,并且在2013年首次超过了第二产业比重,在2015年超过了50%。

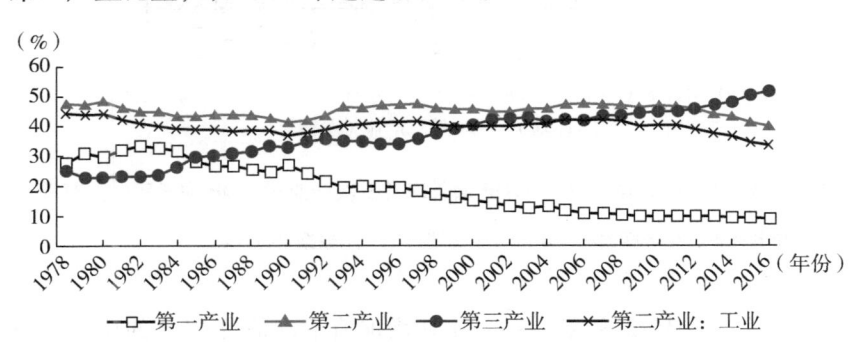

图3-2 1978—2016年中国产业结构

资料来源:相关年份《中国统计年鉴》。

图3-3展示了改革开放以来,中国的GDP增长率以及三次产业(以及工业单列)对GDP增长率的贡献率,其中贡献率的计算方法是分别用三次产业或工业增长幅度的实际值除以国内生产总值的增长幅度的实际

值。对比图3-2和图3-3可以看出,相较三次产业增加值占比的变动幅度,三次产业贡献率的变动幅度更大。尤其是在1990年之前,由于第二产业增长幅度的下降,一方面导致了整体GDP增长率的下滑,另一方面导致了第一产业贡献率的飙升。从1991年开始,第二产业的贡献率稳定在60%左右,并有小幅波动,这一趋势一直维持到2000年,随后第二产业的贡献率维持在50%左右,并于2012年开始下降,到2016年下降到了37.20%。工业对GDP增长率的贡献与第二产业对GDP增长率的贡献变动趋势基本一致,二者之间的差距在2001年之前很小,在某些年份甚至为负。但是从2001年开始,二者之间的差距有扩大之势,这说明建筑业对GDP增长率的贡献有所提升,这与中国房地产市场的发展轨迹较为一致。随着第二产业贡献率的下降,第三产业的贡献率在不断上升,几乎与第二产业形成了互补之势,到2016年上涨到了58.40%。而第一产业的贡献率则从1991年开始一直维持在5%左右,十分稳定。

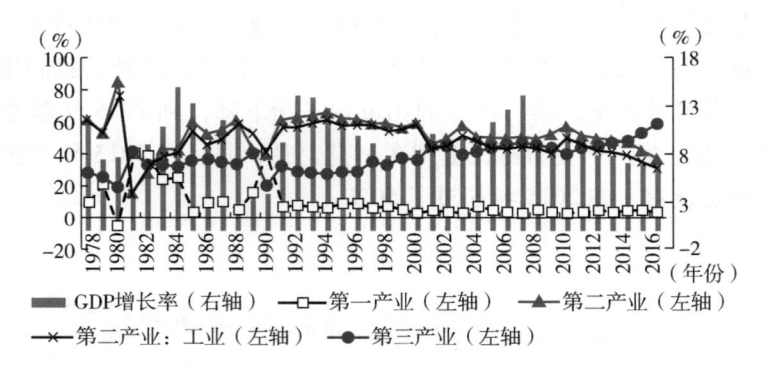

图3-3 1978—2016年中国GDP增长率及三次产业对GDP增长率的贡献率

资料来源:作者根据相关年份《中国统计年鉴》数据自行计算。

对比总结图3-2和图3-3,工业增加值不论是占GDP的比重还是对GDP增长率的贡献率,均从2012年开始表现出逐步下降的趋势,但是这并不意味着工业化的完成。党的二十大报告提出,到2035年中国要基本实现新型工业化,因此工业仍然是中国经济发展的重要支柱,但是需要转变其过去相对粗放传统的增长模式,更加注意工业发展的结构合理和工业增长质量的提升,推动其高端化、智能化、绿色化发展。在"十三五"及"十四五"时期,针对工业部门落后产能的改革,以及对于高污染工业企业的关停都是中国向高质量新型工业化迈进的一部分。

除了增加值占比，就业人数占比也是反映工业化发展的重要指标。图3-4展示了中国改革开放以来三次产业就业人员占全国总就业人员的比重。从图3-4当中可以看出，第一产业就业人员所占比重一直呈现出逐渐下降的趋势，并且下降幅度从2004年开始扩大。到2016年，第一产业就业人员所占比重已经不足30%。第二产业就业人员比重增长则较为缓慢。改革开放之初，第二产业就业人员所占比重已经达到了17.30%。到1985年这一比重突破20%之后便一直增长缓慢，基本保持在20%左右。直到2004年，增幅有所提高，到2012年占比达30.30%。相比于第二产业就业人员占比的缓慢上升，第三产业就业人员占比则增长较快，从1978年只占12.20%，到1994年已经超过了第二产业就业人员的占比，并且到2016年第三产业就业人员占比已经高达43.5%。通过对图3-4的分析可以发现，中国工业化的过程当中对劳动力的吸收能力有限，这与中国早期优先发展重工业的政策有关。随着户籍制度改革，政府对人口流动限制的放宽，许多农村劳动力进入城市，这使得第一产业就业人员的比重显著下降，同时这些劳动力被低端服务业所吸收，表现为第三产业就业人员的显著增加。

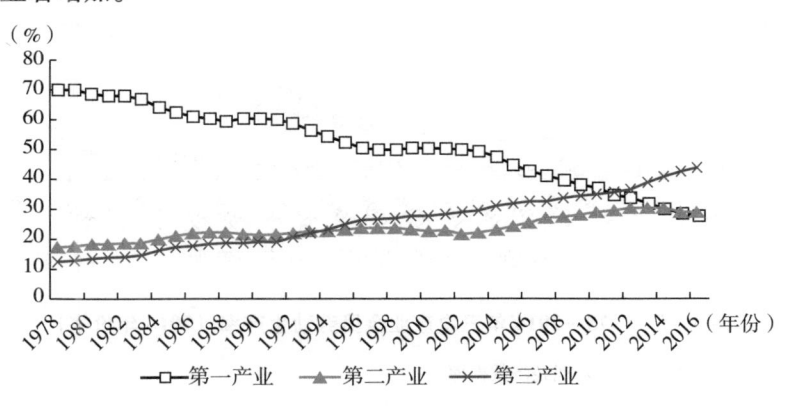

图3-4 1978—2016年三次产业就业人数占比

资料来源：相关年份《中国统计年鉴》。

图3-5展示了改革开放以来，中国三次产业全员劳动生产率的变动情况。所谓全员劳动生产率指的是每个产业的增加值与本产业就业人员数的比值，此处产业增加值使用的是以2010年不变价计算的产业增加值。

从图 3-5 当中可以看出，在 1994 年之前，三次产业之间的劳动生产率表现为第三产业＞第二产业＞第一产业，但是这一趋势从 1995 年开始在第三产业和第二产业之间发生了逆转，第二产业的劳动生产率开始高于第三产业，并且第二产业劳动生产率的增长速度远快于第三产业，所以二者之间的差距也越来越大。第一产业的劳动生产率则增长缓慢。尽管技术水平是影响劳动生产率的重要因素，但第三产业与第二产业之间劳动生产率的差异不能完全归结于第二产业技术进步更快。因为根据图 3-4 我们知道从 1995 年开始，第三产业就业人员比重超过了第二产业，越来越多的从第一产业中走出来的劳动者进入了第三产业，而且大多数是低端服务业，所以导致第三产业劳动生产率的缓慢增长。第二产业则有许多行业为资本密集型，所需劳动力较少，但是产出很高，所以整体提升了第二产业的劳动生产率，到 2016 年，第二产业劳动生产率已经达到 113021 元/人（以 2010 年价格计），这一增长背后既包含了技术的进步，也包含了产业内部结构的调整和投资水平的上升等多方面的因素。

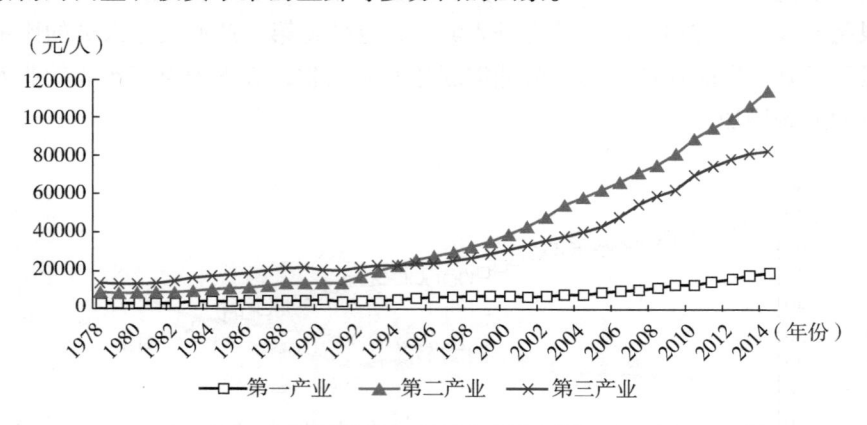

图 3-5　1978—2014 年三次产业全员劳动生产率（2010 年价格）

资料来源：Wind 宏观经济数据库。

图 3-6 展示了 1992 年到 2016 年中国固定资产投资的三次产业占比以及第二产业和第三产业的投资额（当年价格计）。从图中可以发现，第一产业固定资产投资占比很小，基本保持在 2% 附近，可以忽略不计，故第二产业占比和第三产业占比表现出互补的变动趋势。从图 3-6 中的累积柱状图部分可以发现，自 2004 年开始，第二产业和第三产业的固定资

第三章 中国城市化与工业化的演变及国际经验　　55

产投资额均快速上升,并且第三产业固定资产投资额更高,增长速度也更快。实际上,第三产业的固定资产投资额当中有很大一部分是房地产开发投资额。这与中国过去十几年当中房地产的快速发展有着密不可分的关系。从2005年开始,第二产业固定资产投资的占比基本稳定在40%到43%之间,并与其他第二产业的指标变化趋势类似,从2012年开始下降。

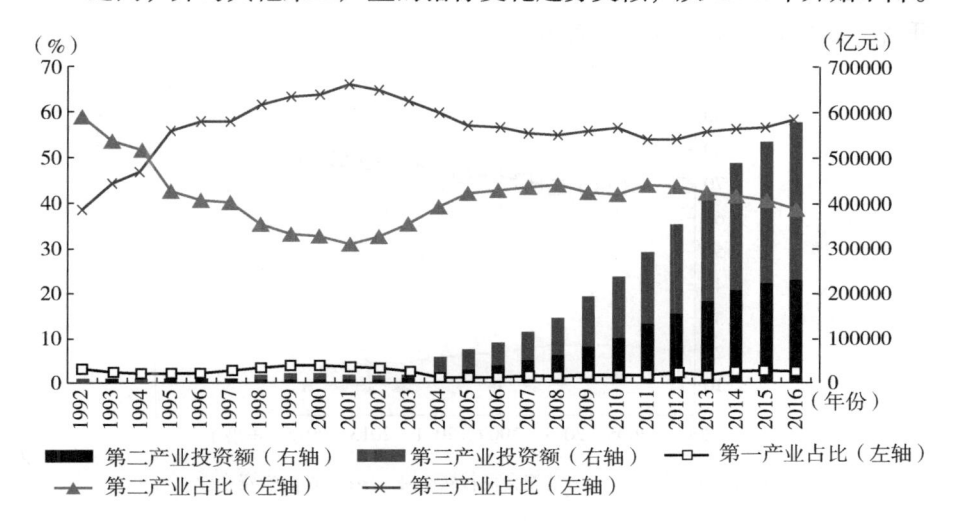

图3-6　1992—2016年固定资产投资的三次产业占比及第二产业和第三产业投资额

资料来源:相关年份《中国统计年鉴》。

图3-2到图3-6详细描述了中国改革开放以来产业结构演进的各个方面,包括增加值、就业、劳动生产率以及固定资产投资等。从这五张图当中我们可以看到改革开放以来中国工业化过程中各项经济指标的变动情况。总体而言,改革开放以来,第二产业的各项总量指标规模及占比均明显提升,反映了这一阶段中国工业化的快速发展。

为了进一步描述工业化过程中工业部门内部的演变趋势,接下来的内容将详细分析工业部门内部按照注册类型划分的各项经济指标的变化情况。因为改革开放以来,中国工业化过程中非常重要的一方面就是国有企业改革和私营企业的迅速发展,所以此处希望通过对所有制结构特征相关内容的分析,进一步总结改革开放以来中国工业化发展的特点。

图3-7展示了中国工业企业销售产值中内资企业、港澳台商投资企业以及外商投资企业所占的比重。图3-8则是对内资工业企业销售产值

的进一步分解，主要展示了国有企业（包括国有企业、国有联营企业和国有独资公司）、国有企业与集体企业的总和（包括前述的国有企业以及集体企业、集体联营企业以及国有与集体联营企业）以及私营企业的占比（这一分类和内涵对于图3-9和图3-10也同样适用）。当然内资工业企业还包括许多其他类型，但由于它们占比较小并且不是此处所关注的重点，所以在图中没有一一展示。

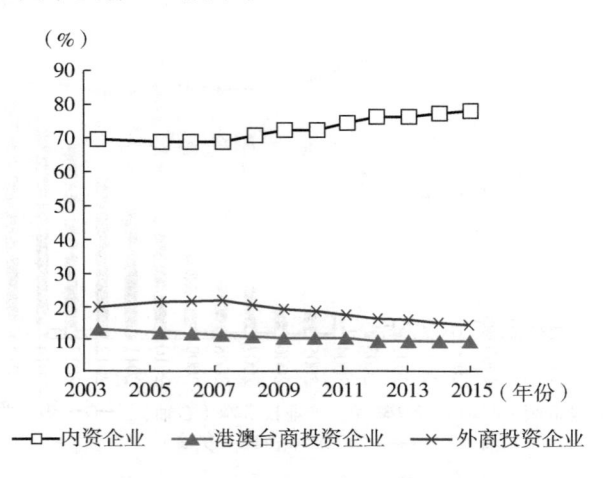

图3-7 工业企业销售产值构成

资料来源：相关年份《中国工业企业统计年鉴》。

从图3-7可以发现，中国的工业企业销售产值中，内资企业一直占到70%以上，并且这一比重在2008年国际金融危机之后持续上升，在2016年达到近80%。与此相对应的是，2008年国际金融危机之后外商投资企业所占比重逐渐下降。而港澳台商投资企业所占比重则一直稳定在10%左右。在内资企业中，通过图3-8可以发现，2003年以来私营企业的工业销售产值所占比重在不断上升，而国有企业以及国有企业与集体企业总和所占比重均在不断下降。同时国有企业与国有企业和集体企业总和之间的差距在不断缩小，这意味着集体企业的占比逐渐收缩。私营企业销售产值占内资企业的比重在2015年达到45.61%，表明中国的内资工业企业当中，私营企业几乎占据了半壁江山，这是国企改革以来不断鼓励私营企业和中小企业发展，释放市场活力的结果。

图3-9和图3-10分别展示了国有企业、国有企业与集体企业以及

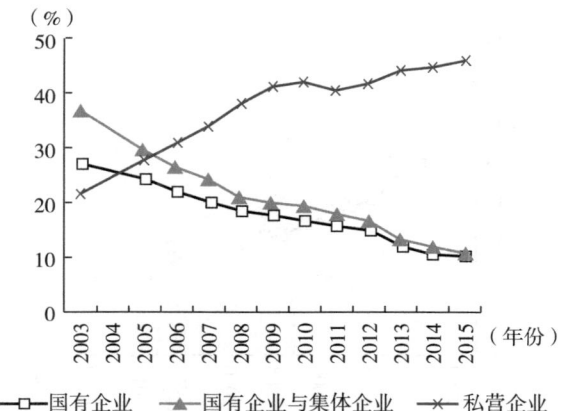

第三章 中国城市化与工业化的演变及国际经验　　57

图 3-8　内资工业企业销售产值构成

资料来源：相关年份《中国工业企业统计年鉴》。

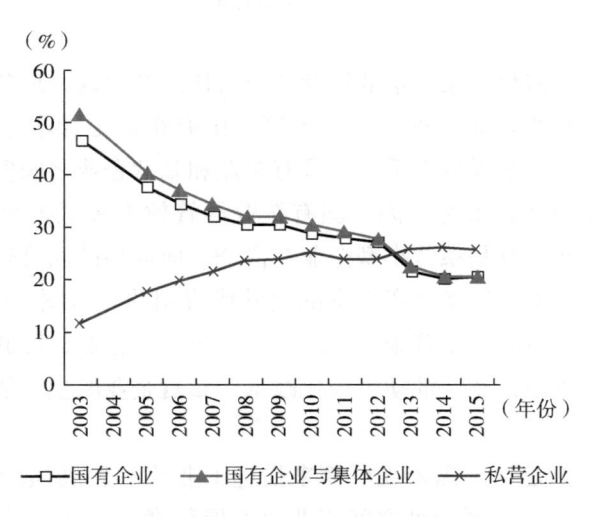

图 3-9　内资工业企业负债构成

资料来源：相关年份《中国工业企业统计年鉴》。

私营企业的总负债和总资产占内资工业企业总负债和总资产的比重。相较图 3-8 中私营企业销售产值所占比重早在 2005 年便超过了国有企业与集体企业的总和，图 3-9 和图 3-10 所展示的负债占比与资产占比显示，私营企业在 2013 年才超过国有企业与集体企业的总和，并且直到 2015 年私营企业的负债占比只占到了 25.26%，而资产占比也只占到 27.44%，

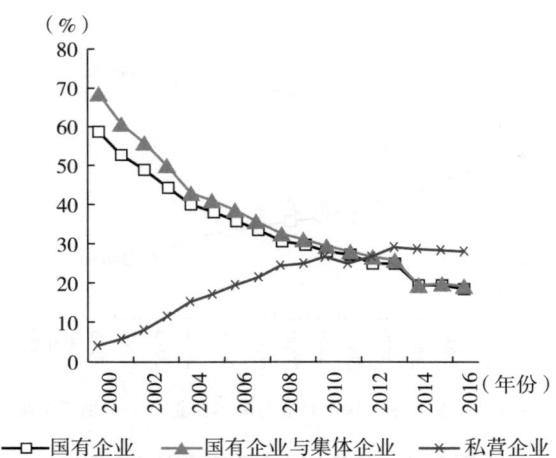

图 3-10 内资工业企业资产构成

资料来源:《中国工业企业统计年鉴》。

远低于从销售产值角度来评定的私营企业占比。产生这一现象的主要原因是国有企业与私营企业所处的行业不同,国有企业更加集中于重资产行业,但同时也在一定程度上反映了国有企业和私营企业之间资源配置的问题。由于中国融资体系的原因,国有企业尽管效率较低但更容易获得贷款,而私营企业尤其是私营小型企业在借贷方面面临的困难较大,这种资源错配的问题对整体经济生产效率的提升形成制约。从图 3-8 我们可以看到即使在这种情况下私营企业的产值远大于国有企业,因此随着进一步优化资源配置机制,持续推动市场化改革,私营企业的生产能力将进一步提升。

前述内容都是从中国宏观层面来描述工业化的发展演变过程,考虑到中国地域广阔,不同地区之间工业化发展程度和演变趋势存在较大差距。接下来的内容将从省(自治区)及直辖市以及分东部、东北部、中部、西部这几个层面来描述中国的工业化发展。表 3-7 展示了各个区域和省(自治区)及直辖市的第二产业、第三产业增加值占地区 GDP 的比重。从表 3-7 中可以发现,相较 2000 年,2010 年第二产业增加值占比大部分地区都有所上升(除了北京、上海有明显的下降),但是这一比重在 2016 年相比较于 2010 年几乎在全国各省份层面均有明显下降,与此同时伴随着第三产业占比的显著上升。2010 年,从省份层面来看,全国有一半以上的地区第二产业增加值占比超过50%，此外，大部分省份第三产业增加值占比在40%以下；而到2016年，所有省份的第二产业增加值占比都降到50%以下，而第三产业占比则几乎都达到40%以上，个别省份甚至上升到50%以上。这与前文从中国宏观层面得到的结论一致，即在2010年到2016年之间存在第二产业增加值占比开始下降的转折点。

表3-7　　2000年、2010年、2016年分地区第二产业和第三产业增加值占比　　单位：%

地区	2000年 第二产业	2000年 第三产业	2010年 第二产业	2010年 第三产业	2016年 第二产业	2016年 第三产业
东部	49.065	39.425	49.370	44.326	42.285	52.369
北京	38.064	58.307	24.008	75.111	19.262	80.232
天津	50.030	45.484	52.472	45.950	42.333	56.436
上海	47.541	50.630	42.050	57.285	29.832	69.779
河北	50.304	33.493	52.503	34.930	47.573	41.536
江苏	51.684	36.302	52.513	41.355	44.735	49.997
浙江	52.738	36.259	51.576	43.517	44.855	50.986
福建	43.651	40.008	51.047	39.700	48.918	42.880
山东	49.686	35.464	54.221	36.618	46.077	46.677
广东	50.390	39.260	50.017	45.012	43.423	52.008
海南	19.760	42.330	27.658	46.194	22.351	54.251
东北部	51.453	35.623	52.508	36.865	38.184	49.715
辽宁	50.211	39.006	54.054	37.109	38.686	51.546
吉林	43.943	34.163	51.990	35.894	47.405	42.454
黑龙江	57.441	31.585	50.191	37.243	28.602	54.042
中部	44.586	35.173	52.410	34.558	45.411	44.143
山西	50.346	38.713	56.886	37.088	38.535	55.451
安徽	42.667	33.234	52.079	33.931	48.434	41.046
江西	34.984	40.796	54.203	33.026	47.730	41.975
河南	46.982	30.409	57.276	28.615	47.628	41.782
湖北	49.662	34.851	48.644	37.910	44.862	43.935
湖南	39.597	39.143	45.786	39.714	42.284	46.375

续表

地区	2000 年 第二产业	2000 年 第三产业	2010 年 第二产业	2010 年 第三产业	2016 年 第二产业	2016 年 第三产业
西部	**41.509**	**36.234**	**49.987**	**36.867**	**42.949**	**45.183**
内蒙古	39.706	35.255	54.555	36.061	47.184	43.783
广西	36.485	37.239	47.145	35.352	45.168	39.564
重庆	41.370	40.824	55.001	36.352	44.525	48.129
四川	42.404	34.017	50.462	35.090	40.835	47.234
贵州	39.038	33.687	39.113	47.305	39.650	44.673
云南	43.130	34.555	44.621	40.037	38.477	46.679
西藏	23.168	45.912	32.302	54.156	37.273	52.671
陕西	44.066	39.129	53.797	36.439	48.922	42.346
甘肃	44.732	35.604	48.170	37.287	34.937	51.406
青海	43.249	42.134	55.140	34.869	48.590	42.811
宁夏	45.201	37.497	48.999	41.574	46.975	45.400
新疆	43.012	35.866	47.672	32.491	37.794	45.118

资料来源：相关年份《中国统计年鉴》。

表3-8展示了各个区域和省份的第二产业及第三产业从业人员占从业人员总规模的比重。在2000年到2010年，除北京、天津、上海以及个别省份以外，绝大多数地区的第二产业从业人员比重都有较大幅度的提升，其中东部提升的幅度明显高于其他地区，如江苏、浙江、福建、广东等省份在2000年到2010年的涨幅均达到了10%以上，而中西部的涨幅则基本在10%以下，东北三省属于特例，除吉林有微弱上升以外，辽宁和黑龙江的第二产业从业人员占比均处于下降趋势。比较2010年和2016年的第二产业从业人员占比可以发现，相比于第二产业增加值占比在2010年之后的下降，第二产业从业人员占比在2010年到2016年之间并没有下降，反而在大部分省份表现出轻微上升的趋势。但是其幅度相比于2000年到2010年第二产业从业人员占比的上升幅度有所下降。与此同时，第三产业从业人员占比从2000年到2016年一直表现出快速上涨的趋势。无论是东部还是中西部，第三产业从业人员占比在2000年到2010年都呈现出大幅度上升的趋势；在2010年到2016年，西部上升幅度有进一步扩大之势，东部和中部则增幅相对平稳。

表 3-8　　2000 年、2010 年、2016 年分地区第二产业和第三产业从业人员占比　　单位：%

地区	2000 年 第二产业	2000 年 第三产业	2010 年 第二产业	2010 年 第三产业	2016 年 第二产业	2016 年 第三产业
东部	**28.568**	**28.553**	**38.105**	**35.799**	**37.484**	**41.004**
北京	33.619	54.610	19.649	74.399	15.818	80.116
天津	45.626	37.678	41.489	48.377	33.954	58.832
上海	44.310	44.918	40.682	55.918	32.851	63.820
河北	26.198	24.237	32.362	29.755	34.085	33.236
江苏	30.220	26.980	42.000	35.700	43.000	39.300
浙江	35.446	28.973	49.790	34.207	47.400	40.200
福建	24.518	28.714	36.621	34.982	35.971	42.023
山东	23.632	23.303	32.595	31.898	35.400	35.499
广东	27.946	32.105	42.377	33.181	40.500	37.755
海南	9.371	29.785	11.903	37.728	12.268	46.621
东北部	**25.311**	**31.643**	**22.997**	**39.787**	**21.559**	**44.868**
辽宁	31.657	34.942	27.681	41.959	24.884	44.461
吉林	19.098	30.704	20.052	36.688	21.689	44.483
黑龙江	21.695	28.098	19.379	39.286	17.783	45.598
中部	**20.377**	**23.278**	**25.673**	**32.310**	**27.539**	**36.512**
山西	25.381	27.025	26.265	35.880	25.213	39.652
安徽	16.947	24.546	25.099	35.800	28.556	39.724
江西	24.397	28.978	29.658	34.781	32.367	38.311
河南	17.534	18.503	29.014	26.101	30.565	31.035
湖北	20.751	31.239	20.705	32.900	23.039	40.132
湖南	23.494	17.221	22.985	34.581	23.267	36.244
西部	**15.144**	**24.167**	**19.339**	**29.565**	**19.589**	**35.406**
内蒙古	17.182	30.661	17.405	34.397	15.855	44.084
广西	10.834	27.942	18.726	27.158	17.599	32.313
重庆	17.472	27.090	22.849	36.806	27.753	43.368
四川	18.700	24.556	24.910	31.440	26.800	35.599
贵州	12.993	16.558	11.493	20.206	17.160	25.530
云南	9.166	16.955	12.603	26.971	13.247	33.803

续表

地区	2000年 第二产业	2000年 第三产业	2010年 第二产业	2010年 第三产业	2016年 第二产业	2016年 第三产业
西藏	5.919	20.817	10.871	35.515	16.422	45.852
陕西	16.492	27.799	27.049	31.678	18.957	36.680
甘肃	18.950	21.410	15.360	23.030	15.920	28.120
青海	12.599	31.602	22.600	35.999	22.849	41.628
宁夏	18.149	24.283	16.503	33.804	17.118	39.707
新疆	13.784	28.535	14.838	36.190	14.361	42.164

资料来源：相关年份《中国统计年鉴》。

在分析中国宏观层面的国有工业企业和私营工业企业相关指标的基础上，表3-9进一步展示了地区层面的规模以上工业企业、国有工业企业以及私营工业企业的固定资产与从业人员之比。固定资产和劳动力是工业企业生产中两项最重要的投入要素，二者之比可以反映地区工业企业的资本相对于劳动的密集程度。由于2000年的《中国统计年鉴》工业篇章中，国有工业企业和私营工业企业的数据缺失，所以表3-9只展示了2010年和2016年的结果。从规模以上工业企业整体来看，2000年到2016年，资本的密集程度一直在上涨，并且西部工业企业的资本密集程度远高于东部和中部，浙江、广东、福建、江苏等东部沿海省份，轻工业较为发达，资本密集程度也显著低于其他省份。对比同一地区国有控股工业企业和私营工业企业可以发现，国有工业企业的资本密集程度显著高于私营企业，绝大多数省份国有工业企业的资本密集程度达到了私营工业企业的三倍以上，甚至更高。与此同时，不论是国有工业企业还是私营工业企业，资本密集程度在2010年到2016年都表现出大幅度的上升，大部分地区的上升幅度都达到了两倍以上。

表3-9　　　　2000年、2010年、2016年分地区分类型工业企业
固定资产与从业人员之比　　　　　　　　单位：万元/人

地区	规模以上工业企业 2016年	规模以上工业企业 2010年	规模以上工业企业 2000年	国有控股工业企业 2016年	国有控股工业企业 2010年	私营工业企业 2016年	私营工业企业 2010年
东部	**33.678**	**20.715**	**14.342**	**114.622**	**78.012**	**23.255**	**10.223**
北京	65.419	44.715	21.239	120.243	90.079	14.023	8.034
天津	62.538	38.497	20.706	134.787	95.553	30.489	9.779

续表

地区	规模以上工业企业 2016年	规模以上工业企业 2010年	规模以上工业企业 2000年	国有控股工业企业 2016年	国有控股工业企业 2010年	私营工业企业 2016年	私营工业企业 2010年
上海	39.993	28.391	26.218	119.682	99.718	14.870	8.190
河北	54.688	33.353	13.097	99.779	67.903	41.197	15.941
江苏	34.970	20.857	11.929	129.619	82.078	24.682	10.719
浙江	27.515	16.646	11.613	190.612	119.625	15.734	9.292
福建	23.554	14.145	13.064	153.156	92.826	12.957	7.963
山东	45.426	24.464	12.055	83.006	50.704	36.194	13.447
广东	18.956	14.291	13.977	111.883	89.740	11.202	6.780
海南	121.017	52.213	22.036	268.161	91.065	14.509	10.685
东北部	**54.000**	**32.404**	**16.698**	**76.882**	**53.512**	**30.243**	**17.569**
辽宁	52.787	30.444	18.202	81.128	59.862	26.898	17.106
吉林	53.054	34.335	13.593	75.599	48.196	37.169	20.503
黑龙江	57.514	35.909	16.568	71.803	48.446	27.711	15.780
中部	**38.103**	**26.744**	**11.350**	**76.475**	**50.167**	**26.075**	**12.473**
山西	67.646	35.060	11.825	81.587	42.431	49.190	20.249
安徽	35.651	26.701	11.567	76.622	55.511	20.089	11.169
江西	34.680	20.469	10.606	79.369	41.798	26.632	9.825
河南	35.575	23.852	9.986	62.066	40.060	32.414	13.615
湖北	39.675	32.586	12.977	89.493	77.586	22.275	12.245
湖南	30.337	23.427	11.680	74.977	49.685	20.215	11.559
西部	**70.965**	**37.808**	**15.448**	**135.571**	**66.554**	**27.229**	**13.513**
内蒙古	110.123	59.795	16.238	162.165	96.554	48.720	24.784
广西	34.464	26.989	14.207	84.048	59.400	15.743	9.937
重庆	41.037	23.301	12.684	99.274	47.345	22.577	9.134
四川	52.880	27.333	14.024	132.804	55.983	21.509	13.269
贵州	53.588	38.321	13.362	91.959	60.763	21.789	8.991
云南	93.401	48.336	18.294	175.925	91.754	29.645	13.590
西藏	264.930	91.084	20.404	414.402	128.636	41.483	31.880
陕西	86.211	34.776	13.845	125.309	47.028	34.578	14.456
甘肃	99.191	46.914	12.775	121.110	60.523	40.038	16.869
青海	169.466	82.482	31.872	215.065	111.576	100.268	27.741

续表

地区	规模以上工业企业			国有控股工业企业		私营工业企业	
	2016年	2010年	2000年	2016年	2010年	2016年	2010年
宁夏	118.544	49.040	16.163	202.179	67.975	53.617	24.247
新疆	143.142	73.590	29.827	190.082	103.543	65.758	20.156

资料来源：相关年份《中国统计年鉴》。

  为了进一步比较各地区国有工业企业与私营工业企业的发展状况，表3-10展示了各区域和省份国有工业企业与私营工业企业三方面的指标之比，分别是工业销售产值、资产总计和利润总额。从表3-10可以发现，东部和中部的国有工业企业的销售产值和利润明显低于私营国有企业，资产则略高于私营工业企业。此外相比于2010年，2016年东部和中部的国有工业企业和私营工业企业的各项指标比值均在下降。西部则与东部和中部不同，除重庆、四川和广西以外，其他西部省份国有工业企业的销售产值均高于或近似等于私营工业企业的销售产值，但是绝大多数省份国有工业企业的利润水平却远低于私营工业企业，与此同时，国有工业企业的资产约等于私营工业企业资产的两倍或两倍以上。西部省份的这种状况在2010年表现得更加明显。东北部三省的情况较为特殊，其国有工业企业销售产值均远大于私营工业企业，但是辽宁和黑龙江的国有工业企业利润为负值，这也直接导致其与私营工业企业的利润之比为负值。总结表3-10的数据，可以发现，绝大多数省份国有工业企业的资产均显著高于私营工业企业，而国有工业企业创造的销售产值及利润却低于私营工业企业。结合表3-9和表3-10，可以概括为国有工业企业无论从资本密集程度还是资产规模来说，都显著高于私营工业企业。考虑到国有工业企业和私营工业企业分布的行业不尽相同，因此表3-10中的数据对比并不能充分证明国有工业企业和私营工业企业的资源错配程度非常严重，但现有的宏观指标确实表明国有工业企业拥有大量的资产，而其创造的产值和利润均明显低于私营工业企业。

表3-10 2010年、2016年分地区国有工业企业与私营工业企业关键指标之比

地区	2016年			2010年		
	工业销售产值	资产总计	利润总额	工业销售产值	资产总计	利润总额
东部	0.431	1.237	0.515	0.669	1.433	0.811

续表

地区	2016 年 工业销售产值	2016 年 资产总计	2016 年 利润总额	2010 年 工业销售产值	2010 年 资产总计	2010 年 利润总额
北京	11.222	20.380	12.902	8.967	18.174	12.184
天津	1.033	3.473	0.554	2.745	4.902	3.589
上海	3.200	4.264	6.546	3.250	4.314	5.902
河北	0.369	1.249	0.185	0.754	2.321	0.378
江苏	0.233	0.552	0.261	0.306	0.612	0.349
浙江	0.343	0.479	0.530	0.301	0.341	0.346
福建	0.301	1.175	0.261	0.490	1.087	0.434
山东	0.287	0.925	0.214	0.559	1.406	0.576
广东	0.554	1.278	0.906	0.825	1.845	1.212
海南	8.091	15.557	11.709	6.986	11.462	7.697
东北部	**1.472**	**3.544**	**0.573**	**1.176**	**2.971**	**1.211**
辽宁	2.251	3.065	-0.146	0.804	2.282	0.346
吉林	1.032	3.442	1.448	1.694	3.381	2.567
黑龙江	1.413	5.483	-0.656	3.145	6.230	5.305
中部	**0.432**	**1.546**	**0.260**	**0.947**	**2.741**	**0.674**
山西	1.555	3.644	1.142	3.002	5.152	4.742
安徽	0.448	1.525	0.324	1.162	2.521	1.103
江西	0.268	0.923	0.204	0.638	1.907	0.415
河南	0.306	0.934	-0.008	0.599	1.978	0.226
湖北	0.669	2.410	0.977	1.528	3.708	1.481
湖南	0.310	1.034	0.217	0.651	2.044	0.501
西部	**1.061**	**3.460**	**0.767**	**1.636**	**3.912**	**2.050**
内蒙古	0.996	3.988	0.438	1.268	3.672	1.883
广西	0.741	1.889	0.586	1.282	2.678	1.013
重庆	0.578	1.573	0.593	0.939	2.124	0.675
四川	0.603	2.503	0.514	0.693	2.358	0.795
贵州	1.048	3.414	1.569	2.980	6.056	1.802
云南	2.206	5.644	0.921	2.408	4.061	2.189
西藏	3.198	14.213	-0.830	2.611	6.735	0.505

续表

地区	2016年			2010年		
	工业销售产值	资产总计	利润总额	工业销售产值	资产总计	利润总额
陕西	2.697	8.078	2.208	4.782	9.397	5.478
甘肃	4.686	9.537	0.510	9.839	11.285	8.723
青海	1.788	5.023	11.412	4.834	7.158	5.801
宁夏	1.080	1.503	1.112	1.779	2.771	3.169
新疆	2.452	4.235	0.085	5.143	5.611	6.707

资料来源：相关年份《中国统计年鉴》。

总结来说，本小节主要从三个方面描述了中国工业化过程中多项经济指标的变化趋势。第一方面是从三次产业结构的角度来看可以得到两点结论：首先，第二产业特别是工业占国内生产总值的比重一直较高，并且其增长对于国内生产总值增长的贡献率也很高，但是这两项指标从2012年开始都表现出下降的趋势，这与国内生产总值增速的下滑趋势表现一致。其次，虽然工业增加值占比较高，但是工业部门对于就业的吸收能力较弱，这从图3-4当中第二产业就业比重的缓慢增长可以发现。而这种高增加值低就业的情形就意味着图3-5当中以单位劳动产出来度量的第二产业劳动生产率不断上升，其中的原因既包括技术进步，也包括其他诸如结构调整、资本投入增加等多方面的因素。

第二方面从工业企业的内部企业所有制结构的角度对2000年以来工业化的演变进行分析，可以发现2008年国际金融危机之后，内资企业占比明显上升，外商投资企业占比则显著下降。国有企业销售产值占比不断下降，私营企业的销售产值占比不断上升。到2015年，私营企业销售产值占比几乎占据了内资企业的一半。与此同时，研究发现内资企业总负债和总资产的结构变动慢于销售产值的结构变动。国有企业虽然其销售产值只占到10%左右，而资产和负债则均占到了20%。私营企业虽然销售产值占到了近50%，但是其资产和负债占比却只有不到30%。

第三方面从分地区的角度分析了工业化的各项指标，可以发现，各地区的第二产业增加值占比都在2010年到2016年经历了从上涨转为下降的过程，与此同时第二产业从业人员占比的增速也在放缓，并且从绝对值水平来看，第二产业增加值占比始终高于第二产业从业人员占比。而在

2000年到2016年，第三产业增加值占比和从业人员占比均在不断上升。从资本密集度的角度来看，各地区国有工业企业的资本密集度均高于私营工业企业的资本密集度，并且西部地区的资本密集程度远高于东部和中部地区的资本密集程度。从工业销售产值的角度来看，东部和中部地区国有工业企业的销售产值都显著低于私营工业企业，而西部地区国有工业企业销售产值与私营企业基本持平。与此同时，各区域都存在的一个显著问题是国有工业企业所拥有的资本显著高于私营工业企业，但是创造的利润却显著低于私营工业企业，且相比于2010年，这一现象在2016年表现得更为明显。

对中国城市化和工业化发展演变的历程进行一个简单的总结梳理，可以发现，在城镇化发展方面，过去的人口城镇化发展模式主要依靠的是人口向镇区的集中，而人口向城市区域的集中，即严格意义上的城市化进程则相对缓慢。与此同时以县级市为代表的镇区经济与地级市市辖区的城区经济差距很大，无法将城区经济和镇区经济划为同一级别。反观改革开放以来的工业化发展则相对十分迅速，各项反映工业化发展的指标都有显著的变化。结合这两部分可以发现，城市化的发展相比于工业化的发展确实比较缓慢。这种工业化发展和城市化发展的不同步构成了本书关注的重点。为了与其他国家城市化和工业化发展历程进行比较，本章第三节将对日本和韩国以及美国的城市化和工业化发展过程进行总结。

第三节 城市化和工业化的国际经验

虽然城市并不是人类文明发展到近现代才出现的集聚形态，但是经济学理论对城市化的关注却是从近代工业化以来逐渐发展起来的。近现代城市化发展最重要的时间节点便是工业革命，由于蒸汽机的发明使得大机器生产逐步取代了手工业生产，大机器生产的普及吸引了越来越多的劳动力以及人口的集聚，许多工业型城市开始逐渐形成并扩张。这便是现代城市化的开端。恩格斯曾经在描述工人无产阶级的文章中分析过工业化发展对城市化的推动。根据恩格斯的分析[1]，英国工业革命之后，由于大机器工

---

[1]《马克思恩格斯全集》（第二卷），人民出版社1957年版，第303—359页。

业化的发展，吸引了众多劳动力集聚到工业生产场地的附近，并且在工业生产者以外，还吸引了大量的服务业劳动者集聚。随着人口的集聚，商业的发展，城市也逐渐发展并成熟起来。在工业革命之前，非农经济以手工业为主的阶段，城市当中的人口大概只占到12%。随着工业化的发展，在蒸汽时代城市中的人口可以占到近25%，而到了工业化的电气及电子时代，城市中的人口占50%—70%，这一比重在后工业化时代会更高。所以城市化的发展与工业化有着密不可分的关系。为了给中国工业化与城市化关联的研究提供经验参考，这一小节将对工业化和城市化发展的国际经验进行总结和比较，综合考虑发展路径的相似性和发展阶段的领先性，此处的研究对象主要包括日本、韩国和美国。

一 日本工业化与城市化发展的经验

日本的工业化与城市化发展始于明治维新时期，在明治维新之前，日本仍属于小农经济的封建社会时期，工业生产总值占比低于10%，城市的数量也极少。从明治维新开始，日本逐渐步入了资本主义时期，开始了工业化与城市化的发展时期。随后两次世界大战的爆发对日本的工业化和城市化造成了深远的影响，第二次世界大战结束之后，日本逐渐走上了工业化和城市化发展的快车道，基本用二十多年的时间实现了高度的城市化。

（一）日本工业化与城市化的现状

日本经过第二次世界大战之后快速的经济发展，目前已经进入了城市化高度发达的阶段。根据日本统计局公布的数据，截至2020年，日本城市人口占总人口的比重已经占到了近92%，农业生产总值占国内生产总值的比重只有1%左右，农业部门就业人数占总就业人数的比重也仅为3%左右。根据日本的行政规划，日本的第一级行政区域为都、道、府、县，共47个，包括一都、一道、二府、四十三县；第二级行政区域为市町村，截至2010年，日本共有787个市、941个町和村，而2010年日本的人口城市化率已经超过了90%。表3-11总结了2010年按照人口规模划分的日本城市数量和城市人口。从中可以发现，日本100万人口规模以上的大城市共有12个，容纳了日本所有城市人口的四分之一。

表 3-11　2010 年按人口规模划分的日本城市数量及城市人口

	城市数量（个）	城市人口（千人）
30000 人以下	75	1804
30000—39999	97	3375
40000—49999	81	3632
50000—99999	266	18567
100000—199999	157	21845
200000—299999	39	9775
300000—499999	43	16691
500000—999999	17	11641
1000000 人及以上	12	28827
总计	787	116157

资料来源：《日本统计年鉴（2016）》。

为了分地区研究日本当前的城市化与工业化发展情况，表 3-12 整理了日本 47 个都、道、府、县的城市化水平和工业化发展水平。从分地区的角度来看，日本所有的地区都已经达到了高度的城市化，即使城市化率最低的地区（鸟取和德岛）也到达了近 75%，而东京都作为日本经济最为发达的地区，其城市化率已经达到了 99% 以上。而从各地区的工业化水平来看，第二产业占比在各地区之间存在较大的差异，较高的地区达到了 40% 左右，而较低的地区仅有 10% 以上。但是第二产业占比低并不意味着工业化水平低，因为日本在第二次世界大战后，经历了快速工业化，之后服务业在其经济发展当中已经占据了越来越重要的地位。所以从非农经济占比当中我们可以发现，日本各个地区的非农经济占比均高于 95%，并且有很多地区的非农经济占比达到了 99% 以上，农业经济占比不足 1%，这说明日本工业化已经达到了相当高的水平。

表 3-12　　日本分地区城市化与工业化发展水平　　单位：%

地区	城市化率（2015 年）	第二产业占比（2014 年）	非农经济占比（2014 年）
北海道	81.66	16.91	95.95
青森	77.47	22.00	96.14
岩手	82.37	28.47	96.92
宫城	82.36	26.45	98.92

续表

地区	城市化率（2015年）	第二产业占比（2014年）	非农经济占比（2014年）
秋田	90.50	20.22	97.22
山形	79.81	25.70	96.56
福岛	82.50	34.77	98.66
茨城	90.76	35.82	98.10
栃木	87.72	39.69	98.57
群马	85.10	40.36	98.68
埼玉	93.03	24.77	99.45
千叶	96.62	21.58	98.91
东京	99.37	11.29	99.95
神奈川	96.79	21.19	99.81
新潟	96.55	26.24	98.15
富山	91.79	34.31	99.18
石川	87.19	27.18	99.18
福井	87.39	29.18	99.14
山梨	85.37	31.88	98.32
长野	79.82	30.78	98.20
岐阜	84.64	30.72	99.05
静冈	93.79	39.97	99.02
爱知	94.68	38.13	99.57
三重	87.55	40.28	98.91
滋贺	94.55	40.00	99.35
京都	95.00	26.41	99.60
大阪	97.95	18.23	99.90
兵库	95.31	27.16	99.51
奈良	79.35	21.01	99.36
和歌山	78.12	32.16	98.24
鸟取	74.39	17.80	97.94
岛根	89.65	23.46	98.45
冈山	93.98	30.45	98.99
广岛	93.84	28.86	99.29
山口	95.86	38.40	99.40

续表

地区	城市化率（2015 年）	第二产业占比（2014 年）	非农经济占比（2014 年）
德岛	74.79	32.68	98.11
香川	84.33	24.37	98.76
爱媛	90.64	24.93	98.10
高知	81.78	15.72	96.05
福冈	87.19	19.15	99.29
佐贺	82.74	28.14	97.35
长崎	89.45	16.20	97.40
熊本	80.63	21.89	96.59
大分	95.27	28.91	97.80
宫崎	83.55	22.47	95.65
鹿儿岛	88.54	18.03	96.30
冲绳	77.42	13.86	98.48

注：城市化率指城市人口占总人口的比重，第二产业占比指第二产业增加值占 GDP 比重，非农经济占比指第二产业和第三产业增加值之和占 GDP 比重。

资料来源：《日本统计年鉴（2018）》和 Wind 数据库。

日本目前的城市结构主要表现为都市圈形态，主要包括三大都市圈：东京都市圈、大阪都市圈和名古屋都市圈。东京都市圈占地总面积约 13400 平方公里，占日本全国总面积的 3.5% 左右，但是东京都市圈的人口占到了日本总人口的近三分之一，GDP 也占全国总水平的一半。大阪都市圈是日本的第二大都市圈，2010 年其总人口约为 1230 万人。因此，日本现阶段城市化的发展相较中国现阶段的城市化明显超前，为了增强日本城市化发展经验对中国的参考价值，接下来的内容将从历史进程的角度来分析日本工业化与城市化之间的关联。

（二）日本城市化与工业化的历史经验

从明治维新（19 世纪 60 年代末）开始，日本逐渐走上了城市化与工业化相互促进的发展道路，在此过程中有两个重要的事件给日本的城市化和工业化发展带来了深远的影响。第一个重要事件是第二次世界大战，第二个重要事件是 20 世纪 70 年代的两次石油危机。按照这两个事件的节点，我们可以大致将日本城市化与工业化的发展分为三个阶段。第一阶段为从明治维新到日本发动侵华战争之前（即 19 世纪 60 年代末到 20 世纪 30 年代），在这个过程中，日本开始推行大机器生产，并且为了更好地顺应生产方式给人口集聚带来的变化，日本在 1871 年推行了废藩置县。废藩置县基本结束了日本封建割据的局面，建立起了中央集权，为发展资本主义奠定了重要基础。随后在 1889 年开始实行市町村制，也就是建立起了中央集权下的分级地方政府管理模式。在此之后，建立大机器生产工厂的地区其人口数量开始快速增长，如东京都的人口从 1884 年的 115 万人增加到了 1920 年的 370 万人，翻了三倍多；名古屋所在的爱知县人口从 1884 年的 136 万人增长到了 1920 年的 209 万人，增长了一半多；大阪府的人口从 1884 年的 163 万人增长到了 1920 年的 259 万人，也增长了一半多。而像石川县、福井县等没有广为推行大机器生产的地区，其人口增长则十分缓慢（其中石川县 1884 年人口规模为 73 万人，1920 年人口规模为 75 万人；福井县 1884 年人口规模为 58 万人，1920 年人口规模为 60 万人）。观察日本整体的城市化进程（表 3 - 13），我们可以发现，1935 年之前，日本的城市化率在不断上升，城市数量也在不断增加。随着日军全面发动侵华战争，日本的城市化进入了停滞阶段，城市化率甚至出现了下降。在第二次世界大战之后，日本的城市化与工业化再次进入了高速发展的时期。

表 3 - 13　　　　　　　日本明治维新以来城市化发展情况

年份	城市数量（个）	町村数量（个）	城市化率（%）
1888	37	70435	
1889	39	13347	
1893	43	15101	
1898	52	14726	11.75
1903	60	13472	14.03
1908	66	12387	16.04
1913	69	12279	16.32
1918	79	12172	18.67
1920	83	12161	18.04
1925	101	11917	21.59
1930	109	11755	23.96
1935	127	11418	32.73
1940	168	11022	37.72
1945	206	10330	33.11*

第三章 中国城市化与工业化的演变及国际经验　　73

续表

年份	城市数量（个）	町村数量（个）	城市化率（%）
1950	254	10246	37.29
1955	496	4381	56.10
1960	561	3013	63.28
1965	567	2868	67.89
1970	588	2743	72.07
1975	644	2613	75.90
1980	647	2609	76.19
1985	652	2602	76.74
1990	656	2590	77.37
1995	665	2568	78.05
2000	672	2558	78.68
2005	751	1466	86.30

注：＊该数据为1947年的数据。
资料来源：《日本历史统计（1886—2005）》。

　　日本战败之后，国内经济一片狼藉。小林义雄（1985）曾在《战后日本经济史》中描述了日本战败之后工业生产凋零甚至停滞的状况。从图3-11展示的制造业生产指数变动当中也可以佐证小林义雄的说法。1944年，日本制造业生产指数为5.7，1945年日本宣布无条件投降，其制造业生产指数下降到2.4，到了1946年，日本的制造业生产指数下降到0.9。直到1955年才恢复到1945年的水平。结合表3-13，我们可以发现在这段时间当中，日本的城市化同样出现了停滞甚至下滑的现象。

　　战后日本经济的转折点是朝鲜战争的爆发。1950年6月朝鲜战争爆发，之后，日本成为美国战备物资的重要采购来源，小林义雄曾在《战后日本经济史》中描述了朝鲜战争爆发后，日本通过向美国提供特需物资，扩大出口使得经济好转的情形，同时指出，日本从1950年10月开始其工业生产已经突破了第二次世界大战前的工业水平。伴随着工业制造业的复苏，日本的城市化也开始恢复，1950年已经再次恢复到37.29%，而到1955年，日本的城市化率上涨到了56.10%。

　　从图3-12及表3-13可以发现，日本从20世纪50年代以来，制造业发展迅速，同时制造业增加值占GDP的比重也保持在30%以上，同期GDP的增长率也基本保持在10%以上，有个别年份甚至超过了20%。但

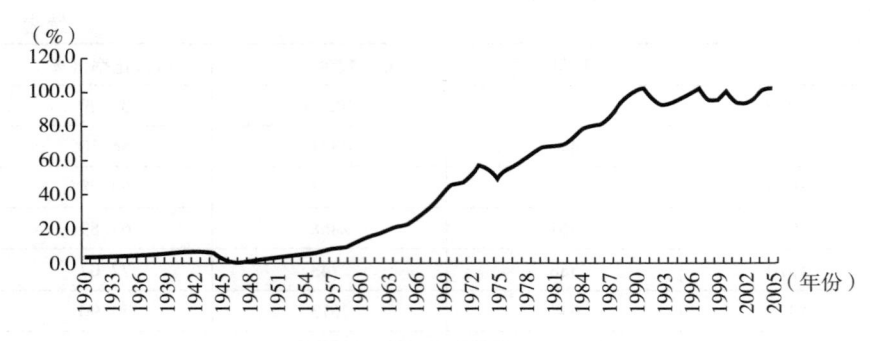

图 3-11　日本制造业生产指数（2000 年为 100）

资料来源：《日本统计年鉴（2006）》。

这一趋势，随着20世纪70年代石油危机的冲击以及美国对日本发起的贸易冲突①发生了变化，制造业和GDP的增长率双双下滑，制造业占GDP的比重也在不断下降。结合表3-13我们可以发现日本在20世纪50年代到70年代之间城市化率增长很快，从56.10%上升到76.19%。而到了20世纪70年代后期，城市化率增长明显放缓，直到2000年也只增长到了78.68%。从20世纪70年代到20世纪末这段时间日本经济经历了漫长的低速增长，其间经历了两次石油危机、日本房地产泡沫破裂以及亚洲金融危机等多次冲击。但是日本著名经济学者八田达夫（Tatsuo Hatta）认为日本从20世纪70年代中后期开始的持续低迷是由于实施了错误的经济政策。时任日本首相的田中角荣提出了"列岛改造计划"，该计划为了解决日本当时面临的环境污染、交通拥挤等问题，提出要重新布局日本的工业核心，建立新的城市，将集中在大城市的资本、工厂、人力等转移到新建城市和经济不发达的地区。但该计划随着石油危机的到来无法持续。而八田达夫认为这些计划实际上导致了日本严重的资源错配，使得大城市无法在经济增长中发挥其应有的作用，进而导致日本在此之后的长期经济低迷。这也说明违背经济发展规律，强制推行的城市化可能会给经济发展带来严重的负面影响。在"列岛改造计划"中修建的交通路线带来了日本在一定程度上的逆城市化，并对日本后期都市圈形态的发展也

---

① 20世纪70年代，由于美国对日本经常贸易逆差不断扩大，美国对日本发起贸易战，其中最著名的就是301条款，对大量进口商品加征临时关税。

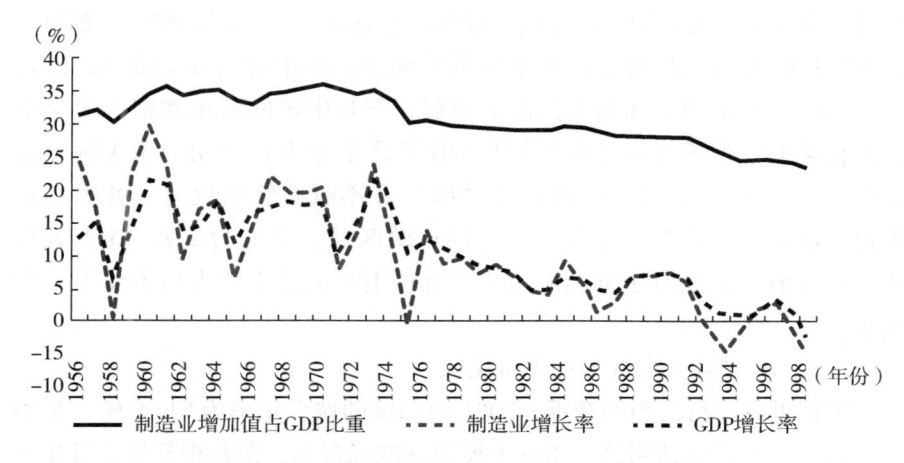

第三章 中国城市化与工业化的演变及国际经验

产生了一定影响。

图 3-12 日本制造业与 GDP 增长率及比重

资料来源：《日本统计年鉴（2006）》。

总结来说，我们可以发现日本的城市化与工业化之间有着密不可分的关系，工业化推动着城市化的发展，而城市化又会反过来为工业化提供更市场化的发展环境。如果两者之一由于外部因素受到影响，那么另一个也一定会随之受到影响。

二 韩国城市化与工业化发展的经验

相较日本，韩国的城市化与工业化开始得要更晚一些。从1910年开始，朝鲜半岛长期处于日本的殖民统治之下，直到第二次世界大战日本战败，宣布无条件投降。朝鲜半岛依照三八线被分为苏军受降区和美军受降区，而后又于1948年先后成立大韩民国和朝鲜民主主义人民共和国，随后又爆发了朝鲜战争。这段非正常的发展历程使得不论是之前的朝鲜半岛还是分裂之后的韩国，城市化和工业化的发展都处在非正常的状态下。直到1960年，韩国的人口城市化率也只达到了27.71%。但随后，韩国的经济发展逐渐步入正常轨道，其工业化和城市化发展迅速进入高速发展的阶段。截至2021年，根据世界银行公布的数据，韩国的人口城市化率已经达到81.41%。

韩国的行政区划相比较而言较为复杂，一共分为四级。一级行政区划有十七个，包括一个特别市（首尔）、一个特别自治区、六个广域市、八个道以及一个特别自治道；二级行政区划包括市、区、郡三种；三级行政区划包括邑和面；四级行政区划包括洞和里。其中郡与中国的县类似，邑与中国的镇类似，面与中国的乡类似，洞与中国的街道类似，里与中国的村类似。但是韩国行政区划与中国不同的地方在于相当于中国地级市的"市"对于相当于中国县的"郡"并不赋有管辖权力。韩国的地方自治法规定，市为5万人口以上的行政区域，而邑为2万—5万人口的行政区域。此处对于韩国城市化的分析更加关注市的人口占总人口的比重。

（一）韩国城市化与工业化的现状

根据世界银行公布的数据，2021年韩国的城市化率为81.41%。虽然世界银行没有详细指明这一指标下城市的准确含义，但是根据笔者搜集到的其他数据对比来看，81.41%的城市化率应该只包含了韩国的"市"，而没有包括"邑"。因为如果包括"邑"的话，韩国目前的城市化率已经达到了90%以上。韩国最为发达的地区应当是首尔都市圈。首尔都市圈仅占韩国国土总面积的11.8%，却容纳了韩国一半多的人口。

在工业化发展方面，经过20世纪60年代以来的快速发展，韩国已经成为国际市场上的重要工业产品出口国。虽然韩国占地面积小（与中国浙江省的面积十分接近），但是2021年，韩国的GDP总量高达2.02万亿美元，在全世界排第10位。而从工业产值的角度来看，韩国是世界居前列的工业国家。韩国的经济发展得益于一直以来采取的出口导向型战略。中国加入WTO以来，韩国对中国的出口金额快速增长，并超过美国，近年来受中美贸易摩擦的影响，韩国对中国的出口增速减缓，但中国仍是韩国最重要的出口国之一。2018年，韩国对中国的出口贸易顺差高达556亿美元，从2019年开始，韩国对中国的贸易顺差额度明显下滑，2021年仅为243亿美元。尽管在中美贸易摩擦的影响下韩国对中国出口规模在下行，但是韩国对世界出口总金额却依然在增长。从出口商品构成来看，韩国出口金额较高的商品包括半导体、汽车及其零配件、液晶显示器等，均为高技术制造业产品，反映了韩国较高的工业发展水平和较为先进的工业技术水平。

（二）韩国城市化与工业化的历史经验

正如前文所述，到20世纪60年代，韩国的城市化与工业化发展一直处于非正常的状态。从1910年朝鲜半岛成为日本的殖民统治区开始，人口城市化率虽然有所增加但是十分缓慢，主要是因为这一时期人口城市化率的增加是源于外来人口如日本人进入城市，而朝鲜半岛农村的人口由于生活过于贫困迁出到日本等，并不是向城市集中。随着第二次世界大战的爆发，釜山等具有战略地位的城市人口增加。第二次世界大战后，日本结束对朝鲜半岛的殖民统治，之后便爆发了朝鲜战争。这些重大事件都对朝鲜半岛的人口迁移产生了重要而又非正常的影响。尤其是朝鲜战争结束之后，庞大的人口迁移到韩国，导致韩国人口出现了爆炸式的增长。以上这些人口的迁移都是非正常的外在冲击导致的。1961年，朴正熙通过发动军事政变，推翻了李承晚政权，并于1963年结束了军政时期，当选韩国总统。朴正熙十分注重经济发展，并且于1962年实行了韩国的第一个五年计划。至此，韩国的经济发展、工业化与城市化开始步入了正常的轨道。

　　图3-13中展示了1953年以来韩国的城市化与工业化发展的情况。从图3-13中可以看出，进入20世纪60年代以来，韩国工业生产总值占GDP的比重出现了明显的上升，并且这种上涨的趋势一直持续到了20世纪90年代初，工业就业人员占就业总人数的比重也表现出相同的趋势。这一过程还伴随着人口城市化率的显著上升和人均GDP的快速提升。这段时期可以说是韩国经济迅速发展的三十年。韩国之所以能够在短期内从战争后的经济困局当中解脱出来，主要是由于朴正熙夺取政权之后将重心转为经济发展，并连续推行了多个五年计划。在第一个五年计划当中，韩国将重点放在了区域产业的发展上，并且将蔚山作为中心。而到了第二个五年计划，韩国将产业发展的计划推行到了全国，并且确立了出口导向型的发展战略。在这个过程当中，首尔、釜山以及仁川等大城市迅速以产业发展为重心不断扩大。在随后的第三个五年计划和第四个五年计划（20世纪70年代到80年代）当中，韩国开始推行优先发展重工业的战略。到了第五个五年计划和第六个五年计划期间（20世纪80年代到90年代）韩国开始重点发展技术密集型的工业。经过工业的不断转型和提升，韩国的综合经济实力大大提升，到第六个五年计划结束的时候，韩国已经成为中上收入水平国家。正是在第一个五年计划到第六个五年计划这三十年工业快速发展的过程中，韩国的城市化水平不断提升，这一点从图3-13当中可以清楚地看到。第一个五年计划开始的时候，也就是1962年，韩国

的城市化为29.46%，到第六个五年计划结束的时候，也就是1992年，韩国的城市化率为75.82%，增长了近两倍，平均年增长高达1.5%。此外，该城市化率的统计口径只包括了人口规模在5万人以上的市，没有包括人口规模在2万人以上的邑，所以如果将邑的人口也计算进来，那么这三十年当中韩国城市化发展的水平将更高。

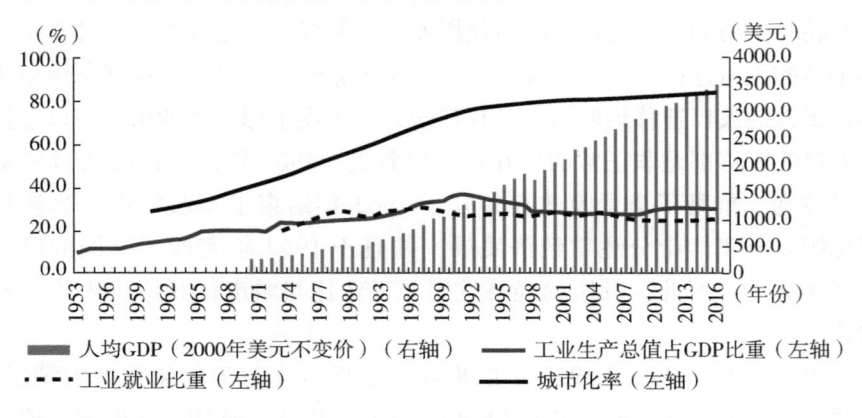

图3-13　韩国工业化和城市化发展（1953—2016年）

资料来源：OECD 数据库。

20世纪90年代之后，韩国的工业生产值占GDP的比重以及工业就业比重开始下滑，与此同时，韩国人口城市化率的增长也进入了缓慢上升的阶段。此时韩国整体的城市化率已经达到75%以上，基本进入了城市化的成熟阶段。在这一阶段当中韩国城市化最明显的特点是人口向大城市（人口规模在100万人以上）的集聚出现了停滞的现象。人口规模在20万人到100万人之间的城市开始扩张，小城市的人口也在逐渐减少。所以这一过程中一个重要的现象就是首尔都市圈开始扩张。从2000年韩国的城市规模来看，20万人到100万人的城市中，有40%以上的城市位于首尔都市圈的京畿道。这些城市在20世纪90年代以后吸引了大量的人口流入，使得首尔都市圈的人口越来越多，最终这个占韩国总面积只有不到12%的地区，集聚了韩国一半多的人口。

从韩国的工业化与城市化的发展过程当中，我们可以清楚地看到工业化对于城市化的推动。而当工业发展趋于成熟，所占比重开始下降时，城市化发展的速度也随之减慢。

三　美国工业化与城市化发展的经验

美国的工业化与城市化开始得较早，大约从 19 世纪 30 年代开始，美国便开始了工业革命，并且最初是从纺织业开始的。这种劳动密集型的轻工业对美国城市化的发展产生了重要的影响。在此之前美国在很长一段时间内（从 17 世纪开始）一直处于英国的殖民统治之下，即使 1776 年开始获得了政治上的独立，但是在经济发展上依然与英国息息相关。美国进入工业革命阶段后，产业的转变以及交通运输的发展为美国的工业化和城市化带来了巨大的变化，尤其是在南北战争结束之后，美国进入快速发展的时期，一直到 1920 年左右。在此之后，美国的城市化进入成熟阶段，开始向都市圈的形态发展。

（一）美国工业化与城市化的现状

由于美国幅员辽阔、地广人稀，虽然其经济发达程度居世界前列，但是单从人口城市化的角度来看，美国目前的人口城市化率只有 82% 左右，远低于日本。不过从世界范围来看，美国的大都市不论从数量还是从质量来看都首屈一指。根据 2020 年 GaWC 城市排名，美国的纽约、芝加哥、洛杉矶等均为世界一线城市。美国目前较为普遍的划分城市区域的概念是"大都会统计区""大都会联合统计区"（Metropolitan Statistics Area），这一概念有别于美国的行政区域划分。按照美国的行政区域划分，共有 50 个州和 1 个直辖特区以及 5 个岛屿自由邦和 10 多个远洋小岛。每个州下面又设置了市、县、区等。而大都会则不同，美国的大都会内部并没有行政管辖之间的联系，而是根据经济发展的密切关联程度划分的。其主要目的在于便于统计。当核心都市区域人口超过 5 万人就可以定义为大都市统计区，而一些相邻的大都市统计区则被定义为联合统计区。2021 年纽约都市圈的 GDP 占美国整体 GDP 的比重达 8.55%。此外，美国的洛杉矶都会区、芝加哥都会区等，内部经济发展关联强，充分体现了集聚经济的重要性，对美国整体经济的发展有着重要的意义。

从 20 世纪 50 年代美国工业转型，传统的第二产业让位于第三产业开始，美国逐渐进入后工业化时代。在这一过程中，美国的 IT 产业、金融服务业等都成为支柱型产业。虽然为了解决失业率居高不下的困境，美国曾提出再工业化的计划，但是由于美国本土劳动力成本高等原因导致已经迁出的工业企业很难重新迁回美国本土。在这一过程中，美国城市人口集聚的速度在放缓，但同时也要看到美国城市化程度在这一阶段已经达到了相当高的水平。

(二) 美国工业化与城市化的历史经验

美国真正工业化与城市化发展的阶段是在19世纪30年代以后，而美国实现高度城市化则是在20世纪末（城市化率达到了70%以上）。在这段时间中，根据一些重要的历史事件大概可以分为三个阶段。第一个阶段是南北战争之前，第二个阶段是南北战争之后到20世纪30年代的经济大萧条之前。第三个阶段则是经济大萧条之后。虽然这期间发生了两次世界大战，但是由于美国本土在两次世界大战的过程中都不是主要战场，而同时美国又向参战国提供了大量的物资与武器，所以两次世界大战对美国经济的发展并没有太大的负面影响，反而在一定程度上提升了美国的经济实力。

从表3-14中我们可以清楚地发现，1830年之前，虽然美国通过独立战争已经取得了政治上的独立，但其经济发展水平仍较低，主要以农业为主，城市化进程缓慢，1830年美国的城市人口比重只有7.8%。直到1830年之后，美国开始工业革命，城市化发展速度才进入了黄金时期。按照前述内容对于美国城市化阶段的划分，1830年到1865年南北战争之前为第一阶段。这一阶段美国人口的增长很大程度上是由于欧洲爆发了饥荒，导致大量的外来人口迁入。而美国工业化初期所依靠的是劳动密集型的纺织业，这些外来人口为美国提供了大量的廉价劳动力。但同时也导致了社会的两极分化。在此期间，美国还修建了3万英里以上的铁路系统，而芝加哥由于是这些铁路系统的枢纽便在此过程当中逐渐兴起。随后爆发的南北战争解放了黑奴，对美国后续的资本主义发展具有重要意义。南北战争之后到20世纪30年代经济大萧条之前是美国的工业化和城市化快速发展的黄金时期，城市人口占比从19世纪60年代到70年代的20%左右增长到了20世纪30年代的50%以上。这意味着美国超过一半的人口都居住在城市。

表3-14　　　　　　　1790年到1990年美国城市化发展

年份	5000人以上城市数目（个）	总人口（百万人）	城市人口比重（%）
1790	12	3.9	3.4
1800	21	5.3	5.2

续表

年份	5000人以上城市数目（个）	总人口（百万人）	城市人口比重（％）
1810	28	7.2	6.3
1820	35	9.6	6.2
1830	56	12.9	7.8
1840	85	17.0	9.8
1850	147	23.2	13.9
1860	229	31.4	17.9
1870	354	38.6	22.9
1880	472	50.2	24.9
1890	694	62.9	31.5
1900	905	75.9	35.9
1910	1202	91.9	41.6
1920	1467	105.7	47.1
1930	1803	122.7	52.3
1940	2042	131.6	52.7
1950	2449	150.7	54.5
1960	3293	179.3	59.8
1970	4140	203.2	61.7
1980	5084	226.6	66.2
1990	5831	248.7	71.2

资料来源：Yeates and Maurice (1998) 和陈雪明 (2003)。

表3－15当中展示了在这段时间内美国主要城市的人口变化情况。从中可以发现这些城市每十年的人口增长率均很高，大多集中在20%到40%之间，有些城市和年份甚至达到了70%以上。人口向大城市的快速集聚体现出美国在这一阶段城市化的巨大提升。虽然由于第二次世界大战之前美国的经济数据较难获得，导致无法从宏观经济和行业数据的角度来分析美国在这段时间内工业化的具体状况，但是我们可以通过美国的铁路建设以及运输的角度来推断美国当时的工业化发展。美国从19世纪70年代以来，统一规划了轨距和铁轨，并且修建了五条横贯大陆的铁路干线，后续每年修建的铁路里程大约为5000英里。芝加哥、洛杉矶等城市均因为铁路的修建而集聚大量的人口，并且还带动了钢铁、木材等工业的发展。

表 3－15　　1860 年到 1910 年美国主要城市人口规模及增长率

单位：人，%

城市	人口规模	1860 年	1870 年	1880 年	1890 年	1900 年	1910 年
纽约	绝对值	1174779	1478103	1911698	2507414	3437202	4766883
	增速		25.8	29.3	31.2	37.1	38.7
费城	绝对值	565529	674022	847170	1046964	1293697	1549008
	增速		19.2	25.7	23.6	23.6	19.7
波士顿	绝对值	177840	250526	362839	448477	560892	670585
	增速		40.9	44.8	23.6	25.1	19.6
巴尔的摩	绝对值	212418	267354	332313	434439	508957	558485
	增速		25.9	24.3	30.7	17.2	9.7
华盛顿	绝对值	61122	109199	177624	230392	278718	331069
	增速		78.7	62.7	29.7	21.0	18.8
匹兹堡	绝对值	77923	139256	235071	343904	451512	533905
	增速		78.7	68.8	46.3	31.3	18.2
洛杉矶	绝对值	4385	5728	11183	50395	102479	319198
	增速		30.6	95.2	350.6	103.4	211.5

资料来源：美国普查局官网。

到 20 世纪 30 年代，美国的人口城市化率已经达到了 50% 以上，但随后美国经济遭遇了大萧条。从表 3－14 中可以发现，在此之后美国人口城市化率的增长速度显著减慢。工业化发展也逐渐步入了后工业化时期。这一阶段美国城市化的发展主要体现在向都市区的转型。经过长时间人口向城市地区集中导致交通拥挤、房价上涨等多方面的城市问题暴露之后，美国在这一阶段开始出现了一些城市的郊区化，也就是城市中人口的集聚变慢甚至停滞，而城市周边郊区的人口却不断上涨。随着交通建设的完善，郊区与城市之间的联系越来越紧密。在这种情况下，美国的大都市区逐渐形成并发展成熟，甚至形成了一些巨型城市带，如以纽约为核心的东北城市走廊。

总体而言，美国城市化快速发展的时期正是美国工业革命后，工业主导全国经济发展的时期。而当工业化结束逐渐进入后工业化时期之后，美国的城市化已经基本完成，之后的城市化发展可以看作城市的调整和外溢以及都市区不断完善的过程。这种发展规律与日本以及韩国的城市化发展有着许多共同之处。

第四节 小结

从第三节对国际发展经验的总结分析中可以发现，不论是日本、韩国还是美国，它们的城市化发展都是伴随着工业化发展进行的，工业化的成熟基本意味着城市化发展的成熟，随后城市化的发展便向都市圈转变。对比本章第一节和第二节中的分析，可以发现中国的工业化已经发展到较为成熟的阶段，服务业开始逐步成为经济构成的主要部分，但是城市化发展却尚未成熟，离都市圈的发展形态还相差甚远。虽然在国家战略层面曾多次提出发展都市圈，但是实际上由于城市化发展本身不够成熟、都市圈凝聚力弱、地理以及行政分割严重、人口流动不便等多方面的因素，中国的都市圈发展与日本、韩国以及美国还有很大差距。要想推动都市圈的发展，首先应当寻找过去城市化发展过程中存在的问题并加以解决。因此，本书第四、第五、第六章将重点研究中国过去的发展过程中，城市化发展滞后于工业化发展的程度以及影响因素。

第四章

中国城市化—工业化协调发展演变及耦合度测算

第一节 国家层面城市化—工业化协调发展演变

一 与国际经验的定性比较

传统发展经济学认为,工业化的发展是拉动城市化发展的引擎。工业化的发展通常会带动城市化的发展(Berliner et al., 1977; Kelley and Williamson, 1984)。钱纳里与赛尔昆(1988)发现,社会经济结构会随着经济的增长而发生一系列的转变,而这种转变主要表现在两个方面:第一方面是工业化,也就是社会经济从以农业为基础转变为以工业为基础;第二方面是城市化,也就是人口逐渐从农村地区向城市地区转移;并且钱纳里与赛尔昆(1988)认为在持续均衡的经济当中,城市化是工业化的结果。因为最开始是需求的变动以及贸易的变化,然后这种变化会导致工业化,而工业化又会吸引劳动力从农村转移向城市。

图4-1(a)到图4-1(d)对日本、韩国和中国的四个方面的发展指标进行了比较,从图4-1(a)中的人均GDP来看,2016年中国的人均GDP相当于日本20世纪70年代末的水平和韩国20世纪90年代初的水平。从图4-1(c)中则可以发现中国的工业增加值占GDP的比重一直处在较高水平,如果从工业增加值占GDP比重变化趋势的角度来看,中国在2012年左右开始下降,而这种下降趋势在日本大约出现在20世纪70年代中期。韩国的工业增加值占GDP的比重一直低于中国的工业增加值占GDP的比重,并且20世纪90年代开始一直处于较为稳定的水平,没有出现明显的上升或者下降。但通过图4-1(d),我们可以发现,日本和韩国的工业就业比重均出现了明显的倒"U"型,而截至2016年中国工业就业比重仍处于上升状态当中,其水平大约相当于日本20世纪60年代

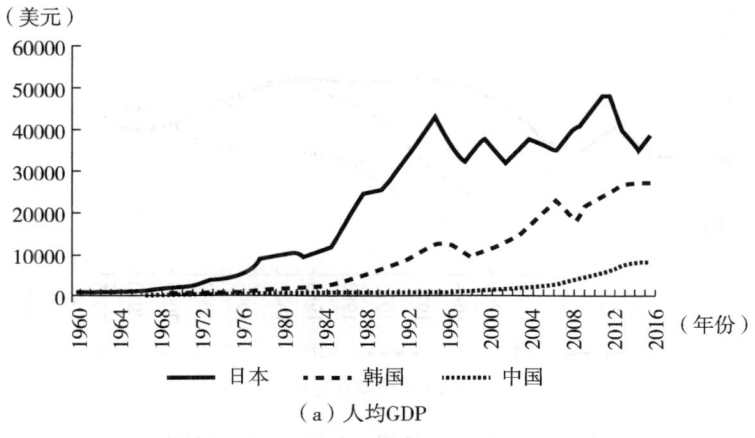

（a）人均GDP

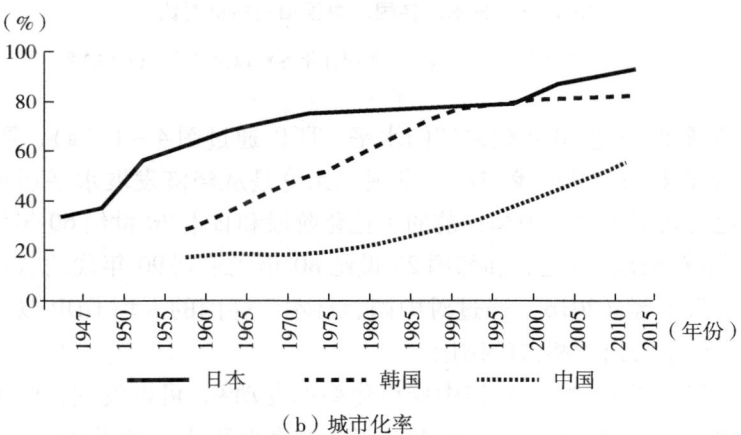

（b）城市化率

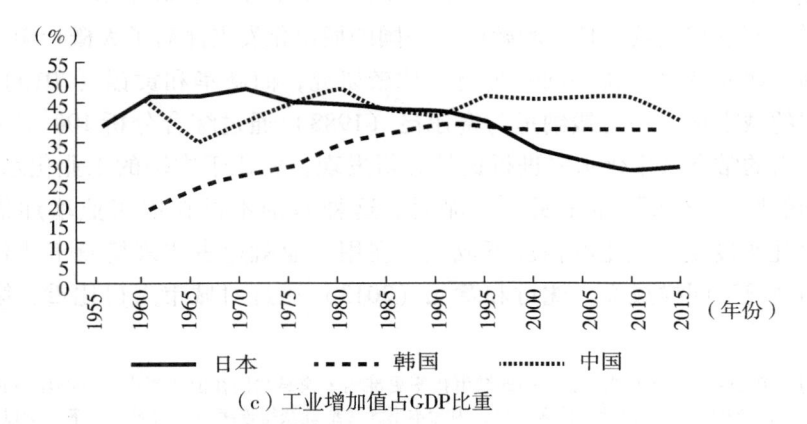

（c）工业增加值占GDP比重

(d) 工业就业比重

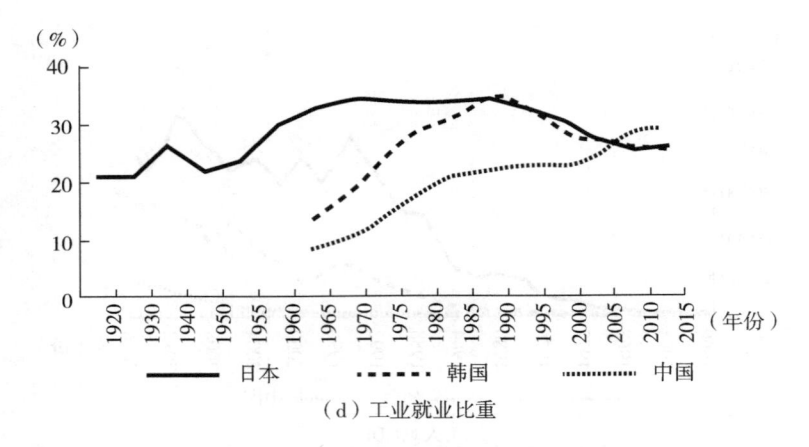

图 4-1 日本、韩国、中国相关指标对比

资料来源：《日本统计年鉴》、《中国统计年鉴》以及世界银行数据库。

中期和韩国 20 世纪 80 年代末期的水平。所以通过图 4-1（a）、图 4-1（c）以及图 4-1（d）我们可以发现，无论是从经济发展水平还是产业结构变化的角度来讲，中国目前的工业化阶段和日本 20 世纪 60 年代末到 70 年代的状态比较相近，和韩国 20 世纪 80 年代末到 90 年代的状态也比较相近。张军等（2016）通过对中国、日本、韩国的人均 GDP 以及产业结构的对比也得出了相似的结论。

但是观察图 4-1（b）当中城市化率的变动[1]，可以发现，中国目前的城市化只达到了日本 20 世纪 50 年代的水平和韩国 20 世纪 70 年代的水平。所以相比较于日本和韩国，中国的城市化发展滞后了大概十年。现有的一些文献也对这一问题进行了比较研究，简新华和黄锟（2010）将中国的城市化水平与钱纳里与赛尔昆（1988）通过综合分析 100 多个国家得出的常态城市化水平进行比较分析发现，相比于中国的工业化水平，中国的城市化水平存在明显的滞后。这种差别不仅在以工业增加值占 GDP 比重度量工业化的情况下成立，在用工业就业占比来衡量工业化程度的情况下同样成立。沈可和章元（2013）通过对城市人口比重、第二

---

[1] 在图 4-1（b）当中，中国的城市化率更准确来说是我们在前文当中所说的城镇化率，即既包括了城区人口又包括了镇区人口，因为本书无法准确获得连续多年的城市化率，所以此处用城镇化率替代，若以前文所说的严格城市化的口径来比较，中国的城市化率将更低，和日本、韩国之间的差距也将更大。

产业增加值比重以及第二产业就业比重等指标的对比,也得出了中国的城市化长期滞后于工业化的结论。郭克莎(2000)将中国的工业化水平及城市化水平与世界银行划分的不同收入水平群组国家的工业化水平及城市化水平进行对比发现:若以工业产值作为工业化的标准,那么中国的城市化水平存在严重的滞后,若以产业就业结构作为工业化的标准,中国的城市化水平也存在一定水平的滞后。还有其他的一些研究(倪鹏飞等,2014;刘瑞明和石磊,2015)也得出了相似的结论。

二 与国际经验的定量比较

为了进一步分析中国的工业化与城市化水平和世界平均水平之间存在的差异,我们将在接下来的内容中首先对钱纳里与赛尔昆(1988)利用100多个国家的数据进行回归分析得到的实证结果进行总结,然后将中国的工业化及城市化演变与其进行对比。表4-1中总结了钱纳里与赛尔昆(1988)得出的不同人均GNP的水平下,工业增加值比重、工业就业份额、非农就业份额以及城市化率等指标的平均水平。在钱纳里与赛尔昆(1988)进行分析时,他们用的是以1964年美元水平度量的人均GNP作为经济增长阶段的划分标准。为了方便与中国的人均GDP水平进行比较,表4-1利用美国GNP平减指数将以1964年美元计的人均GNP转化为以1978年美元计的人均GNP水平,兑换比率为2.05。

表4-1 钱纳里—赛尔昆模型分析指标

人均GNP		工业增加值占GDP比重(%)	工业就业份额(%)	非农就业份额(%)	城市化率(%)
1964年美元	1978年美元				
100	205	14.9	9.1	34.2	22.0
200	410	21.5	16.4	44.3	36.2
300	615	25.1	20.6	51.0	43.9
400	820	27.6	23.5	56.2	49.0
500	1025	29.4	25.8	60.5	52.7
800	1640	33.1	30.3	69.9	60.1
1000	2050	34.7	32.5	74.8	63.4
1500	3075	37.9	36.8	84.1	65.8

资料来源:霍利斯·钱纳里、莫伊思·赛尔昆:《发展的型式:1950—1970》,李新华等译,经济科学出版社1988年版。

为了用中国的数据与表 4-1 中的数据进行对比，首先将中国的现价人均 GDP 折算成以 1978 年价格水平计的不变价人均 GDP，所用的折算指数为国家统计局公布的以 1978 年为 100 的人均 GDP 指数[①]。然后将以 1978 年不变价人民币计的人均 GDP 转变为以 1978 年美元计的人均 GDP，转换比率为 1.60[②]。图 4-2 展示了 1978 年到 2016 年以 1978 年美元不变价计的人均 GDP。从图 4-2 当中可以看到，1978 年中国的人均 GDP 已经跨过了 205 美元，为 241 美元，而在 1989 年中国的人均 GDP 跨过了 410 美元，为 414 美元。到了 1993 年，中国的人均 GDP 为 582 美元，接近 615 美元。随后只用了两年的时间，中国的人均 GDP 增长到 798 美元，接近 820 美元。再之后中国的人均 GDP 增长缓慢，直到 2005 年才突破 1000 美元，达到 1009 美元，接近 1025 美元。最后直到 2016 年，中国的人均 GDP 达到 1506 美元，没有突破 1640 美元，也就是在钱纳里与赛尔昆（1988）的研究中对应于 1964 年 800 美元的标准。由于数据本身的原因，我们无法获得中国的人均 GDP 突破表 4-1 当中划分阶段标准对应的人均 GDP 的准确时间，所以在表 4-2 中将比较位于表 4-1 当中人均 GNP 划分标准附近多个年份的工业化水平与城市化水平。

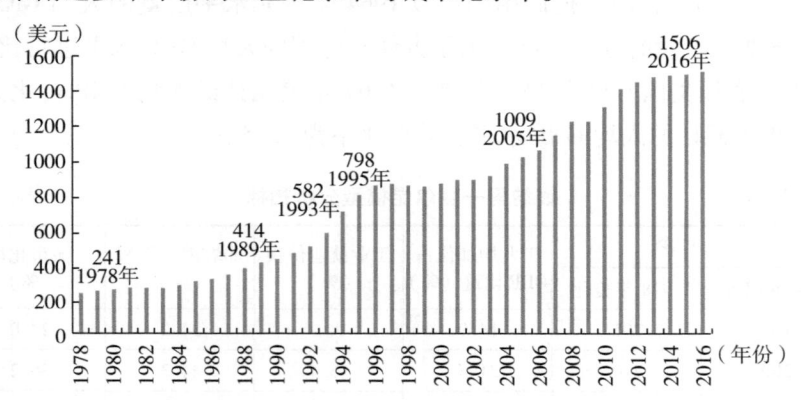

图 4-2　1978 年到 2016 年中国人均 GDP（以 1978 年美元不变价计）

资料来源：世界银行数据库。

---

① 虽然表 4-1 当中钱纳里与赛尔昆（1988）用的是人均 GNP，但是由于数据可得性的原因，我们在此处用人均 GDP 代替，并且由于两者之间差距不大，所以并不影响本书的结论。

② 1978 年美元兑人民币的平均汇率在 1.50—1.60。我们这里之所以选择 1.60 是为了让以美元计价的人均 GDP 不存在低估，这样我们所计算出的中国城市化率与钱纳里与赛尔昆（1988）的常态城市化率之间的差异即为下限。

为了更加准确地刻画中国工业化和城市化发展与钱纳里—赛尔昆模型之间的差异，表4-2和表4-3展示了低于表4-1人均GDP标准并最接近标准的年份和高于表4-1人均GDP标准并最接近标准的年份。具体来说，此处用1988年和1989年的数据与表4-1中410美元的标准进行比较，1993年与1994年的数据与615美元的标准进行比较，1995年和1996年的数据与820美元的标准进行比较，2005年和2006年的数据与1025美元的标准进行比较，2016年的数据与1640美元的标准进行比较。所以在计算中国实际值与钱纳里—赛尔昆模型之间的差距时，我们可以将接近人均GDP标准并低于标准年份的差距看作下限，将接近人均GDP标准并高于标准年份的差距看作上限（当工业化指标，如工业增加值占比、工业就业占比等，表现出随着人均GDP的增长而下降的趋势时正好相反）。

表4-2主要展示了利用前述计算方法所得到的中国的工业化水平与钱纳里—赛尔昆模型之间的差异。可以发现，中国工业增加值占GDP的比重一直高于钱纳里—赛尔昆模型所总结的平均工业化水平，但是两者之间的差距在不断缩小，尤其到了2016年，这一差距几乎为0（需要注意的是，2016年的人均GDP水平小于1640美元。但是根据前文在对工业化指标的描述中可以发现，中国的工业增加值占比从2012年开始呈现出下降的趋势。如果后续工业增加值占比继续下降，那么中国的实际值与钱纳里—赛尔昆模型之间的差距很有可能会变负，并且其绝对值会增大。因为按照表4-1中所展示的内容，在钱纳里—赛尔昆模型中，随着人均GNP的增加，工业增加值的占比是不断增大的）。从表4-2当中还可以发现，工业就业比重与钱纳里—赛尔昆模型之间的差距开始为正，而后逐渐变负，但是差距的绝对值相较工业增加值的差距绝对值小。最后，表4-2还展示了中国的非农就业占比与钱纳里—赛尔昆模型之间的差距。从中可以看出，中国的非农就业占比与钱纳里—赛尔昆模型中估计的常态水平之间的差距起初为负，从人均GDP跨越1000美元开始转为正，并且正向差距在逐渐拉大。结合表4-2当中工业就业份额的差距变动，我们可以发现，非农就业比重差距之所以转正并且增大，主要是因为第三产业就业比重的不断提升。

表4-3主要总结了中国的城市化水平与钱纳里—赛尔昆模型总结的常态城市化水平之间的差距。表4-3选取了两个指标来描述中国的城市化，一个是城镇化率，另一个是城市化率。第三章已经对这两个概念进行

过详细区分,城镇化率指的是官方统计的城区人口和镇区人口总和占总人口的比重,而城市化率则指的是城区人口占总人口的比重。第三章还通过详细对比城区和镇区的经济发展程度,发现以县级市为代表的镇区的经济发展水平远低于城区的经济发展水平。所以此处在与钱纳里—赛尔昆模型进行对比时更加倾向于城市化率这一指标。但是由于城市化率这一指标在既非人口普查又非抽样调查的年份很难获得准确数据,因此此处退而求其次的同时展示了利用城镇化率计算得到的结果,并且根据城镇化率推算了相应年份的城市化率[①]。

表4-2　　中国工业化水平与钱纳里—赛尔昆模型之间的差异　　单位:%

年份	人均GDP 1978年美元	工业增加值比重 实际值	差异	工业就业比重 实际值	差异	非农就业比重 实际值	差异
1988	381	38.3	16.8	22.4	6.0	40.7	-3.6
1989	414	38.0	16.5	21.6	5.2	39.9	-4.4
1993	582	39.9	14.8	22.4	1.8	43.7	-7.3
1994	702	40.2	15.1	22.7	2.1	45.7	-5.3
1995	798	40.8	13.2	23.0	-0.5	47.8	-8.4
1996	850	41.1	13.5	23.5	0.0	49.5	-6.7
2005	1009	41.6	12.2	23.8	-2.0	55.2	2.5
2006	1049	42.0	12.6	25.2	-0.6	57.4	4.7
2016	1506	33.3	0.2	28.8	-1.5	72.3	12.2

资料来源:作者整理。

从表4-3当中可以发现,如果使用城镇化率的口径来度量中国的城市化,那么在人均GDP跨越1000美元前,中国的城市化水平与钱纳里—赛尔昆模型估计的城市化率水平之间的差距是不断扩大的,并且一度达到近20%。但在人均GDP跨越1000美元之后,中国的城市化水平与钱纳里—赛尔昆模型中的城市化率之间的差距在逐渐缩小。更进一步的,如

[①] 这里的推算方法是:本书利用与表4-3当中相近年份的人口普查或者1%人口抽样调查数据计算了城区人口占城区人口和镇区人口总和的比重,然后用这一比重乘以城镇化率估算得到城市化率。其中,1988年和1989年的比重参考的是1990年人口普查数据,1993年到1996年的比重参考的是1995年1%人口抽样调查数据,2005年和2006年的比重参考的是2005年1%人口抽样调查数据,2016年参考的是2015年1%人口抽样调查数据。

果以城市化率来度量中国的城市化水平,则得到的结论有很大差异。从表4-3当中可以发现,以城市化率度量的中国城市化水平与钱纳里—赛尔昆模型中估计的常态城市化水平之间的差距是逐渐扩大的,并且没有出现明显的缩小趋势,两者之间的差距一直维持在25%—27%,这证明中国的城市化水平显著落后于钱纳里—赛尔昆模型所估计的常态城市化水平。

表4-3 中国城市化水平与钱纳里—赛尔昆模型之间的差异 单位:%

年份	人均GDP 1978年美元	城镇化率 实际值	差异	城市化率 实际值	差异
1988	381	25.8	-10.4	18.5	-17.7
1989	414	26.2	-10.0	18.8	-17.4
1993	582	28.0	-15.9	20.2	-23.8
1994	702	28.5	-15.4	20.5	-23.4
1995	798	29.0	-20.0	20.9	-28.1
1996	850	30.5	-18.5	21.9	-27.1
2005	1009	43.0	-9.7	26.6	-26.1
2006	1049	44.3	-8.4	27.4	-25.3
2016	1506	57.4	-2.8	33.4	-26.7

资料来源:作者整理。

通过对表4-2和表4-3的分析可以发现,中国的工业化水平若以工业增加值占比衡量,明显领先于钱纳里—赛尔昆模型估计的常态工业化水平,若以工业就业份额衡量,虽然领先的程度并没有以工业增加值衡量时那么明显,但是也几乎能够保持相同的水平。而中国的城市化水平不论是以城镇化率来度量还是以城市化率来度量,均明显落后于钱纳里—赛尔昆模型所估计的常态城市化水平,并且这一趋势在以城市化率度量城市化水平的情况下更为明显。所以由此我们可以发现,中国的工业化与城市化之间的关系与钱纳里和赛尔昆所总结的国际发展规律存在很大差异。钱纳里和赛尔昆(1988)认为城市化是工业化发展的结果。但是从中国的历史数据来看,工业化并没有像钱纳里和赛尔昆(1988)所总结的那样促进城市化的发展。相反,在中国的工业化快速发展的同时,城市化水平增长十分缓慢。尽管根据近几年来统计局公布的人口城镇化率有较大水平的提升，但通过城市化率的变动我们可以发现，城镇化率的提升主要是依靠人口向镇区集聚，这一过程中人口向城区集聚的规模很小，因此这种集聚形式很难从严格意义上被定义为城市化。

第二节　地级市层面城市化—工业化协调发展演变

通过将中国的城市化和工业化水平与日本、韩国的城市化和工业化水平，以及钱纳里—赛尔昆模型所总结的常态城市化和工业化水平进行定性比较，研究发现中国城市化严重滞后于工业化。为了进一步分析中国不同地区的城市化和工业化之间的差距，这一节将利用地级市层面的数据对中国的城市化与工业化之间的关系进行研究。

这一部分所使用的数据主要来自1985—2015年的《中国城市统计年鉴》。考虑到改革开放以来，在中国"撤地设市"的过程中，各个省份的地级市层面的行政区划发生过多次调整。因此为了保证地级市名称所指代的行政区域在时间上的一致性，笔者从行政区划网上手动整理了相应年份每个省份所包含的地级市。对照整理所得的地级市信息，首先从城市统计年鉴中获取了每个地级市的市区人口和总人口，并计算了市区人口占总人口的比重作为人口城市化的度量标准；其次获取了地级市市区的土地面积占总面积的比重作为土地城市化的度量标准；最后获取了地级市市区的工业增加值占市区生产总值的比重作为市区本身工业化的度量标准，并且获取了地级市所在的整个地区的工业增加值占地区生产总值的比重作为整个地级市工业化程度的度量标准[①]。在得到上述的各项指标之后，为了便于展示，进一步将所有地级市分为东部、东北部、中部和西部，并且计算了各项指标分区域的平均值和在全国地级市层面的平均值[②]。此外，为了从地级市层面度量城市化和工业化之间关系的变化[③]，还分区域计算了各个年份地级市的城市化（市区人口占总人口的比重）与工业化（地

---

　①　本书此处整理的数据样本除了地级市之外，也包括直辖市。由于重庆于1997年被列为直辖市，所以1997年之前重庆作为四川省的地级市出现，之后作为直辖市出现。
　②　此处的均值指的是各个地级市水平的简单算术平均值。
　③　如果中国各个地级市之间工业化和城市化之间的发展符合钱纳里和赛尔昆（1988）所总结的规律，那么就应当表现为工业化水平越高的地级市其城市化水平也应当越高，故这二者之间应当表现出显著的正向相关关系。

级市所在地区的工业增加值占地区生产总值的比重）之间的相关系数，并且用 t 检验计算了该系数的显著性。各项指标均值和相关系数及显著性结果展示在表 4-4 当中。

为了便于准确理解表 4-4 的内容，首先要特别说明两点：第一点是表中所列的分区域城市人口比重与第三章中所计算的分区域城市化率之间没有可比性，原因有二：其一，此处首先计算了每一个地级市的市区人口占总人口的比重，然后分区域对这一比重计算了均值，故此处给出的数值只是各区域市区人口比重的均值，而不能看作该区域市区人口占总人口的比重（这一比重应当用该区域所有市区人口除以该区域的总人口得到）；其二，也是更加重要的一点，直到目前，中国的"地区"这一行政单位仍然在部分省份存在，而在改革开放以来，"地区"更是存在了相当长的一段时间。中国的一些地区是没有设置地级市这一行政区划的，所以这些地区自然就不在表 4-4 所涵盖的范围内，而这些不设地级市的地区所辖的基本都是县级行政单位，因此其人口也归为乡镇人口，没有被纳入表 4-4 的讨论当中。第二点要说明的是由于 1985 年的《中国城市统计年鉴》中只公布了各地级市的农业增加值和工业增加值，而没有公布地级市的生产总值或者是第三产业增加值，故 1985 年的地级市工业增加值比重在计算时用的是工业增加值除以农业总产值来反映该地级市的工业化程度，与该指标 1990 年到 2015 年的计算方法不同。

表 4-4　　1985—2015 年地级市层面的城市化与工业化发展

指标	区域	1985 年	1990 年	1995 年	2000 年	2005 年	2010 年	2015 年
市区人口比重（%）	整体	33.5	32.4	30.0	27.4	30.2	31.1	32.6
	东部	29.3	27.8	23.1	23.5	30.9	31.6	34.6
	东北部	37.9	42.7	37.0	36.5	37.5	38.9	39.8
	中部	33.3	27.1	27.6	23.7	25.6	26.7	26.7
	西部	38.5	39.1	39.5	32.7	30.9	31.8	32.7
市区土地比重（%）	整体	14.8	14.8	14.8	13.7	16.6	17.5	19.4
	东部	14.1	14.0	12.7	13.4	19.9	21.2	26.0
	东北部	14.0	16.5	13.3	11.8	12.8	14.7	15.7
	中部	16.3	12.7	13.5	12.5	13.8	14.2	15.4
	西部	14.9	17.3	21.4	16.7	17.9	18.3	18.4

续表

指标	区域	1985年	1990年	1995年	2000年	2005年	2010年	2015年
市区工业增加值比重（%）	整体	74.9	60.6	53.7	46.7	48.2	45.0	44.9
	东部	66.4	50.4	42.6	39.3	46.3	44.5	47.1
	东北部	75.9	72.3	63.9	60.3	62.7	58.9	52.3
	中部	82.7	60.8	53.3	43.4	44.0	39.8	40.1
	西部	80.8	69.9	65.0	53.7	48.2	44.8	44.0
地级市工业增加值比重（%）	整体	4.1	46.9	45.4	43.5	45.4	50.6	46.8
	东部	3.7	46.1	46.3	46.3	49.9	50.9	47.3
	东北部	4.5	51.7	43.5	42.7	43.1	49.1	40.5
	中部	3.4	45.4	46.8	42.8	46.2	52.8	49.5
	西部	5.2	45.9	43.6	40.9	41.3	48.9	46.7
城市化与工业化相关系数	整体	0.733	0.489	0.319	0.179	0.171	0.092	0.024
		0.000	**0.000**	**0.000**	**0.005**	**0.005**	**0.128**	**0.691**
	东部	0.779	0.394	0.336	0.149	0.116	-0.108	-0.027
		0.000	**0.001**	**0.005**	**0.188**	**0.315**	**0.347**	**0.816**
	东北部	0.718	0.607	0.517	0.493	0.403	0.431	0.295
		0.000	**0.000**	**0.002**	**0.004**	**0.018**	**0.011**	**0.090**
	中部	0.683	0.572	0.421	0.233	0.259	0.267	0.307
		0.000	**0.000**	**0.002**	**0.040**	**0.022**	**0.017**	**0.011**
	西部	0.725	0.440	0.343	0.179	0.157	0.066	-0.026
		0.000	**0.010**	**0.033**	**0.178**	**0.171**	**0.558**	**0.800**

注：加粗部分为相关系数 t 检验的 p 值。
资料来源：作者整理。

从表4-4中的市区人口比重一栏发现，个别区域的市区人口比重均值随着年份的推移出现了下降的趋势，但这并不是该区域中地级市市区人口比重的下降所导致的，而是由于在撤地设市的过程当中，一些早期不是地级市的地区由于行政区划调整变成了地级市，而这些地级市的市区人口比重较低，所以所在区域的市区人口比重均值下降。但是在2000年中国地级市层面的行政区划逐渐稳定下来之后，可以发现各区域的市区人口比重均值都表现出逐步上升的趋势。到2015年，由于东部包括河北等市区人口比重低的省份，所以其市区人口比重均值低于东北部，但高于中部和西部。

从市区工业增加值比重一栏可以发现，各区域市区的工业增加值占比的均值都在不断下降。但是观察地级市工业增加值比重却可以发现在整个地级市层面，工业增加值占比并没有出现明显下降，截至2010年，总体趋势表现为波动中上升。到2015年，整体相对于2010年表现出下降的趋势，这也与第三章第二节中发现的从2012年开始中国整体的工业增加值占比表现出下降的趋势相一致。所以地级市市区工业增加值占比的下降并不代表整个地级市层面工业增加值占比的下降，市区工业增加值占比的下降和整个地级市工业增加值占比的上升表明越来越多的工业化发生在非市区区域，即市区周边的县级区域当中。

表4-4中的最后一栏也是此处最重要的一栏，主要展示了整体和分区域的地级市城市化与工业化之间的相关系数及其t检验的p值（加粗的部分为p值），其中城市化用市区人口占总人口的比重来代表，而工业化用地级市工业增加值占比来代表。将全国所有地级市作为一个样本整体来看，其相关系数在不断下降，1985年市区人口比重与地级市工业增加值占比之间的相关系数为0.733，到2015年二者的相关系数为0.024；并且从显著正相关变为不显著，如果以10%的置信水平来判断是否显著，那么全国整体地级市的城市化与工业化之间的相关系数从2010年开始变得不再显著。从东部地级市的城市化与工业化的相关系数来看，其下降趋势更加明显。1985年时二者的相关系数为0.779，并且十分显著；而到了2015年，二者的相关系数变成了-0.024，并且p值为0.816，说明这一负的相关系数并不显著。若以10%的置信水平为判断标准，那么东部地级市的城市化和工业化的相关系数在2000年开始就变得不再显著，虽然后面两年甚至出现了相关系数为负的情况，但是也不显著。东北部和中部地级市的城市化和工业化相关系数则一直为正，且在10%的置信水平下一直显著，但这两个区域的相关系数下降幅度也很大；其中东北部城市化和工业化的相关系数从0.718下降到了0.295，而中部城市化和工业化的相关系数则从0.683下降到了0.307。西部地级市城市化和工业化相关系数的变动则表现出了与东部相似的趋势，从1985年的0.725下降到了2015年的-0.026，并且从一开始的显著变成了不显著，转变为不显著的年份节点为2000年。

通过对表4-4中最后一栏相关系数的分析可以发现，从地级市层面来看，中国的城市化与工业化之间的相关性在逐渐减弱，虽然分区域来看中部和东北部的相关性依然显著，但是其相关系数也在显著减小。而东部和西部这种相关性逐渐减弱的趋势则表现得更加明显。由此我们可以进一步确认，中国的城市化与工业化之间的关系与钱纳里和赛尔昆（1988）通过对100多个国家的数据进行分析所发现的规律并不相同，中国的工业化并没有推动城市化的发展，而其中的原因正是第五章所要研究的重点。

第三节 地级市城市化—工业化耦合度测算

表4-4中关于地级市城市化和工业化发展指标相关性的考察虽然能在一定程度上反映二者之间的关系，但还不够准确。一方面，因为上述内容只计算了工业化与城市化之间的相关系数，并不能准确反映二者的协调性，另一方面，也是更为重要的一方面是上述研究中，只用城市中市区人口所占比重这一单一指标来指代城市化，同时也只用地级市工业增加值占比这一单一指标来指代工业化。这种度量方式无法准确反映城市化和工业化的全貌。因为城市化包括了多个方面，不仅有市区人口的比重，还有人口密度、城市用地以及城市公共基础设施建设等多个方面。而工业化也不单单只看工业增加值占GDP的比重，还要看工业就业人口占总就业人口的比重以及整体的产业结构。所以为了更加准确全面地反映城市化和工业化之间的相互关系，本节利用多个变量构建了城市化和工业化的综合评价指标，并且进一步计算了城市化与工业化综合水平之间的耦合程度，以此来判断中国地级市层面的城市化和工业化发展是否协调。

一 耦合模型

耦合模型的优势是可以准确反映两个系统之间的协调性。在已有的研究当中，耦合模型多被用来评估经济发展中两个体系之间的协调程度，如逯进和周惠民（2013）利用耦合模型测算了中国人力资本和经济增长之间的协调性水平；张桂文和孙亚南（2014）利用耦合模型测算了人力资本和产业结构之间的协同发展水平；张勇等（2013）则利用耦合模型研究了中国东中西三个地区的城镇化与服务业集聚之间的系统互动关系。本章的主要研究目的则是利用耦合模型研究中国地级市层面城市化和工业化之间的系统耦合程度，从而准确分析中国地级市城市化发展相对于工业化发展的滞后程度。

耦合模型最重要的特点在于它不单单考察两个系统之间的协调性程度，而且还会考虑到两个系统的发展程度，避免两个系统之间出现"低水平"耦合。所以耦合模型的最终评价指标耦合度 D 定义为：

$$D = \sqrt{C \times T} \quad (4-1)$$

其中 C 代表了两个系统之间的协调性，而 T 则代表了两个系统的发展程度。

这里所指的两个系统为城市化发展系统和工业化发展系统。我们分别用 $f(x)$ 和 $g(x)$ 表示这两个系统，并且进行如下定义：

$$f(x) = \sum_i f_i(x) \times w_{1i}(x) \quad (4-2)$$

$$g(x) = \sum_j g_j(x) \times w_{2j}(x) \quad (4-3)$$

其中 $f_i(x)$ 表示城市化评价系统中的指标取值（$i=1,\cdots,n$），$w_{1i}(x)$ 表示城市化评价系统中每个指标所对应的权重。$g_j(x)$ 表示工业化评价系统中的指标取值（$j=1,\cdots,m$），$w_{2j}(x)$ 表示工业化评价系统中每个指标所对应的权重。关于权重的计算此处采用了熵值法，具体计算方法在后文将详细介绍。

参照逯进和周惠民（2013），将协调程度 C_v 定义为如下形式：

$$C_v = \frac{\sqrt{\dfrac{[f(x)-g(x)]^2}{2}}}{\dfrac{1}{2}[f(x)+g(x)]} \quad (4-4)$$

这一指标本质上是两个评价系统之间的偏离差系数，偏离差系数越小说明两个评价系统之间的差距越小。考虑到前文所述的耦合度定义中，数值越大代表其耦合度越高，所以为了保证协调性计算与耦合度定义方向一致，此处对 C_v 进行变形并重新将协调性定义为如下形式：

$$C = 1 - \frac{1}{2}C_v^2 = \frac{4[f(x) \times g(x)]}{[f(x)+g(x)]^2} \quad (4-5)$$

经过上述单调变换以后，协调性 C 越大，表示两个评价体系的协调程度越高。此外，发展指数 T 的定义形式如下：

$$T = f(x)^{\theta_1} g(x)^{\theta_2} \quad (4-6)$$

该指数反映了由城市化和工业化两个系统组成的整体的发展程度，其中 θ_1 和 θ_2 分别反映了城市化和工业化在整体发展当中的重要程度。为了更清楚地说明上述耦合模型所模拟的情况，此处结合图4-3做出进一步

的解释:

图 4-3 展示了耦合模型的基本原理,其中 45°线表示城市化与工业化的一致性。对于坐标系中所有代表城市化与工业化发展水平的点,当它越接近 45°线时,代表城市化与工业化的协调性越高;T1 和 T2 则代表城市化和工业化这二者作为一个整体的发展程度,其中 T2 所代表的发展程度高于 T1 所代表的发展程度。图 4-3 中有 A、B、C 三个点,其中 A 点和 C 点均在 45°线上,所以这二者的协调程度相同,B 点的协调程度低于 A 点和 C 点,但 B 点的整体发展程度与 C 点相同并高于 A 点,此处的 A 点就是"低发展水平协调",也就是城市化和工业化的协调性虽然很高,但是整体发展水平低,对于这种情况不能认为二者的耦合度高,所以文中在对耦合度进行定义时加入了发展程度。在图 4-3 当中 C 点的耦合程度最高,而 B 点和 A 点的相对水平则不确定。在后续的测算过程中,为了准确反映不考虑发展水平下的协调程度和加入发展水平的耦合程度,分别计算了协调程度 C 和耦合程度 D,并对二者的演变趋势进行了展示和分析。

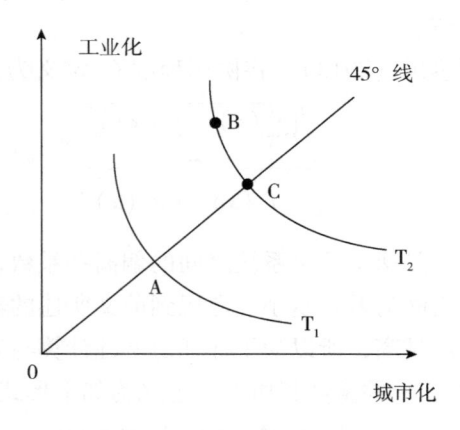

图 4-3 耦合模型分析

二 熵值法

在构建城市化评价系统和工业化评价系统时,对系统中每个指标权重的计算都使用了熵值法。熵值法是一种客观的赋权方法,可以根据数据所提供的信息来确定指标的权重。假设评价系统由 n 个指标构成,而每个指

标的样本量为 m，则该评价体系可以由矩阵表示：

$$X = \{x_{ij}\}_{m \times n} \quad (4-7)$$

其中 x_{ij} 表示样本 i 的第 j 个指标的取值。为了使数据去量纲化从而增加其可比性，此处对各项指标均进行了标准化，其标准化方法如下：

$$y_{ij} = \begin{cases} \dfrac{x_{ij} - \beta_j}{\alpha_j - \beta_j}, & \text{如果指标} j \text{对系统有正向作用}; \\ \dfrac{\alpha_j - x_{ij}}{\alpha_j - \beta_j}, & \text{如果指标} j \text{对系统有负向作用} \end{cases} \quad (4-8)$$

其中 $\alpha_j = \max\{x_{ij}\}$，$i = 1, \cdots, m$，$\beta_j = \min\{x_{ij}\}$，$i = 1, \cdots, m$。
标准化后的评价系统矩阵表示为 $Y = \{y_{ij}\}_{m \times n}$。第 j 项指标的信息熵值为：

$$e_j = -K \sum_{i=1}^{m} y_{ij} \ln y_{ij} \quad (4-9)$$

其中 $K = 1/\ln m$，根据式（4-9）得到某项指标的信息熵值之后，则可以得到该项指标的信息效用价值，而其信息效用价值则取决于信息熵值与 1 之间的距离，即

$$v_j = 1 - e_j \quad (4-10)$$

某项指标的信息效用价值越高，那么意味着该项指标对于整个评价系统越为重要，故通过计算单个指标信息效用价值占全体指标信息效用价值的比重，可以得到每一项指标在评价系统当中的权重：

$$w_j = \dfrac{v_j}{\sum\limits_{j=1}^{n} v_j} \quad (4-11)$$

三 城市化与工业化评价体系

目前关于城市化的研究当中，对于城市化的定义主要是指人的城市化，也就是城市常住人口占总人口的比重（Zhang and Song，2003；Bertinelli and Black，2004；Sato and Yamamoto，2005；Clark and Cummins，2009；Greif and Tabellini，2010；余永定和杨博涵，2021），还有一些研究将城市人口密度作为城市化的度量标准（Bertinelli and Black，2004；Carlino et al.，2007；Gollin et al.，2016；Xu et. al.，2019；卢洪友和朱耘婵，2020）。另外也有一些文章关注空间城市化和土地的城市化（Nunn and Qian，2011；Li，2011；陆铭等，2011；周文等；2017），即城市建设用

地规模，该指标一般用城市建成区面积来衡量。但笔者认为城市化应当是综合考量的结果，所以本书在构建城市化评价系统时不仅包括了人口、土地等因素，还考量了城市代表性的基础设施建设水平。

根据配第—克拉克定理，随着人均收入水平的上升，劳动力农业部门、工业部门和服务业部门之间依次转移，首先从农业部门转移到工业部门，当人均收入继续上升到一定水平之后，劳动力则会进一步转移到服务业部门。在此过程中，劳动力向工业部门的转移被看作工业化的过程。工业化过程不仅体现在就业占比的扩大，也体现为工业增加值占 GDP 比重的上升。所以在构建工业化评价系统时包括工业增加值比重、工业就业比重以及产业结构等多方面的因素。

表 4-5 总结了城市化评价系统和工业化评价系统中的各项指标及其计算方法，其中城市化评价系统主要包括人口城市化、土地城市化和城市基础设施建设三个方面。在人口城市化方面，为了提高城市人口的准确度，所使用的城市人口均为人口普查数据或人口抽样调查数据中的城市常住人口；在土地城市化方面，主要采用城市建成区面积来衡量城市地区土地开发利用的程度；同时，还综合考察了城市的基础设施建设，并主要选择城市道路总面积和执业医生数量两个方面。上述这些指标对于城市化均为正向作用。

在工业化评价系统中，主要考量第二产业占比和产业结构两个方面，其中第二产业占比包括第二产业增加值所占比重和第二产业就业所占比重。产业结构则主要涵盖了非农业产业和农业产业的相对比重。根据配第—克拉克定理，工业化的过程会伴随着劳动力从农业部门转移到工业部门，工业部门的增加值不断上升，而随着工业化的进一步发展，服务业部门的增加值以及就业人数也会逐渐增多。所以产业结构演进的总体表现就是随着工业化的推进，非农经济的增加值以及就业人数都会不断上升。故在衡量产业结构方面，选取了非农产业即第二产业和第三产业的增加值占比之和与就业占比之和。此外，评价系统还选取了非农产业与农业产业的增加值占比之差以及就业占比之差，以此来反映非农产业相对于农业的发展程度[1]。

---

[1] 此处之所以选择差值，而没有选择比值，是因为在地级市层面，有些地级市农业经济的占比几乎为 0，如深圳。在这种情况下，会导致比值趋向于无穷大，故此处选择使用差值。

表 4–5　　　　　　　　　　城市化与工业化评价系统

系统	指标	含义	计算方法
城市化评价系统	人口城市化	城市人口比重	城市常住人口/总人口
		城市人口密度	城市常住人口/城市占地面积
	土地城市化	城市用地规模	城市建成区面积
	城市基础设施建设	道路交通建设	城市道路总面积
		医疗条件	执业医生数量
工业化评价系统	第二产业占比	第二产业增加值比重	第二产业增加值/地区生产总值
		第二产业就业比重	第二产业就业人数/地区就业总人数
	产业结构	非农产业增加值占比	第二产业增加值占比 + 第三产业增加值占比
		非农产业就业占比	第二产业就业占比 + 第三产业就业占比
		非农产业与农业增加值差额	非农产业增加值占比 – 农业增加值占比
		非农产业与农业就业差额	非农产业就业占比 – 农业就业占比

　　为了测算表 4–5 中的各个变量，主要使用了三方面的数据。第一方面的数据是 1990 年、2000 年以及 2010 年的人口普查数据。由于中国目前人口流动规模较大，所以只有使用常住人口来度量城市人口占比才是最为准确的。在人口普查年份，分县区的人口普查数据详细记录了每个地级市及其下辖的区县中居住在市区、镇区以及乡村的人数。从普查数据当中我们可以发现一个有趣的现象，按照人口普查的统计口径，地级市所辖的区中的常住人口绝大多数属于市区人口，有一小部分属于乡村人口；而地级市所辖的县中的常住人口则分为两类，一部分是镇区人口，另一部分是乡村人口。随着近几年城镇化的推进，许多地区都实行了撤县设市，撤县设市之后形成的县级市大多数仍由其所在的地级市代管，并且县级市不设区，所以县级市的常住人口也可以分为两类，一类是镇区人口，一类是乡村人口。我们此处更加关注的是在城市化进程当中真正集聚在城市中的人口[①]，所以在计算城市人口比重时用每个地级市的市区常住人口除以总人口得到。

　　除了 10 年一次的人口普查，国家统计局还会在中间每 5 年的时候进

---

① 因为根据前文的比较我们可以清楚地看到，中国的县域（包括县级市和普通县的镇区）经济发展与城市经济发展仍然有较大的差距，难以和城市放在同一维度进行考量。

行一次人口抽样调查。国家统计局公布的全国的人口抽样调查数据只有各省份的数据,而各省份所辖范围的人口抽样调查数据则由各省份自行公布,因此此处地级市层面的人口抽样调查数据存在个别省份或年份不可得的情况。对于人口抽样调查年份(1995 年、2005 年以及 2015 年),当个别地级市无法搜集到人口抽样调查数据时,笔者使用《中国城市统计年鉴》中相应年份给出的人口数据进行了补充①。所以第二方面的数据主要包括 1995 年、2005 年和 2015 年的人口抽样调查数据和相应年份的部分《中国城市统计年鉴》数据。

第三方面的数据主要来自 1990 年到 2015 年的《中国城市统计年鉴》。从《中国城市统计年鉴》当中,笔者获取了地级市市区的人口密度,该人口密度的计算方法为市区总人数除以市区的土地面积;笔者还获取了地级市市辖区建成区面积,用来衡量该地级市的土地城市化程度。此外,笔者还进一步获取了地级市市辖区城市道路总面积作为衡量城市道路交通建设的指标,并且获取了地级市市辖区执业医生数量作为衡量城市医疗条件的指标,而这两个指标共同反映了城市的基础设施建设状况。

在度量工业化评价体系的指标时,主要使用了 1990 年到 2015 年的《中国城市统计年鉴》。笔者从中获取了地级市层面的分三次产业的增加值比重和就业比重,并以此计算了表 4-5 中所列的工业化评价体系的各项指标。之所以工业化指标使用地级市层面,而城市化指标使用地级市市区层面,其背后的内涵逻辑在于:根据第三章的对比,中国的镇区经济发展和城区经济发展存在较大差距,从严格意义上来说镇区不能被认为是城市区域,所以将城市区域仅限定在统计口径中的城区,而此处地级市市区层面的数据即为城区的数据。城区各指标的规模以及占整个地级市的比重实际上反映了整个地级市的城市化水平,所以在选择工业化指标方面,也应当反映整个地级市的工业化水平。按照钱纳里的理论,如果工业化发展确实可以使得企业和劳动力集聚,推动城市化的发展,那么一个地区的工业化水平越高,则该地区的劳动力集聚水平越高,而高度的劳动力和人口集聚则会形成城市区域,进而城市的各项基础设施建设程度也会更高。

---

① 如 1995 年河北省的抽样调查数据,2015 年安徽省的抽样调查数据,由于没有公布单独的抽样调查数据,所以用当年的《中国城市统计年鉴》中的人口数据补充。限于篇幅原因,此处不再一一列举。另外需要说明的一点是,本书此处通过人口抽样调查数据只计算了常住人口比值,而没有推算常住人口规模。

当一个地区的工业化水平很高,但城市化水平却较低的时候,那么一个极有可能的原因是该地区的工业化并没有发生在城市地区,而是发生在了城市以外的区域[①]。笔者认为这种现象的发生与中国的税收制度以及土地制度有重要的关系,这也是第五章将要重点研究的内容。本章接下来的内容将首先展示利用上述城市化和工业化评价体系得到的城市化与工业化水平以及这二者之间的协调程度。

四 省级层面城市化与工业化水平的测算结果分析

表4-6中展示了表4-5构建的评价系统中所有变量的描述性统计结果。由于从1990年到2015年中国的地级市行政规划发生过多次变动,所以每一期所涵盖的地级市不尽相同。尤其在1990年到2000年,中国的绝大多数省份都发生了撤地设市,也就是将之前的"地区"行政区划变为"地级市"。而"地区"这一行政区划由于没有明确的市区概念,故而不纳入城市化的考虑范围。所以从表4-6的地级市观测数当中可以发现,1995年时的观测数为192个,到了2000年观测数增加到了259个[②]。同时可以发现,随着地级市数量的增多,城市人口比重以及人口密度等在2000年相对于1995年都有了不同程度的下降,这是由于通过撤地设市新成立的地级市的城市人口比重以及人口密度较低,拉低了整体的平均水平。此外,建成区面积、道路面积以及医生数量均是逐年上升的。

观察表4-6中的工业化评价指标,除了第二产业增加值比重在2015年相对于2010年有所下降以外,其他指标和年份几乎都是不断上升的。这说明中国在1990年到2015年各地区都经历了快速的工业化。此外,通过对比城市化评价体系指标的标准差和工业化评价体系的标准差,我们可以发现一个有趣的现象,城市化评价体系的标准差几乎都是不断上升的,

---

[①] 已有文献中也有少数文献使用地级市城市区域的工业化水平而非整个地级市的工业化水平来与城市化水平进行比较,但是本书想要探究的是整个地级市的工业化的发展对于城市化的影响。推而广之,所有地级市工业化水平和城市化水平的总和就可以反映中国整体工业化和城市化之间的关系。如果仅使用地级市城市区域的工业化水平则无法达到这一效果。

[②] 根据国家统计局公布的数据,1990年中国共有185个地级市,2000年中国共有259个地级市(不包括香港特别行政区、澳门特别行政区和台湾省)。但是由于数据可得性的原因,本书1990年的观测数(包括直辖市)只有177个,部分地级市由于数据不可得没有纳入。此外,2015年中国共有291个地级市,但是由于2015年是人口抽样调查年,而非人口普查年,而抽样调查数据的可得性较差,所以本书当中2015年的观测值(包括直辖市)只有263个。

而工业化评价体系的标准差却是不断下降的。这说明中国各个地级市城市化发展水平之间的差异在逐渐拉大,而工业化发展却在逐步趋同。也就是说,在1990年到2015年,各个地区都经历了快速的工业化发展,但是这种工业化发展在许多地区却没有推动城市化的发展。这也反映了中国城市化与工业化发展之间的不同步和不协调。

表4-6　　　　　　　　评价系统变量的描述性统计结果

指标	统计量	1990年	1995年	2000年	2005年	2010年	2015年
城市人口比重(%)	均值	26.81	27.42	24.03	28.05	27.74	36.46
	中位数	17.20	18.05	15.62	18.99	18.18	30.19
	标准差	21.50	22.13	20.81	22.55	21.98	23.41
人口密度(人/平方公里)	均值	414.45	427.59	420.90	414.02	427.50	435.15
	中位数	374.00	388.00	375.00	338.32	355.90	359.59
	标准差	263.94	288.43	288.62	339.55	328.76	344.02
建成区面积(平方公里)	均值	50.49	60.44	62.32	90.23	111.39	155.23
	中位数	34.00	41.50	41.00	53.00	63.00	87.00
	标准差	53.00	60.88	67.82	125.24	148.30	209.15
道路面积(万平方米)	均值	303.58	442.53	531.11	1091.14	1438.76	2065.09
	中位数	177.00	244.00	312.00	552.00	783.00	1123.00
	标准差	379.49	530.09	754.07	1698.71	1879.69	2588.45
医生数量(人)	均值	2008.71	2022.09	3292.20	3375.98	4301.96	5980.52
	中位数	1258.50	1263.00	1736.00	1841.50	2505.00	3238.00
	标准差	5876.08	5900.70	5213.87	5075.53	6235.46	9205.06
第二产业就业比重(%)	均值	30.96	31.00	42.37	43.19	42.84	46.96
	中位数	28.62	28.50	42.70	41.97	41.72	46.92
	标准差	14.18	12.71	13.04	13.41	14.08	13.66
非农产业与农业就业比重差额(%)	均值	3.78	12.64	86.07	91.51	93.08	95.61
	中位数	-0.41	10.30	94.70	96.10	97.47	98.99
	标准差	36.07	31.78	24.49	14.16	14.63	12.18
非农产业就业比重(%)	均值	51.89	56.32	93.03	95.76	96.54	97.80
	中位数	49.79	55.20	97.30	98.05	98.74	99.49
	标准差	18.04	15.89	12.25	7.08	7.32	6.09

续表

指标	统计量	1990年	1995年	2000年	2005年	2010年	2015年
第二产业增加值比重（%）	均值	47.51	46.29	44.15	47.08	51.09	47.09
	中位数	47.35	45.65	44.20	46.52	51.43	48.38
	标准差	13.11	11.45	10.92	11.96	10.40	9.25
非农产业与农业增加值比重差额（%）	均值	41.54	49.34	74.25	83.26	91.27	85.97
	中位数	41.98	48.80	74.70	84.03	92.65	87.54
	标准差	28.80	24.26	17.98	16.95	14.84	15.24
非农产业增加值比重（%）	均值	73.09	77.72	79.40	83.62	86.48	88.03
	中位数	74.34	78.45	79.60	83.93	87.12	89.06
	标准差	13.44	11.68	10.93	9.56	8.23	7.93
地级市（含直辖市）个数	观测值	177	192	259	260	283	263

资料来源：作者计算。

根据熵值法计算出表4-5中每个指标的权重之后，进一步对城市化和工业化评价体系的指标进行加总，可以得到每个地级市1990年到2015年的城市化水平和工业化水平。由于在进行标准化的时候，是将每个指标下的所有数据统一进行标准化处理，所以此处得到的城市化水平和工业化水平不论是在跨地级市和跨省份之间还是在跨年份之间均可比。

表4-7展示了1990年到2015年分省份的城市化水平[1]。从表4-7中可以看到，城市化水平最高的是中国的四个直辖市。而表中新疆的城市化水平较高是因为直到2010年，新疆只有克拉玛依和乌鲁木齐两个地级市，随后到2015年吐鲁番和哈密也属于地级市，但是由于数据不可得，所以2015年在计算时没有将二者纳入。根据行政规划，乌鲁木齐辖7个市辖区，1个县，克拉玛依辖4个市辖区，没有下辖县。所以按照国家统计局关于城区常住人口的统计标准，这两个地级市的城市人口比重极高，故导致新疆在此处的平均城市化水平较高。城市化水平排在四个直辖市之后的是东部沿海省份。而城市化水平排在末尾的则均为西部的城市。此处

---

[1] 本书中的数据不包括西藏和海南的地级市。实际上从1990年到2010年，只有乌鲁木齐和克拉玛依两个地级市，其他均为地区；海南只有两个地级市，为海南和海口。此外，重庆从1997年开始成为直辖市，但是为了前后对比方便，本书将1990年和1995年四川省重庆市的数据与后面的重庆市放在一起进行比较。

需要注意的是，由于表 4-7 中展示的是每个省份的平均水平，所以并不能完全准确地代表地级市层面的排序。此外，从表 4-7 中可以发现，绝大多数省份的平均城市化水平在 1990 年到 2015 年间表现出不断上升的发展趋势，但是其中也有个别省份的平均城市化水平在 2000 年出现了轻微的下降。但此处要说明的是这种下降并不是各地级市城市化水平的绝对下降所导致的，而是由于这些省份在 2000 年之前发生了撤地设市，而新纳入的地级市由于其城市化水平低于原有的地级市，所以拉低了整个省的平均水平。

表 4-7　　　　　1990—2015 年分省份平均城市化水平　　　　单位：%

省份	1990 年	1995 年	2000 年	2005 年	2010 年	2015 年
上海	0.454	0.522	0.617	0.662	0.696	0.831
北京	0.351	0.370	0.392	0.637	0.604	0.730
天津	0.337	0.342	0.356	0.423	0.467	0.614
重庆	0.144	0.173	0.171	0.254	0.383	0.589
新疆	0.219	0.226	0.226	0.247	0.261	0.286
江苏	0.125	0.134	0.137	0.191	0.212	0.274
广东	0.116	0.133	0.150	0.204	0.217	0.267
山东	0.127	0.130	0.131	0.156	0.173	0.218
浙江	0.090	0.097	0.111	0.140	0.155	0.196
安徽	0.135	0.133	0.114	0.148	0.145	0.189
辽宁	0.134	0.134	0.135	0.147	0.157	0.170
福建	0.103	0.106	0.098	0.117	0.134	0.166
河南	0.111	0.114	0.114	0.131	0.144	0.163
四川	0.098	0.102	0.093	0.111	0.117	0.160
河北	0.081	0.092	0.097	0.110	0.128	0.153
陕西	0.109	0.106	0.079	0.104	0.103	0.150
湖北	0.153	0.117	0.113	0.088	0.134	0.148
内蒙古	0.123	0.151	0.128	0.098	0.115	0.133
黑龙江	0.111	0.113	0.106	0.115	0.120	0.132
江西	0.093	0.100	0.078	0.090	0.102	0.130
吉林	0.104	0.083	0.086	0.100	0.110	0.130
宁夏	0.140	0.146	0.103	0.089	0.096	0.128

续表

省份	1990 年	1995 年	2000 年	2005 年	2010 年	2015 年
青海	0.134	0.141	0.141	0.152	0.163	0.125
甘肃	0.132	0.135	0.126	0.115	0.087	0.123
湖南	0.083	0.079	0.082	0.091	0.105	0.122
山西	0.094	0.113	0.087	0.094	0.103	0.122
贵州	0.133	0.143	0.093	0.117	0.109	0.113
广西	0.069	0.102	0.084	0.085	0.088	0.111
云南	0.150	0.157	0.083	0.055	0.066	0.089

资料来源：作者根据模型计算所得。

更进一步的，如果分东部、中部、西部和东北部四个区域来看，2000年以后，四大区域之间的城市化水平演变表现出明显差异，具体特点可以概括为以下三个方面：一是东部城市化综合水平持续领先。就城市化水平均值而言，东部省份的城市化水平高于中西部和东北部。二是 2000 年以后，各地区城市化普遍进入快速发展阶段，但地区间存在差异。从时间维度上来讲，东部省份和中西部省份的变动趋势表现出较大差距。东部省份的城市化均值基本处于不断上升的趋势，尤其从 2005 年开始，东部省份城市化均值增幅显著。反观中西部省份，由于 1990 年到 2000 年经历了大量的撤地设市改革，原本不属于城市范围的地区通过撤地设市被纳入城市范围。新设立的地级市其发展水平低，所以拉低了整个省份的均值水平。到 2000 年以后，地级市层面行政区划基本稳定，此后中西部大部分省份城市化均值也进入了逐步增长的趋势，但其增长幅度低于东部省份。而东北省份城市化水平一直较低且增幅缓慢。因此到 2015 年，绝大部分省份城市化均值相比于历史水平均有一定幅度的增长，但是中西部和东北部省份的城市化水平低于东部省份，并且这种差异随时间推移有增大的趋势。三是省内地级市层面呈现出省会及少数重点地级市城市化领先的不均衡格局。进一步计算分析省内地级市之间城市化标准差水平可以发现（图 4-4），在时间维度上，各省份地级市城市化标准差均不断上升；在空间维度上，东部省份的城市化标准差整体高于中西部以及东北部省份的城市化标准差。中西部省份除湖北和陕西以外，其他省份的城市化标准差均低于东部省份。与城市化均值水平不同，城市化标准差除个别省份外均表现出不断上升的趋势，说明随时间推移，各省内地级市间城市化水平的差异在不断增大，而非逐渐收敛，也就是说各地区越来越呈现出省会及省内少数重点地级市城市化发展相对突出的不均衡格局。

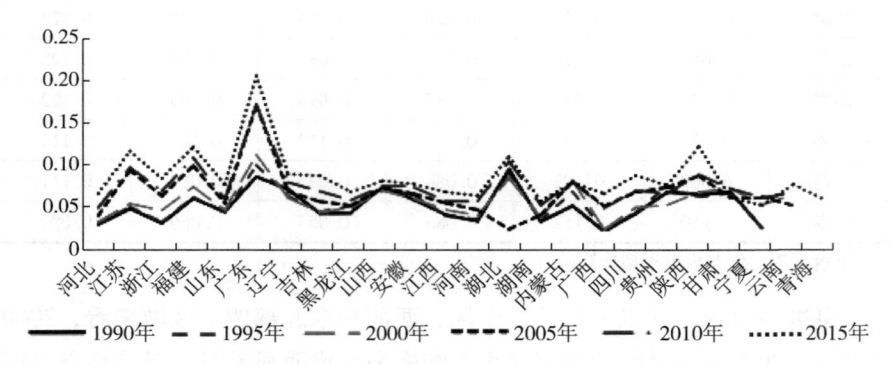

图 4-4 1990—2015 年部分省份城市化发展水平标准差

表 4-8 展示了 1990 年到 2015 年分省份的工业化平均水平。从中可以看到，工业化水平排在前列的多为东部省份。而与上文所述的导致新疆平均城市化水平较高的原因相同，此处新疆的平均工业化水平也属于前列。由于工业化评价指标中两个比较重要的指标是第二产业增加值比重和第二产业就业比重，并且这两个指标所占的权重较高（两个指标总的权重在 40% 左右）。所以一些总体经济发展水平更高的地区，如北京、上海，由于其服务业经济占比更大，而工业经济占比较低，因此计算得到的工业化水平并不高。此外，我们可以看到大部分省份的平均工业化水平在 1990 年到 2015 年不断上升，如江苏、浙江这两个典型的工业发达的省份，其地级市的平均工业化水平在这期间不断上涨。而中国东北部三个传统工业型省份，即吉林、辽宁、黑龙江，其地级市的平均工业化水平在 1990 年相对较高，但是后续增长缓慢。所以到 2015 年，这三个省份的地级市平均工业化水平相对较低。同样，与表 4-7 类似，表 4-8 展示的只是每个省份地级市的平均水平。

表 4-8　　　　　1990—2015 年分省份工业化平均水平　　　　单位：%

省份	1990 年	1995 年	2000 年	2005 年	2010 年	2015 年
天津	70.6	72.2	80.3	82.4	81.8	80.6
新疆	84.5	83.3	85.2	85.5	86.7	80.5

续表

省份	1990年	1995年	2000年	2005年	2010年	2015年
江苏	44.6	51.4	72.0	76.5	78.9	79.7
浙江	39.8	54.3	75.5	79.0	80.9	79.4
山东	41.2	44.9	73.0	79.2	80.1	79.1
江西	33.4	44.8	52.7	67.9	75.2	78.3
陕西	44.4	43.0	70.6	75.6	75.3	78.3
河南	32.9	41.5	69.8	74.1	77.1	77.9
四川	23.0	32.7	65.0	69.6	74.5	77.7
山西	57.7	61.0	76.0	80.7	80.1	77.7
福建	34.1	46.3	70.2	72.4	76.1	77.6
广东	37.4	48.0	62.3	73.5	76.5	77.1
安徽	40.4	46.5	66.2	72.5	74.6	77.1
青海	63.1	65.4	74.7	76.6	79.6	75.8
湖北	47.9	43.6	67.8	66.1	74.1	75.6
重庆	35.6	42.7	70.8	72.5	79.4	75.1
上海	79.5	78.7	73.6	80.7	78.2	74.4
河北	52.3	39.2	72.3	74.0	74.7	74.2
湖南	21.8	30.6	62.6	67.3	73.1	74.0
宁夏	52.6	56.2	57.6	67.7	69.8	73.4
吉林	43.2	37.5	63.0	64.9	71.3	73.2
辽宁	55.3	56.2	72.1	72.7	75.4	72.6
广西	35.6	30.6	54.3	66.8	68.9	72.0
内蒙古	48.8	58.6	62.1	66.1	72.2	71.9
贵州	47.9	52.7	69.1	75.2	74.7	71.1
甘肃	55.0	56.8	77.5	71.7	71.3	71.1
云南	52.0	50.9	74.1	63.0	67.8	69.8
北京	71.2	71.6	69.2	69.2	70.9	69.3
黑龙江	58.5	53.1	61.8	56.7	55.3	53.0

资料来源：作者根据模型计算所得。

整体而言，工业化水平均值在各省级层面差异较小，并且随着时间的推移，工业化增速整体放缓，各省份间的差异不断收敛，区域均衡性提升。从时间维度来看，除个别省份以外，各省份的工业化均值水平从

1990年到2015年均经历了较大幅度的提升,并且这种大幅度的提升主要体现在1995年到2000年。2005年以后,省级层面的工业化均值增幅明显减小,并且这一点在东部省份表现得尤为明显。从地区间差异的角度来看,工业化综合水平在地区间和地区内均趋于收敛。从部分省份地级市工业化水平标准差来看(图4-5),在时间维度上,省份内地级市间的标准差均在不断下降,这意味着不同地级市间工业化水平不断收敛;从空间维度看,东北部地区标准差最大,中西部地区的标准差略高于东部地区,地区间同一年份折线图的波动幅度在不断减小,说明从全国层面来看,不同区域间工业化水平也在不断收敛。

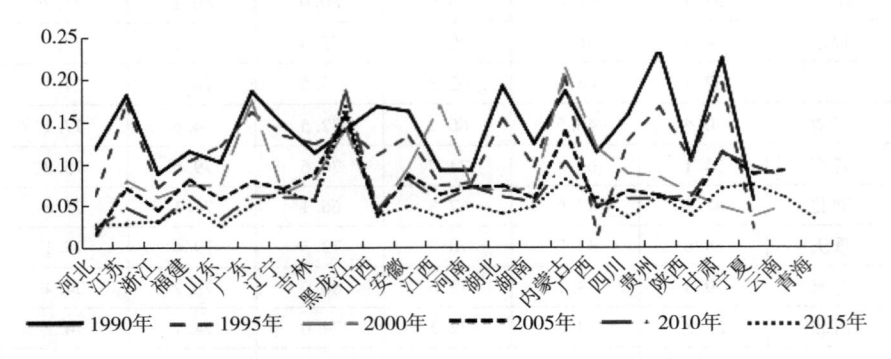

图4-5 1990—2015年部分省份地级市工业化水平标准差

对省级层面城市化与工业化的演变趋势进行对比分析可以发现,增速快慢交错、差异收敛不均的城市化与工业化发展趋势导致城市化与工业化发展的失衡。对比表4-7和表4-8可以发现,工业化增长早于城市化增长,两化增速存在明显的快慢交错;对比图4-4和图4-5可以发现,城市化差异在地区间和地区内均增大,而工业化差异在地区间和地区内均收敛;两化发展趋势间的不同步意味着省级层面和省级内部两化协调发展均受阻。

五 省级层面的城市化与工业化协调水平分析

根据耦合模型的理论原理,我们可以发现耦合模型关注了两个方面,一方面是两个系统之间的协调程度,另一方面是两个系统的发展水平。为了更加清晰地展示省级层面耦合度的变化是由于协调程度变化引起的还是由协同发展程度变化引起的,这一部分将分别展示对城市化—工业化协调度和发展度的测算结果,然后再对省级层面的耦合度进行分析。

图 4-6 和图 4-7 分别展示了 1990—2015 年省级层面发展度均值和发展度标准差。发展度由城市化和工业化二者的综合水平共同决定,且与这两者均呈正向相关关系。整体来看,各区域及省份的城市化与工业化发展度均不断上涨,且东部涨幅显著大于其他地区。从时间维度来看,除东北部省份以外,其他省份地级市城市化与工业化发展度均值均表现出逐步上升的趋势,并且这一点在 2000 年以后表现得更加明显,其原因在于 2000 年以后中国地级市层面的行政区划相对稳定,同一省份不同年份间可比性较强。从空间维度来看,东部省份的增长速度显著高于中西部和东北部,并且这一差距在 2005 年之后表现得更为明显。在 2005 年之前,东部和中西部以及东北部省份间城市化与工业化发展度并没有显著差距,但 2005 年之后,东部省份发展度增速明显提高,使得中西部以及东北部省份相对于东部省份发展度的落后程度变得更加明显。此外,省级城市化与工业化发展度标准差在不同地区间表现出较大的差异。东部省份,特别是江苏、浙江、福建、广东等沿海地区,地级市间发展度的差异在不断增大;而中西部省份在 2005 年之后发展度标准差并没有发生明显波动,其绝对值水平甚至低于 2000 年以前。

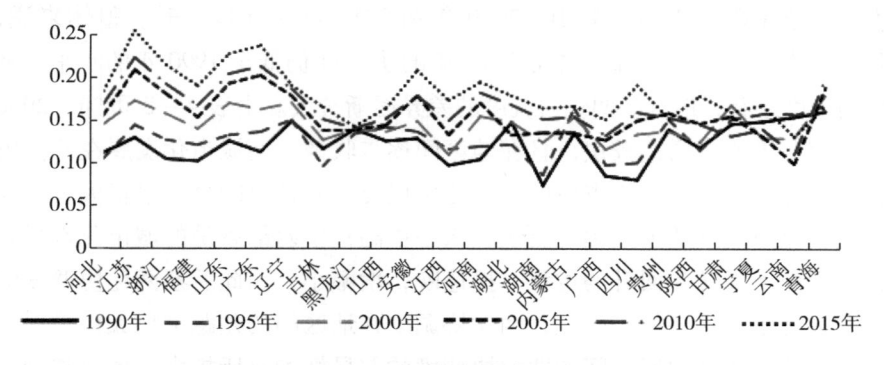

图 4-6 1990—2015 年部分省份发展度均值

图 4-8 和图 4-9 分别展示了省级层面的协调度(C)均值和协调度标准差。协调度实际上反映了城市化与工业化之间的偏离程度,由城市化和工业化各自的发展趋势可知,城市化在不同区域、不同省份间的差异逐步扩大,而工业化之间的差距则在逐步收敛,因此不同区域、不同省份间两化协调度的差异也在逐步增大,并且表现出"先降后升"的趋势。从

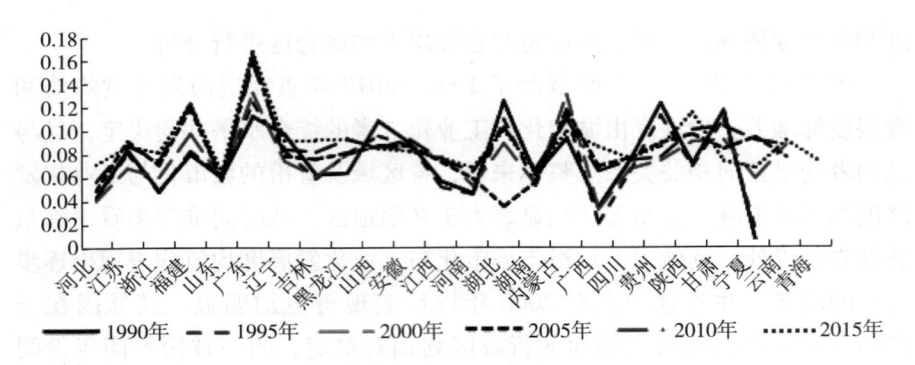

图 4-7　1990—2015 年部分省份发展度标准差

时间维度来看，两化协调度总体表现出先降后升的趋势，受 2000 年前后由快转慢的工业化发展和由慢转快的城市化发展综合影响，前期工业化发展较快而城市化发展较慢使得两化协调度趋于恶化，后期伴随着工业化减速而城市化提速，两化协调度逐步改善。从区域差异来看，东部和东北部省份由恶化转为改善的时间点为 2000 年，即东部省份 1990 年到 2000 年协调度表现为逐渐下降的趋势，2000 年到 2015 年协调度则表现为逐步上升的趋势；但对于大部分中西部省份而言，从 1990 年到 2005 年，其协调度均处于不断下降的趋势中，2010 年和 2015 年才逐步上升。整体来说，除个别省份以外，大部分省份 2015 年的协调度仍低于 1990 年的水平。从空间维度来看，地区间两化协调度的差异逐渐拉大。由表 4-8 可知，2000 年之前，工业化增速较快，且在地区间逐步收敛。而城市化发展在不同省份之间存在分化，东部省份的城市化发展提速开始时间早，增幅大，因此后期两化协调度的上升幅度更快，水平更高；中西部省份的城市化水平则经历了由下降转为回升的过程，提速晚，增幅小，因此后期两化协调度的上升幅度小，水平低。由此，两化协调度在地区间的差距被拉大。

此外，各省内城市间的两化协调度的差异性均有所扩大。各地省会及若干重点城市与省内其他城市的城市化发展进程间的差距，拉大了省内城市之间的两化协调度差距。东部省份和西部省份两化协调度的省内城市间差异较大，东北部及中部省份的省内差异较小。不过，东部地区的两化发展度明显高于其他地区，属于高发展水平上的失衡，西部地区属于低发展水平上的失衡，而东北部和中部省份则属于低发展水平的平衡。

图 4-10 和图 4-11 展示了省级层面城市化—工业化耦合度（D）的

第四章 中国城市化—工业化协调发展演变及耦合度测算　　113

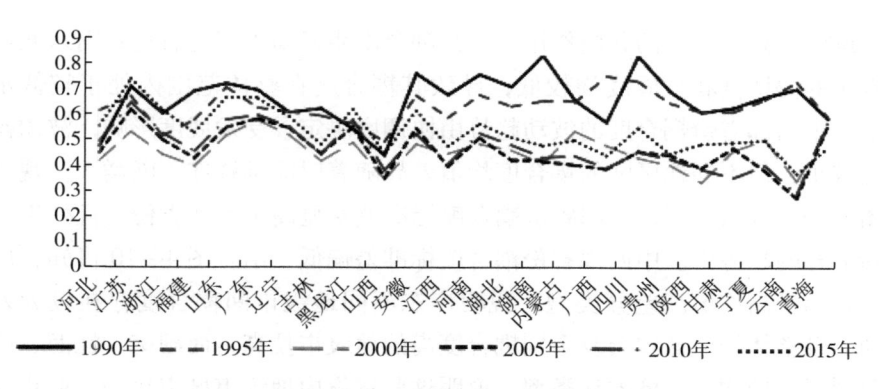

图4-8　1990—2015年部分省份协调度均值

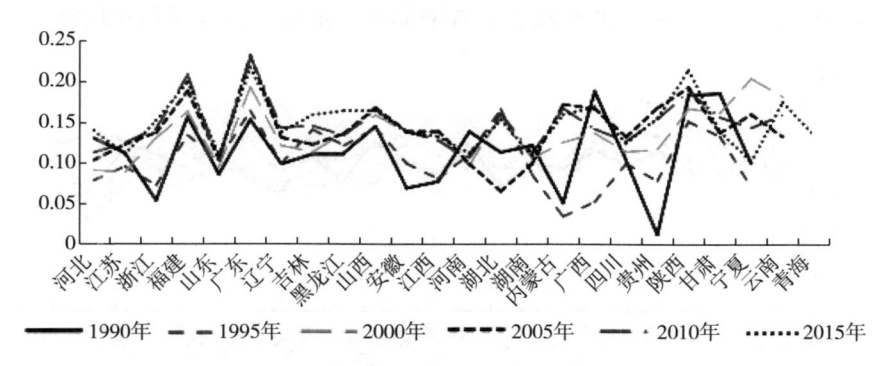

图4-9　1990—2015年部分省份协调度标准差

均值和标准差。两化耦合度是协调度和发展度的综合作用结果，并且与两者均为正向相关关系。在考察期内，由于协调度表现出先降后升的走势，发展度表现出逐步上升的趋势，因此耦合度整体表现出上涨的趋势，但这种上涨趋势并不十分稳健，且不同区域间的耦合度差异逐步扩大。从时间维度来讲，受协调度的影响，各地区耦合度均表现出先降后升的趋势，但波动幅度小于协调度。具体而言，各省份城市化—工业化耦合度均值在2005年前都出现过下降的情形，且这种情形在中西部省份和东北部省份表现得更为明显。2005年之后，东部省份耦合度均值表现出不断上升的趋势，中西部和东北部省份耦合度虽然也表现出上升趋势，但是由于增幅不大，部分西部省份2015年耦合度均值水平仍低于1990年，该现象主要是这些地区城市化发展速度缓慢导致的。从空间维度来讲，东部省份在高协调度和高发展度的共同作用下,其耦合度明显高于其他省份;而东北部省份的协调度和发展度均较低,导致其耦合度在整体范围内处于较低水平;中西部省份耦合度的波动趋势由协调度决定,受发展度影响,波动幅度较小,但不同地区间的耦合度均值差异随着时间推移在不断增大。观察图 4-11 可以发现,东部省份耦合度标准差明显高于其他省份,且处于不断上升的趋势中。中西部省份耦合度标准差偏低。结合图 4-10 可知,广东省属于高均值高差异类型,说明广东不同地级市间耦合度存在较大差别,且整体均值被省会及个别耦合度高的地级市拉高,而湖南、江西、广西则属于低均值、低差异类型,说明这些省份内地级市城市化—工业化耦合度普遍偏低,而江苏、浙江则属于高均值低差异类型,说明这两个省份内地级市的城市化—工业化耦合度普遍偏高,地级市间发展相对均衡。

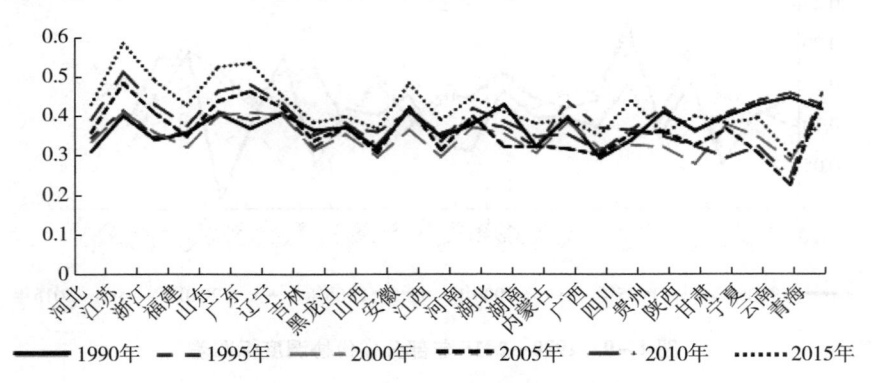

图 4-10　1990—2015 年部分省份城市化—工业化耦合度均值

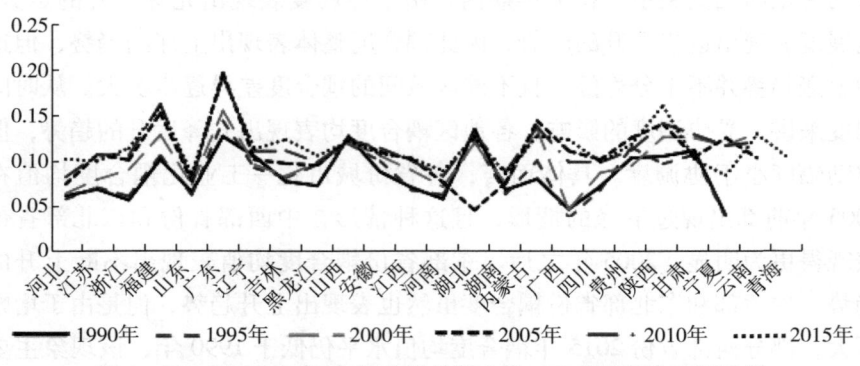

图 4-11　1990—2015 年部分省份城市化—工业化耦合度标准差

六 地级市层面城市化与工业化协调发展分析

考虑到第五章和第六章的实证研究将主要从地级市层面来对城市化与工业化协调发展的影响因素进行分析，因此此处对地级市层面的数据进行简单的展示分析。此外，本章第一节曾将中国的整体城市化和工业化程度与钱纳里—赛尔昆模型所归纳的100多个国家的城市化与工业化平均演变趋势进行对比，结论是中国的城市化水平远远滞后于中国的工业化水平。所以参考与钱纳里—赛尔昆模型进行比较的度量方法，此处引入一个类似的简单考量指标，即地级市工业化水平减去城市化水平的差值来考量地级市层面城市化发展与工业化发展之间的关系。

图4-12展示了利用理论模型中协调度C的计算方法得到的1990年到2015年地级市工业化水平和城市化水平协调度。同时在绘制图4-12的时候，不仅将数据按照年份进行排列，在同一年份内，还将数据按照地级市所属的区域进行排序，其先后顺序为中部、西部、东部、东北部（图4-13到图4-15中的数据按照相同的排序方式进行绘制）。观察图4-12可以发现，每个年份内部的数据并没有明显的变化趋势，但是协调度随年份的推移整体表现出先下降后上升的趋势，1990年到2005年表现出不断下降的走势，大概在2005年到2010年协调度达到最低水平，而后开始上升。

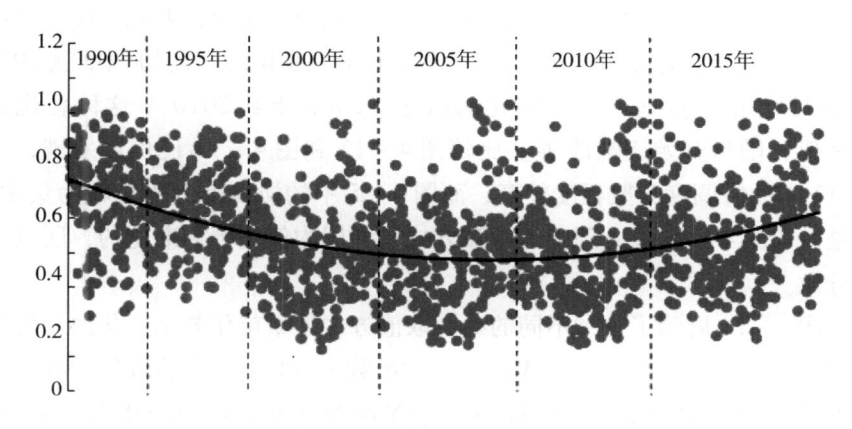

图4-12 地级市工业化水平与城市化水平协调度（C）

图4-13展示了1990年到2015年地级市城市化水平相对于工业化水

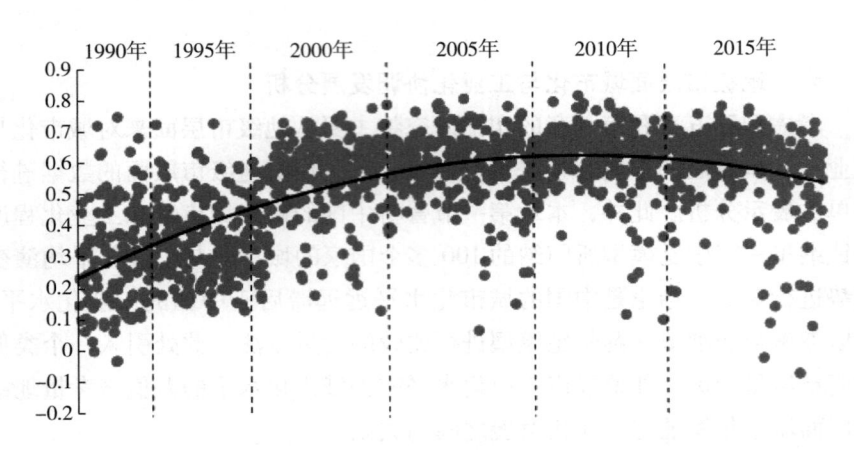

图 4-13 地级市城市化水平相对于工业化水平的滞后程度

平滞后程度的变动情况,其计算方法是用地级市的工业化水平减去其城市化水平。从图中可以看到这一指标的变化趋势和图 4-12 中协调度的变化趋势正好相反,其中的原因很直观。图 4-12 中的协调度的定义笔者已经在本章耦合模型定义的部分进行了详细的解释,其数值越大代表协调度越高,而图 4-13 当中的差值则正好相反。因为中国一直处在城市化水平落后于工业化水平的状态下,所以工业化水平减去城市化水平得到的差值数值越大,代表城市化落后于工业化越严重,二者的协调度越差。因此,图 4-12 和图 4-13 表现出了完全相反的变化趋势。根据图 4-13 我们可以得到与图 4-12 类似的结论,中国城市化与工业化之间的协调度从 1990 年到 2005 年一直处于不断恶化的状态,2005 年到 2010 年这种恶化达到峰值,随后开始逐渐改善。比较图 4-12 和图 4-13 还可以发现,图 4-12 中的协调度分散程度较高,而图 4-5 中的协调度的衡量较为集中,这是由于图 4-13 中协调度的计算方式是利用均值进行标准化的,所以较为分散。

图 4-14 展示了三种不同的参数取值方式下城市化与工业化协调发展水平。即耦合模型当中 T 的表达式中的参数 θ_1 和 θ_2 不同的取值情况。第一种情况为 $\theta_1 = 0.5$,$\theta_2 = 0.5$,第二种情况为 $\theta_1 = 0.3$,$\theta_2 = 0.7$,第三种情况为 $\theta_1 = 0.7$,$\theta_2 = 0.3$。从图 4-13 工业化水平与城市化水平的差值中我们可以发现,在绝大多数情况下,工业化水平都高于城市化水平,只有极少数情况下工业化水平低于城市化水平,所以在发展指标 T 中,工业

化所占的权重越高，表现为发展指数越高。但是无论在哪一种参数设置下，发展指数均呈现随时间的推移逐步上升的走势。图 4-14 中的三条趋势线从下至上分别为城市化与工业化在发展指标中所占比重为 0.7∶0.3、0.5∶0.5 和 0.3∶0.7 时的情况。对比可以发现，当工业化所占比重越高时，趋势线的斜率越陡，这说明 1990 年到 2015 年，工业化的增长率始终高于城市化的增长率。

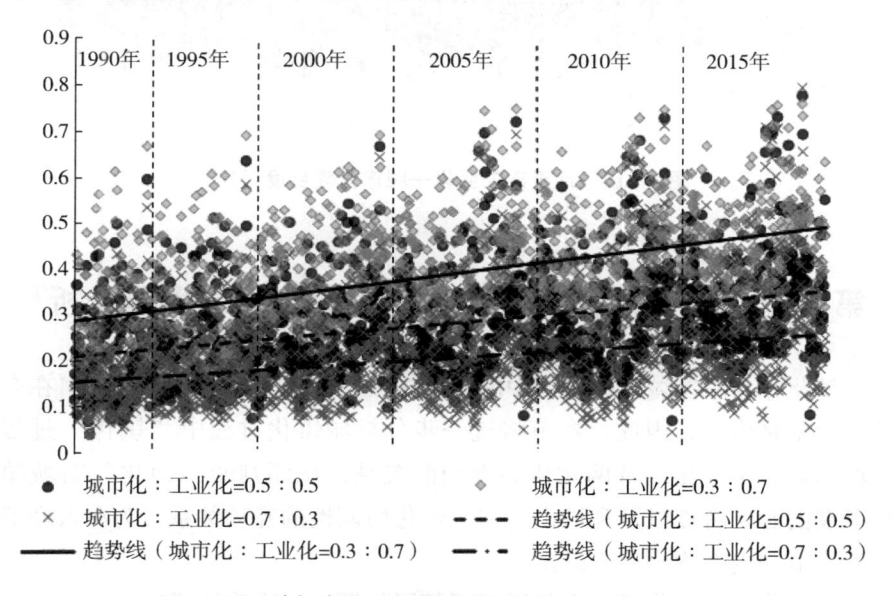

图 4-14 地级市工业化和城市化的协调发展水平（T）

图 4-15 中展示了 1990 年到 2015 年城市化—工业化耦合度的变化情况。耦合度的计算方法为协调水平（C）与发展水平（T）的乘积的平方根。此处发展水平（T）的计算采取了 $\theta_1 = 0.5$，$\theta_2 = 0.5$ 的参数取值方式，并且根据图 4-14 可以知道不同的取值方式并不会改变发展水平（T）的趋势，所以此处无论选取哪种取值方式都不会对结论有实质影响。从图 4-15 可以发现，耦合度随时间变化的走势与协调程度（C）随时间变化的走势基本相同。只是由于 2005 年之前虽然协调程度（C）在不断下降，但是发展水平（T）在不断上升，所以耦合度整体在 2005 年之前仍然保持逐渐下降的趋势，但其下降幅度和速度比协调程度（C）要弱一些。

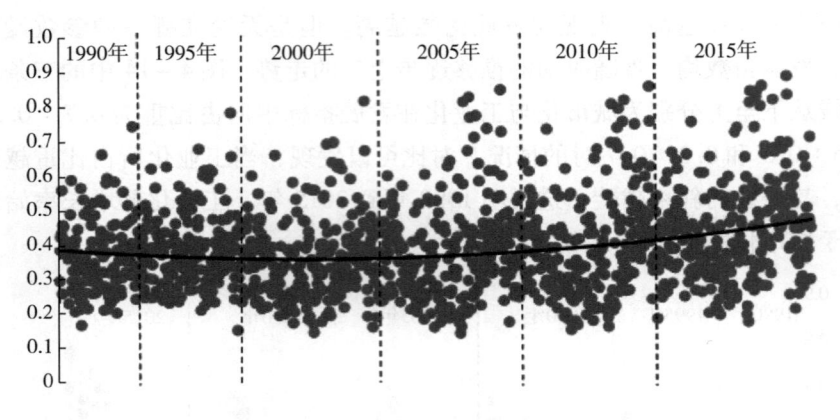

图 4-15　地级市工业化—城市化耦合度（D）

第四节　人口镇化与城市化—工业化协调发展分析[①]

镇化作为中国城镇化发展中的重要构成，其演变过程决定了人口在空间上的集聚模式，因此，本节将进一步分析城镇化过程中"镇化"过程与城市化、工业化以及两化协调性间的关系，从而判断"镇化"对城镇化发展的影响特点以及和城市化与工业化协调性的互动关系，为深入理解后续章节的内在逻辑奠定基础。

城市化与城镇化是两个相近但不相同的概念，准确地说，城镇化包括了城市化和镇化两部分。[②] 虽然一个地区城市化和镇化水平的上升均会促进当地城镇化水平的提升，但是城市化和镇化二者之间却并非简单的互补关系。由于行政区划分割以及同级地方政府竞争等原因，镇化和城市化发展存在一定的竞争性，在这种情况下镇化发展与城市化发展可能并非相互促进，而是负向相关，进而影响城镇化的整体水平。

为了展现城镇化过程当中城市化与镇化间关系的演变，本部分利用1982 年到 2015 年历次人口普查和 1% 人口抽样调查数据，计算了省级层面以及各大区域镇区人口比重和城市人口比重，分别反映人口"镇化"和人口"城市化"的水平，并以描述统计的方式探究了其演变趋势以及

[①] 本节的主要内容已发表在《经济体制改革》2021 年第 4 期。
[②] 相关概念辨析详见 36—37 页及 49 页。

第四章 中国城市化—工业化协调发展演变及耦合度测算 119

和两化协调发展间的关系。

一 东部人口的"城市化"与中西部人口的"镇化"

图 4-16 和图 4-17 分别展示了城市人口和镇区人口占比在全国及各大区域的变动情况。可以发现，各区域间城市人口占比存在较大差异，东北部城市人口占比最高，但是其增速在 1990 年之后相对缓慢。东部城市人口占比虽然在初期与东北部存在较大差距，但是由于其增速较快，因此到 2015 年，东部城市人口占比与东北部差距显著缩小，2015 年东北部城市人口占比高达 44.3%，东部城市人口占比为 42.2%。中部和西部城市人口占比较低，且二者间差距很小，增速低于东部，因此其城市人口占比与东部及东北部存在较大差距。2015 年，中部和西部城市人口占比分别为 24.0% 和 24.3%，全国城市人口占比为 32.7%。

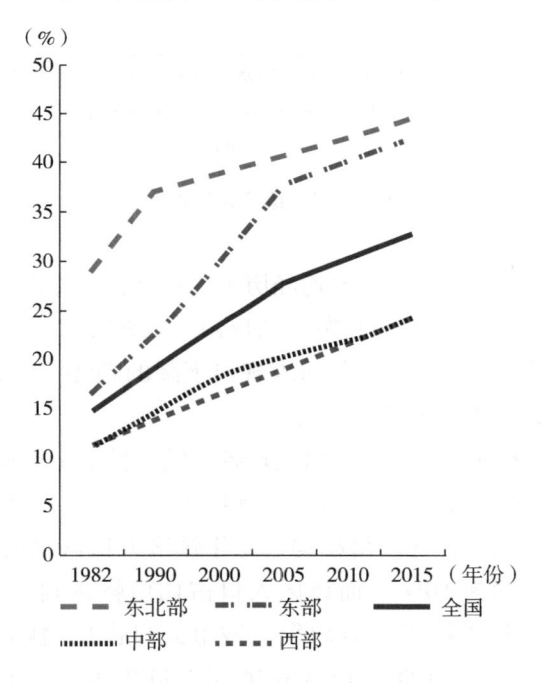

图 4-16 城市人口比重

观察图 4-17 可以发现，2015 年镇区人口占比最高的是中部，为 26.8%，其次是西部以及东部，分别为 24.0% 和 22.1%，东北部的镇区人口占比则远低于其他三个区域，为 16.6%。从 1982 年到 2015 年，中

(%)

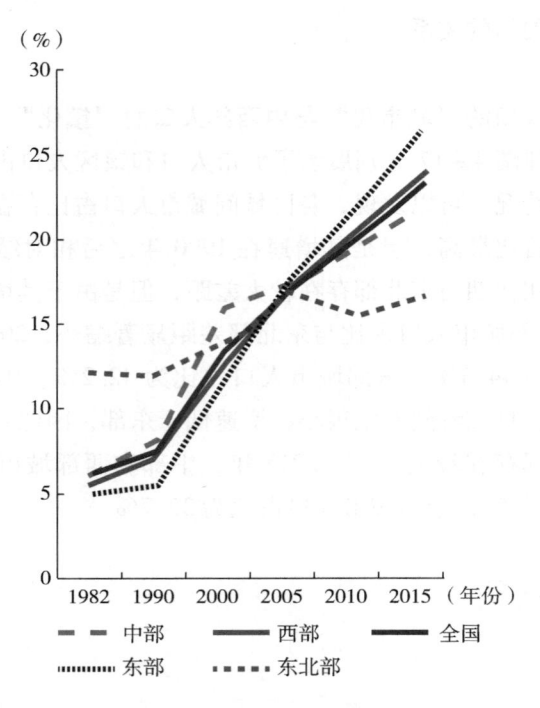

图 4-17 镇区人口占比

部、西部以及东部镇区人口占比均经历了快速增长的过程，且中部增速最快，在 2005 年实现了对西部和东部的反超。东北部镇区人口虽然在初期较高，但增速缓慢，甚至个别年份表现出下降的趋势，因此 2015 年其人口镇化水平远低于其他地区。

对比图 4-16 和图 4-17 可以发现各大区域城镇化过程中城市化和镇化的侧重表现出明显差异。从 1982 年到 2015 年，中部和西部地区镇化更加显著，城市人口占比的增幅均远低于镇区人口占比的增幅，其中城市人口占比增幅约为 10%，而镇区人口占比增幅达到了 20% 左右。东部的城市化和镇化增幅则相对均衡，城市人口占比增幅为近 25%，镇区人口占比增幅为近 20%，城区和镇区人口均表现出较大幅度增长。东北部则侧重于城市化，城市人口占比增幅约为 15%，镇区人口占比增幅约为 5%。因此，1982 年到 2015 年，中部和西部的人口主要表现为镇化，东部人口城市化和镇化同步进行，东北部的人口则主要表现为城市化，而镇化发展缓慢。

图 4 – 18 和图 4 – 19 分别展示了全国和各大区域的城镇人口占比和人口镇化指数。所谓人口镇化指数指的是镇区人口占城区和镇区总人口的比重，以此来反映人口城镇化过程中人口镇化的占比。

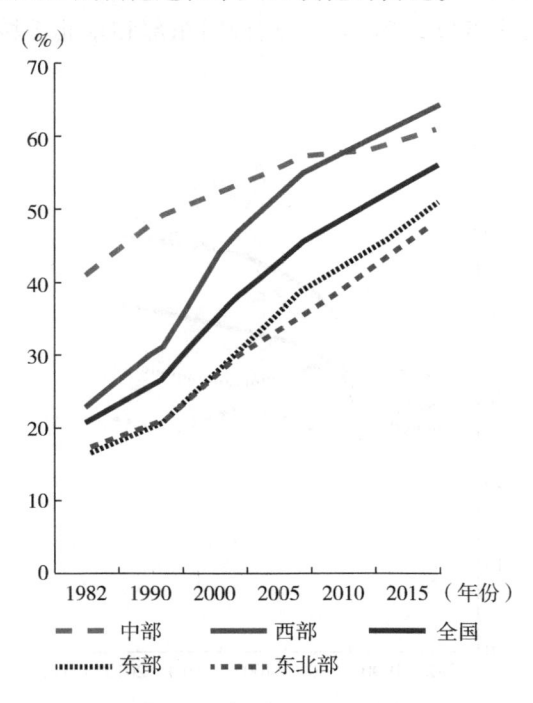

图 4 – 18　城镇人口占比

图 4 – 18 可以看作图 4 – 16 和图 4 – 17 的综合结果，东北部城镇人口占比起点很高，但是其增长速度较慢，因此后期被起点低但增速快的东部反超。2015 年，东部人口城镇化率达到了 64.3%，东北部的人口城镇化率为 61%。中部和西部人口城镇化几乎处于相同的起点，在 2000 年之前，两个地区城镇人口占比的增长幅度也非常接近，2000 年以后，中部城镇人口占比增长略快于西部，2015 年，中部人口城镇化率为 50.8%，西部人口城镇化率为 48.3%，全国人口城镇化率为 56.1%。

图 4 – 19 人口镇化指数的走势则进一步体现出了各地区城镇化发展模式的区别。可以发现，中部和西部的人口镇化指数在 2000 年以后远高于东部及东北部，在 2005 年以前，西部的人口镇化指数高于中部，但这一趋势在 2005 年以后被扭转，2015 年中部的人口镇化指数为 52.7%，意味

着中部城镇化人口中，超过一半人口都生活在镇区而非城区。西部的人口镇化指数则为 49.6%。东部和东北部的人口镇化指数则相对较低，甚至在个别年份表现出下降的趋势，2015 年东部的人口镇化指数为 34.4%，东北部的人口镇化指数为 27.3%，这说明东部和东北部城镇化过程更多依靠城市化。

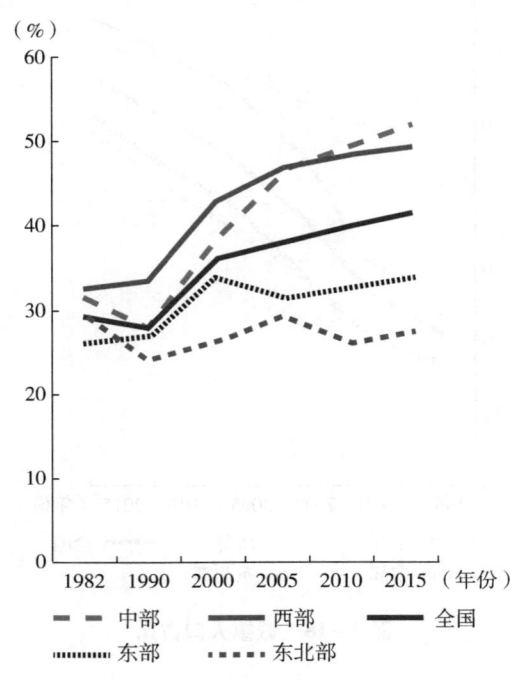

图 4-19 人口镇化指数

二 人口"镇化"与人口"城市化"的螺旋演变趋势

为了展示省级层面人口城市化和镇化的变动趋势，图 4-20 描绘了历次人口普查及抽样调查中各省份镇区人口比重和城区人口比重的散点图，并且绘制了分年份的趋势线。分析图 4-20，可以发现，首先，镇区人口比重和城区人口比重整体均随年份的推移不断增长，因此各年份的趋势线在纵坐标方向上不断上升；其次，随着时间推移，镇区人口比重与城市人口比重间的关系由正相关变为负相关。1982 年、1990 年和 2000 年镇化与城市化间表现出明显的正相关，2005 年二者没有明显的相关关系，2010

年和 2015 年则为明显的负相关。这种螺旋式的趋势线演变形式说明同一地区范围内镇化和城市化由开始的互补性逐渐转变为竞争性。人口快速向城区集中的省份镇化速度较慢，而人口快速向镇区集中的省份，其城市化速度较慢。这种趋势意味着曾经的"农村人口向县镇转移，县镇人口向城市转移"的模式转变为"转移人口滞留县镇，城市人口转移被截留"的模式。

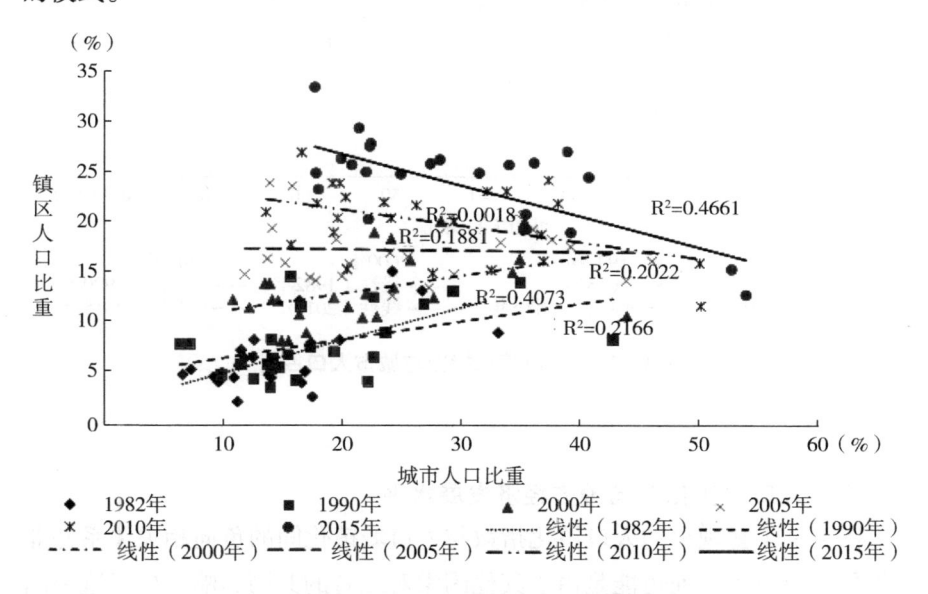

图 4 - 20　人口镇化与人口城市化关系演变

图 4 - 20 展示了人口城市化和人口镇化间的竞争性关系导致镇化对城镇化影响的不确定性。为了探究城镇化过程中镇化占比与人口城市化之间的关系，图 4 - 21 展示了省级层面人口镇化指数与城市人口占比间的关系，并绘制了分年份两者间的趋势线。1982 年到 2015 年，散点在坐标系中的分布位置逐渐由左下角移动到右上角。这意味着整体来说，人口镇化指数和城市人口占比均随时间逐步上升。与此同时，人口镇化指数和城市人口占比间的负向相关关系渐趋明显，即趋势线斜率的绝对值逐渐增大。这意味着人口镇化程度越高的地区，其人口城市化水平相对越低。反过来说，人口城市化水平高的地区，更多依赖的是人口向城区的集中，而非人口向镇区的集中。

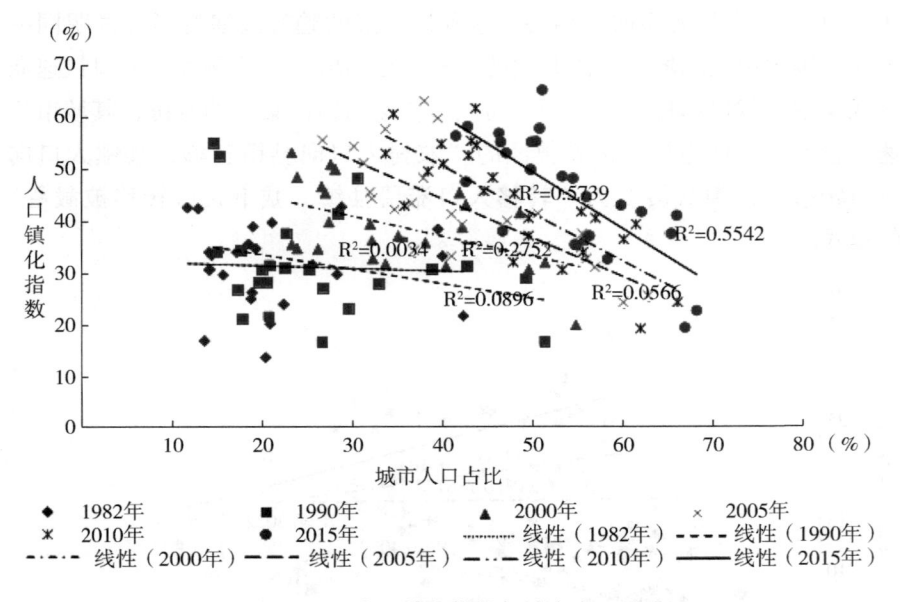

图 4-21 人口镇化指数与城市人口占比

三 人口"镇化"与地方经济发展水平

图 4-21 呈现出的人口镇化指数与人口城镇化间的负向相关关系并非必然的因果驱动，而可能是由于其他因素对二者的共同影响产生了这一结果。结合图 4-16 和图 4-17 对各大区域城市人口比重和镇区人口比重的分析发现，东部经济发达地区表现为高人口城镇化率和低人口镇化指数，中西部经济欠发达地区则表现为低人口城镇化率和高人口镇化指数。因此此处进一步探究了人口镇化指数和经济发展水平间的关系。

图 4-22 中横坐标人均地区生产总值指数由各省份的人均地区生产总值与全国人均 GDP 求比值得到，反映了各省份人均地区生产总值相对于其他省份的水平。分析图 4-22 中各年份趋势线的变动可以发现，从 1982 年到 2015 年，人口镇化指数与人均地区生产总值指数始终表现出负向相关关系，并且趋势线斜率的绝对值逐渐增大。这一显著的负向关系证明经济发展水平低的地区的城镇化过程更多依赖镇化而非城市化。结合中国城镇化发展过程中大城市、中小城市以及小城镇的不同发展路径，我们可以推测，由于经济发展水平较低的地区没有足够的经济实力和客观条件

推动城市化发展，因此转而依赖小城镇的发展推动城镇化，导致其人口镇化指数相对于经济发达的地区更高。

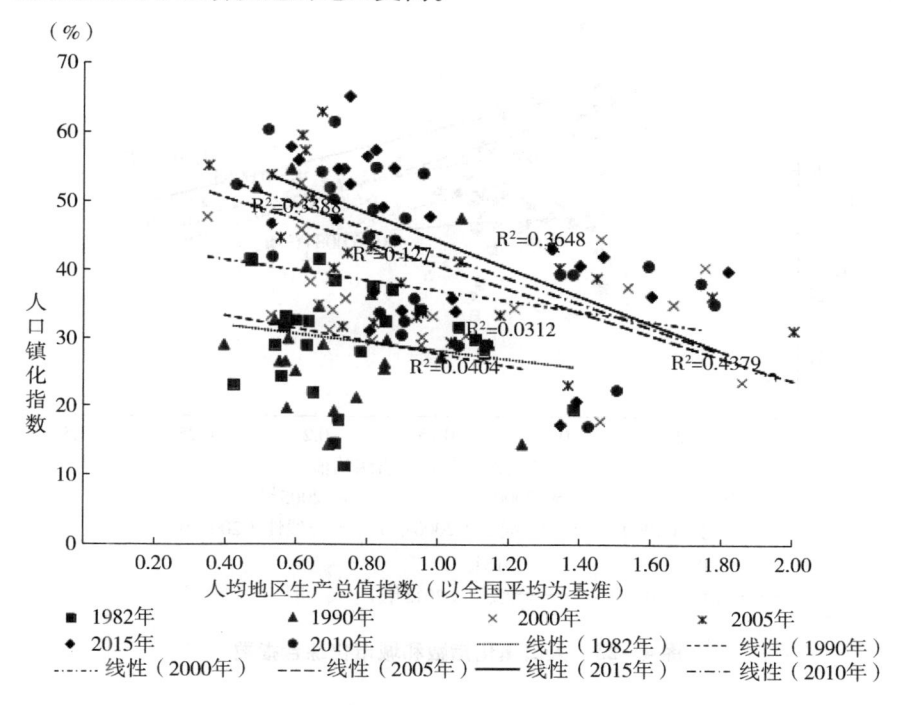

图 4-22 人口镇化指数与人均地区生产总值指数

四 人口镇化指数与城市化综合指数

本部分到目前为止对于城市化的考察只关注了人口这一单一指标。但实际上城市化发展不仅包括人口，还包括土地、基础设施建设等其他方面。为了考察镇化与城市化综合水平间的关系，图4-23绘制了各省份人口镇化指数和城市化综合指数省级均值的散点图及年份趋势线。此处城市化指数省级均值是由前文中熵值法计算得到的地级市城市化水平求平均值得到。可以发现，人口镇化指数与城市化综合指数两者之间始终表现为负向相关关系，并且这种趋势渐趋明显。这意味着城市化综合指数较高的地区，其人口镇化水平较低，也就是同一年份跨区域来看，城市化综合水平的发展和镇化发展这二者之间并不是互补关系，而是存在一定的竞争性。这一点和图4-20所发现的规律相一致。

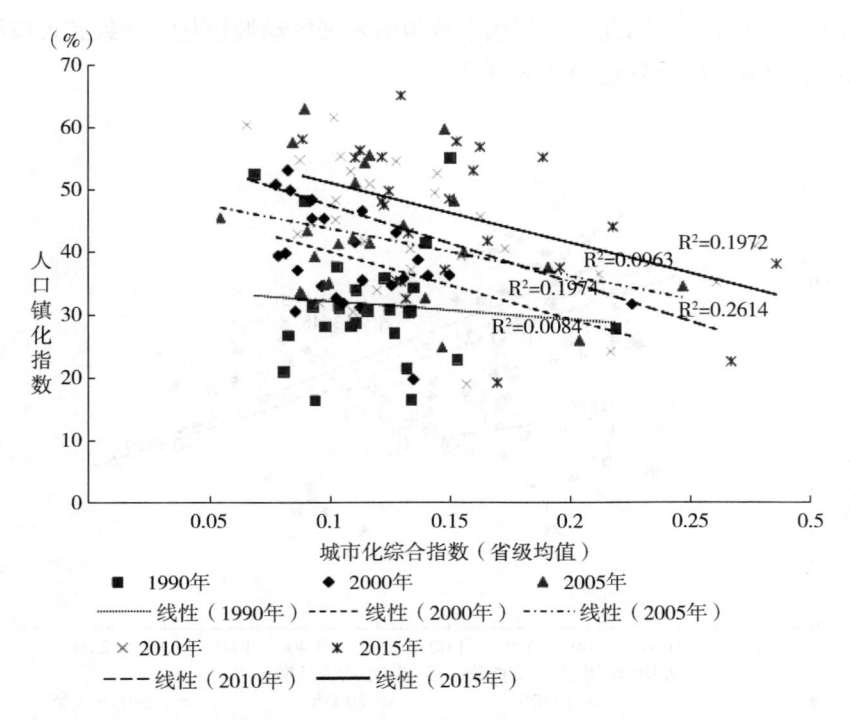

图 4-23 人口镇化指数和城市化综合指数

图 4-24 展示了省级人口镇化指数与工业化综合指数间的相关关系，其中省级工业化指数是利用熵值法求得的地级市工业化水平计算均值得到。分析图 4-24 可以发现，人口镇化与工业化间的关系变动趋势和图 4-23 中人口镇化与城市化间的关系变动趋势完全不同。从 1990 年到 2015 年，人口镇化指数与工业化综合指数由明显负向相关逐步转化为明显的正向相关。这意味着 2000 年以前，工业化综合水平较高的地区在城镇化过程中镇化所占比重较小，城市化所占比重较大。而到 2015 年，工业化综合水平较高的地区在城镇化过程中镇化所占比重较大。这种转变说明，工业化和城镇化在空间上的互动关系由一开始的与城市区域经济互动为主变为与镇区经济互动为主。

五 镇化与城市化—工业化的协同作用渐趋负相关

图 4-23 和图 4-24 展示了人口镇化指数与城市化、工业化二者完全不同的相关关系变动趋势，此处将进一步分析人口镇化指数与城市化—工

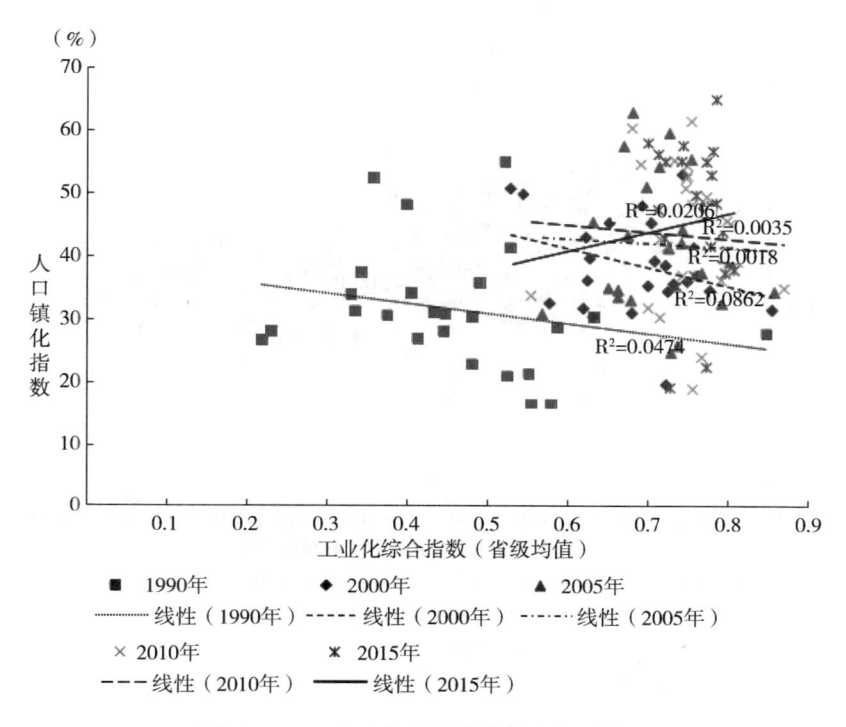

图 4-24 人口镇化指数和工业化综合指数

业化耦合度相关关系的变动。通过分析图 4-25 可以发现，人口镇化指数和城市化—工业化耦合度之间由最开始没有明显的相关关系逐步转化为显著的负向相关关系。这意味着城镇化过程中，人口镇化程度越高的地区，城市化—工业化耦合度均值越低。通过分析图 4-23 到图 4-25 可以发现，镇化与城市化始终为负相关，与工业化由负相关逐步转化为正相关，这说明城市化与镇化间存在竞争关系，而工业化后期则与镇化为互补关系，因此镇化水平的提升必然伴随着城市化与工业化间协调性的下降，此处表现为人口镇化指数和城市化—工业化耦合度间明显的负向相关关系。之所以会产生这种变动趋势，笔者认为是由于随着小城镇发展，镇区经济与工业化间的互动关系逐渐加强，而由于行政区划分割和同级地方政府竞争，导致小城镇和城市区域产生竞争性割裂，无法相互促进，由此导致随着镇化程度的加深，城市化与工业化之间的协调互动关系变弱。

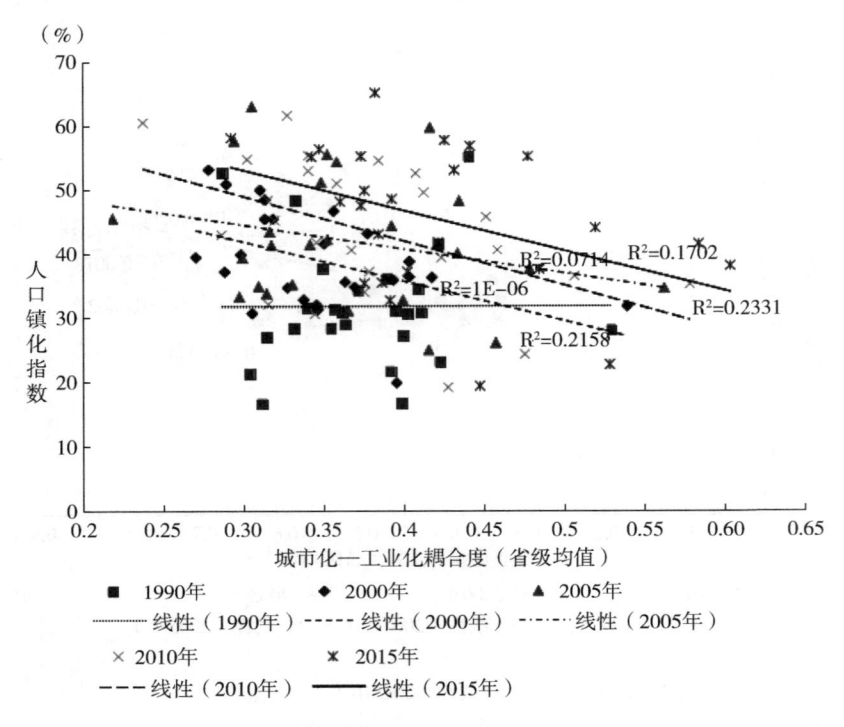

图 4-25 人口镇化指数与城市化—工业化耦合度

第五节 小结与政策建议

一 研究内容总结

根据国家统计局公布的数据，2020年年末中国人口城镇化率为63.89%，这一水平与发达国家仍存在显著差距。党的十八大以来，国家发展规划高度重视城镇化自身的发展及其与工业化的协调同步。《国家新型城镇化规划（2014—2020年）》指出城镇化是现代化的必由之路，是保持经济持续健康发展的强大引擎，是加快产业结构转型升级的重要抓手，是解决"三农"问题的重要途径，是推动区域协调发展的有力支撑，是促进社会全面进步的必然要求。因此厘清中国城镇化发展过程中的特点，明确城市化与工业化互动关系的演变趋势有利于更加清楚地了解中国的城镇化及城市化发展路径，给未来城镇化发展政策提供参考视角。

本章首先从定性和定量两个角度分析了中国宏观层面城市化和工业化

之间的协调程度。从定性角度，本章将中国的城市化和工业化水平与日本、韩国进行比较，发现相较韩国和日本，中国的城市化发展水平滞后于工业化发展水平十年左右。从定量角度，本章将中国的城市化和工业化水平与钱纳里和赛尔昆（1988）利用100多个国家的数据总结的常态城市化和工业化水平进行比较，发现中国的工业化水平与钱纳里—赛尔昆模型相比不存在滞后，甚至存在一定超前，但是中国的城市化水平与钱纳里—赛尔昆模型相比存在显著滞后。

为了从地级市角度度量城市化相对于工业化的滞后程度，本章首先构建了城市化和工业化的综合评价体系，并利用耦合模型计算了1990年到2015年地级市层面城市化—工业化耦合度以反映城市化与工业化发展的协调性。在此基础上，进一步分析了城镇化过程中镇化与城市化、工业化以及二者协调性之间的互动关系。通过对以上定量结果的分析得到以下几点结论：

一是，整体来说，地级市城市化水平在2000年前后经历了增速由慢转快的历程；分区域来看，东部城市化水平明显高于中西部及东北部，且其城市化一直保持上升趋势，其他地区特别是部分西部省份，由于撤地设市的影响，地级市城市化水平均值在2000年前一度处于下降趋势；从各省内部地级市间城市化水平的标准差来看，各地区内标准差均不断增大，说明地级市间城市化水平的差异在不断增大，而非收敛，意味着各地区内省会及少数重点城市发展水平相对突出的不均衡格局加剧。

二是，地级市工业化水平整体上升明显，在2000年前后经历了增速由快转慢的过程。除东北部省份工业化水平偏低以外，东部和中西部省份工业化水平在研究期内均有较大幅度提升，且区域间差距逐步缩小。此外，各省份内地级市间工业化水平的标准差不断下降，这说明不同地级市间工业化水平的差异在不断减小，趋于收敛。

三是，地级市城市化—工业化耦合度表现出先下降后回升的趋势，且拐点基本集中在2000年到2005年，这一点与2000年前工业化快速增长，2000年以后城市化增幅提速相吻合；分地区看，东部省份地级市城市化—工业化耦合度显著高于中西部及东北部，且东部地级市城市化—工业化耦合度增速也明显快于中西部及东北部；从地级市间耦合度差异来看，各省份地级市层面标准差基本均处于上涨趋势，说明各省份内地级市间的差距均在增大，且这一点在东部省份表现得更为明显。这说明东部地区两化协调性属于高发展水平上的失衡，西部属于低发展水平上的失衡，而东北部和中部则属于低发展水平上的平衡。

四是，中国人口城镇化过程中，镇化占据了相当大的比重，尤其是对于中部和西部而言。中部和西部人口镇化占城镇化的比重达到了50%左右，东部为34.4%，东北部为27.3%。从时间维度来看，1982年到2015年，东部经济发达地区表现为人口城市化和人口镇化并行发展，且城市化略快于镇化；东北部地区则表现为人口城市化明显快于镇化；中部和西部经济欠发达地区走势相近，其人口镇化速度明显快于人口城市化速度。这一点从人口镇化指数与人均地区生产总值间的互动关系也可以得到印证，即经济发展水平越高的地区，城镇化过程中镇化所占比重越低，经济发展水平越低的地区，城镇化过程中镇化所占比重越高。

五是，随着时间的推移，人口镇化与人口城市化间的关系由协同转向竞争，具体表现为二者间的相关关系由正向转为负向。这意味着中国城镇化过程中曾经的"农村人口向县镇转移，县镇人口向城市转移"的模式转变为"转移人口滞留县镇，城市人口转移被截留"的模式。

六是，人口镇化指数与城市化综合水平负相关，与工业化综合水平由负相关转为正相关，与城市化—工业化耦合度负相关。这些相关关系说明，中国城镇化发展过程中，城市化水平越低的地区对镇化的依赖程度越高，而镇化比重的上升却能与工业化逐渐形成正向互动关系，这意味着中国小城镇发展的过程中工业化扮演了重要角色。人口镇化指数与城市化—工业化耦合度间渐趋明显的负向相关关系说明地区城镇化过程中越依赖镇化，那么其城市化与工业化的协调关系越弱，若在此过程中，镇化与城市化无法形成良好的互动关系，那么就会拖累城镇化的整体发展。

二 中国城镇化发展的战略布局对策建议

城镇化是推动中国经济未来发展的重要增长点，也是全面建成社会主义现代化强国、培育战略性新兴产业和高技术人才的重要依托。因此，建设以人为核心的城镇化，其战略布局和长远规划需要以对城镇化及相关理论和实践经验进行充分研究为基础。根据本章的研究结论，笔者认为中国未来城镇化发展需重点关注三方面的问题，一是将城市化建设与新型工业化发展战略紧密结合，促进城镇化与产业升级转型的协调发展；二是推动不同区域间城市化均衡发展，形成阶梯式良性互动的城镇发展结构，为都市圈发展建立良好基础；三是重点关注镇化与城市化间的互动关系，促进城镇化结构和经济转型与发展的协同关系，特别是在此过程中工业化在城镇间的转移对城区产业结构转型和镇区产业结构转型产生的影响。

一是考虑到中国的城市化发展明显滞后于工业化，需要加快推动城市化的发展，增强城市化与工业化之间的良性互动关系。未来的城市化的高质量发展需要新型工业化的有力支撑，同时也要充分发挥服务业的就业吸纳能力。当前中国新型城镇化发展对产业转型提出了两方面的要求，一方面是具有足够的就业吸纳能力，为农村劳动力持续转移提供更多的就业机会，另一方面是适应可持续发展战略，满足绿色低碳要求，实现人类的可持续发展。推动新型城镇化与工业化的协调发展需要以城市群为载体，提升中心城市在产业链中的龙头作用，通过配套的供地政策和户籍政策改革化解要素制约，增强周边中小城镇的产业转移承接能力和配套服务能力，实现城市群中不同城市间的高效互通互联，促进经济高质量发展。

二是现阶段中国不同地区间城市化水平差异较大，具体表现为东部城市化显著领先于其他地区，因此为促进区域间城市化均衡发展，应当大力推动中西部地区以人为核心的城市化建设，避免一味扩张城市土地面积，忽略城市发展服务于人的目标要求，注重以发达城市为核心的经济圈对周边地区的带动作用，形成有层次的城市规模和城市级别结构。此外，还应当关注各省内部地级市间城市化水平的失衡，注重地区内产业集群带来的城市经济集聚发展，通过加强地级市间的联动作用促进地级市间城市化水平的均衡发展。

三是随着镇化与城市化之间的关系由协同逐渐转变为竞争，未来城镇化的发展应当重新审视镇化所发挥的作用。虽然过去城镇化过程中，镇化发挥了非常重要的作用，但是不论是从行政区划约束的角度来看，还是从人口集聚的角度来看，城镇化过程中镇化占比过高会导致城镇间割裂程度较高，不利于达到有效的城市规模，实现规模经济、范围经济以及集聚经济。因此，在未来城镇化发展布局当中，应当引导城市化和镇化之间形成相互促进、共同发展的模式。尤其是在城镇化发展过程中不同等级城市规模和城市定位方面，有效的顶层设计有助于城镇间形成差异化发展，而非重复建设。城镇间的差异化有利于中国产业结构转型升级过程中产业在城镇间的转移与承接，增加城镇间的合作与互动，减少由于重复建设和地区经济同构导致的恶性竞争。

四是镇化与城市化的负相关关系,以及镇化与工业化相关性由负转正的演变说明中国的工业化发展由与城市化相互促进转为与镇化相互促进,工业经济正在逐渐从城区转移到镇区。曾经对城市化发展有一定的桥梁和过渡作用的镇化,现在出于行政治理分割等原因而缺乏统筹性地参与到工业经济活动中,从而逐渐成为阻碍工业经济活动向城市集聚,制约集聚经济效应的发挥,并最终影响地方经济增长的消极因素。因此,考虑到工业经济活动具有空间经济效应,在促进城市化的过程中,应当注重发挥工业化对促进和协调各地区经济之间以及地区内部各城市经济之间的分工联系性、集群集聚性等作用。

整体来看,中国未来城镇化发展布局应当更加注重顶层设计的作用,着重推动城市经济发展和产业转型升级之间的协调共进,通过重点城市产业转移和分工合作发挥对周边城市的带动作用,从而进一步推进中国都市圈和城市群的发展,充分发挥城市的集聚经济效应。此外,城镇化的发展应当同时关注城市化与镇化,二者不可偏废,充分发挥城市化和镇化在人口转移以及产业结构升级转型中的不同作用,形成城市化与镇化间的良好互动关系,共同促进城镇化整体的发展以及对经济增长的推动作用。

第五章

财政分权、地方政府竞争与城市化—工业化协调发展*

第一节 引言

过去四十多年来，中国的行政治理模式对经济增长速度和发展模式产生了深远的影响。中国行政体系的一个重要特点是"条块"结构。所谓"条"指的是从中央到地方再到县乡基层通过财政体制改革等推进纵向分权，而"块"指的是在同级政府部门间基于晋升锦标赛等形成横向竞争。自 Qian 和 Roland（1998）、Blanchard 和 Shleifer（2001）和周黎安（2007）等的一系列研究以来，这种"条块"结构下的纵向分权和横向竞争安排被认为是在体制转型背景下有效解释中国经济发展中诸多重要特征的关键性行政制度因素。同时，也有研究注意到，在极大地调动了地方政府的积极性从而促进了经济快速发展的同时（傅勇和张晏，2007；方红生和张军，2009；吴延兵，2017），这种治理模式也容易形成下级政府偏重见效快、增长效应明显的建设项目（曹建海，2002；周黎安，2004；皮建才，2009；曹春方等，2014），以及因各自为政而又同向竞争而造成地方保护主义和产业同构化，并形成地区间重复建设和过度投资（周业安和赵晓男，2002；周黎安，2004；白重恩等，2004；胡向婷和张璐，2005；刘瑞明，2007；吴意云和朱希伟，2015）。

值得注意的是，"条块"中的"块"对应着各层级的行政区划，因而"条块"结构下的行政分权竞争，意味着经济活动在空间上由于行政层级

---

* 本章主要内容已发表于《财贸经济》2022 年第 2 期。

的纵向分割而分割，并由于下级政府间的横向竞争而竞争，也就是空间经济的一体性以及空间内经济活动的自组织性会受到行政治理分割的影响。问题在于，空间维度上的经济活动的规律往往与规模经济、范围经济以及集聚经济、集群经济等因素相联系，因此经济空间的一体化以及经济活动在其中的自组织性具有重要意义。这一点在城市化与工业化的协同发展上有集中体现。区域经济和城市经济作为经济活动的空间组织（安虎森，2008），其组织规律的核心在于与一定生产力水平下的经济活动相适应并与之相辅相成。而在工业化阶段，城市化之所以与之产生尤为显著的协动性并与之相互促进，一方面，在于工业经济活动具有规模经济性、范围经济性和集群经济性、集聚经济性等经济特性（Marshall，1890；Ellison and Fudenberg，2003；Moretti，2004）；另一方面，还在于工业经济活动能够在经济空间一体化的基础上达到极大的活动范围和规模，以及具备极大的空间组织自由度。两方面因素相结合的空间经济意义，就是工业化促进了以自发汇聚为特点，以规模经济、范围经济以及集聚经济等经济特性得以发挥为微观基础的城市经济的发展（Duranton and Diego，2004；Rosenthal and Strange，2004），并进一步形成与城市化相互促进的局面。因此，城市化与工业化往往呈现紧密的协同发展规律（Berliner et al.，1977；Kelley and Williamson，1984；钱纳里与赛尔昆，1988），且其相互促进的协同发展机制对地区经济增长产生推动作用（Krugman，1998；Gordon and McCann，2000；Hanson，2005；Fujita and Krugman，1995，2003）。

改革开放以来，中国的城市化进程虽然明显，但对于其工业化进程而言则被认为相对落后（Au and Henderson，2006a，2006b；Hertel and Zhai，2006；Whalley and Zhang，2007；简新华和黄锟，2010；Mullan et al.，2011；沈可和章元，2013；陈斌开和林毅夫，2013；倪鹏飞等，2014；刘瑞明和石磊，2015），并且对其经济增长产生了不利影响（李文，2001；白南生，2003；Chang and Brada，2006；周其仁，2012；施建刚和王哲，2012；王桂新，2013）。对此，诸多研究从不同的角度探讨了其中原因，着眼之处，一方面在于为什么中国的经济发展中欠缺了城市化与工业化的协动机制，另一个方面在于是什么阻碍了城市化与工业化协动机制的发挥。关于第一个方面，从增长模式以及产业及经济发展战略角度的研究认为，鼓励和促进资本密集型部门较快发展的产业及发展战略或投资倾向，造成城镇部门就业需求的相对下降，导致城市化迟滞于工业化（陈斌开和林毅夫，2013）；从所有制经济角度并结合二元经济背景的研究则认为，城市国有经济的劳动力吸收能力较弱，而其在国民经济中的过高比重影响了农村剩余劳动力的转移，抑制了城市化进程（刘瑞明和石磊，2015）；从开放经济角度并同样结合二元经济背景的研究认为，在刘易斯拐点之前，利用农村剩余劳动力的对外贸易令城市化滞后于工业化（倪鹏飞等，2014）。关于第二个方面，则主要从户籍及社会福利保障制度角度，认为城乡隔离体制阻碍了适应于工业化而从事非农生产的农民工转化为城市工人和市民（吕政等，2005；Au and Henderson，2006b；Chang and Brada，2006；Whalley and Zhang，2007）。

  有别于上述研究，本章从条块结构下行政分权竞争治理体制与空间经济间关系的角度讨论这一问题。首先，当前的行政治理模式导致经济活动在空间上由于行政层级的纵向分割而分割，由于下级政府间的横向竞争而竞争，也就是空间经济的一体性以及空间内经济活动的自组织性会受到行政治理分割的影响。其次，从央地财税分权的角度来看，纵向分权方面的特点是上下级政府间的财权事权分配不尽合理，横向竞争方面的特点是锦标赛竞争的目标单一。两方结合之下，便会出现下级地方政府竞争性地不合理使用辖区内的地方经济资源以服务于达成单一目标的情况，例如为实现短期地方经济增长目标而与其他地区陷入以低环保成本、低劳保成本为代价的招商引资等过度竞争（江飞涛等，2012；陆铭和欧海军，2011；付文林和耿强，2011）。其中，也包括利用低价工业用地招商引资来推动地方经济增长（张五常，2017，张莉等，2011）。关键在于，城市城区及其周边的土地价格相对更高，于是地方政府提供的低成本工业用地不得不来自相对远离城市区域的分散的偏远地方。在这种情况下，被行政性扭曲的土地供应便会干扰工业企业在经济空间一体化以及非政府干预的市场条件下的自组织性的区位选择，妨碍集聚效应等工业化与城市化协同发展机制的发挥，造成城市化相对于工业化的落后局面。

  基于此，该研究的重点工作亦即贡献为，首先，从行政治理体制与空间经济的关系的角度，讨论中国条块结构下的纵向分权和横向竞争的行政治理模式对于地方经济的城市化与工业化协调发展的影响及其机制。通过理论模型分析以及基于地级市层面的微观面板数据计量检验，证明并考察发现：纵向分权和横向竞争通过影响地方政府在招商引资中的招商手段及方式的策略性选择，影响工业企业的区位选址，进而影响地方经济的城市化与工业化的协调性。其中,纵向财政收入分权对两化协调性有显著的正向影响,横向地方政府经济增长竞争对两化协调性有显著的负向影响。其机制在于,纵向分权会限制地方政府财政能力,此时横向竞争会促使地方政府加大县级层面非城市区域的低价工业用地出让以招商引资,导致企业选址偏离而不是汇聚于城市地区,工业化进程中的集聚经济被削弱,城市化相对于工业化发展迟滞;纵向分权提高会放宽地方政府的财政约束,有利于地方政府采取以加强和扩大城市基础设施建设的方式招商引资,从而顺应工业化进程中经济活动向城市汇聚的规律,有利于工业化与城市化的协同发展。而在"弱分权、强竞争"式行政治理模式下,二者会共同导致下级地方政府倾向于采取低价提供非城市区工业用地而非通过进一步促进城市化的基础设施建设的方式来招商引资,扭曲工业企业在经济空间一体化以及非政府干预的市场条件下的自组织性的区位选择,令其偏离城市地区,在阻碍工业化通过集聚经济等机制与城市化形成相互促进的同时,造成城市化相对于工业化的落后局面。其次,作为上述实证工作的基础,同时也是对被解释事物的更周延的量化刻画,本书有别于其他基于单方面指标的既有研究,构建了与城市化及工业化的内涵丰富相适应的评价体系,并利用熵值法和耦合模型等系统性计量方法综合测度了地级市层面的城市化与工业化水平以及二者的协调性。研究结论证明,"条块"结构下的政府行政治理安排需要充分注意由此形成的分权、竞争格局对区域经济空间的一体性以及其中各类经济活动的自组织性所产生的影响,防止造成下级地方政府竞争性地不合理使用辖区内的地方经济资源以服务于达成竞赛目标,从而不是助力而是妨碍相关经济效应发挥作用的局面。

总体来说,本章的目的在于研究中国财政分权和地方政府竞争对城市化与工业化发展协调性带来的重要影响。文中关注的财税制度主要指的是1994年分税制改革以后中国的财税制度,主要表现为地方财政收入占比的不断下降和中央财政收入占比的不断上升。而关注的地方政府竞争指的是在以 GDP 为地方政府官员考核标准的激励机制下,地方政府之间为了推动本地区经济发展所采取的竞争行为。因此,在介绍理论模型和实证研究之前,有必要先对中国的财税制度演变和地方政府竞争模式进行简要介绍。

一 中国的财政制度演变及财政分权

虽然研究重点关注的财税制度是1994年分税制改革以后形成的模式,

但在介绍分税制改革之前，有必要对中国 20 世纪 80 年代的税收制度进行简单介绍作为分税制改革的背景。

改革开放之前，中国政府的财政收入主要来源是国有企业上缴利润，而非税收收入，这一点可以从图 5-1 当中清楚地发现。从 1956 年中国完成社会主义改造以来，税收收入占中国财政总收入的比重基本上只有 40% 到 50%。这一阶段中国的税种被极大简化，所以地方税体系这一概念也并不存在。税收收入真正成为财政收入的主要来源是从 1984 年的"利改税"开始的。按照当时颁布的《关于国营企业利改税试行办法》，对于大中型国有企业征收 55% 的企业所得税，而对于具有盈利能力的小型国有企业则按照八级累进税率的办法征收企业所得税。"利改税"的第二步则是进一步对中国的税种和税率进行了调整，将原本税收中一家独大的工商税拆分为产品税、营业税、增值税和盐税。通过这一改革，中国的税种变得更加多元和均衡。税收也成了财政收入最主要的来源，占财政收入的比重基本上保持在 90% 左右。

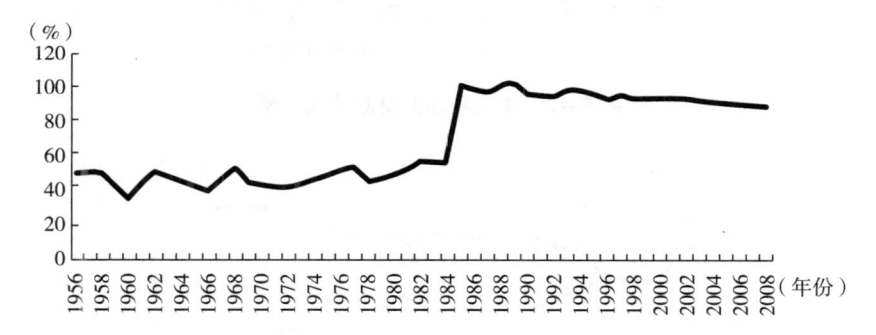

图 5-1　1956—2008 年中国税收收入占财政收入的比重

资料来源：《新中国六十年统计资料汇编》，中国统计出版社 2010 年版。

20 世纪 80 年代，除了税种发生了重要的变化以外，中国的财政制度也在不断进行调整。为了激发地方政府进行经济建设的活力，中央从 1980 年起实施"划分收支、分级包干"的财政政策。在这种情况下，地方财政收入远高于中央财政收入，但是地方财政支出却略低于中央财政收入。1984 年实施"利改税"之后，继续按照企业收入划分中央和地方的财政收入已经不再合适，所以中国的税收制度从 1985 年开始变为"划分税种、核定收支、财政包干"。从图 5-2 可以看出，在这种税收制度下，原本已经逐渐下降的地方财政收入比重迅速上升,在分税制改革之前达到了 80%,与此同时,地方财政支出比重也快速上升。在该财政制度推行到 80 年代后期之后,其缺陷也显现出来。一方面,这种财政体制下的上解制度造成了多收多交、少收少交的结果,这一结果显然不利于调动地方政府增加税收收入的积极性。同时还带来的问题就是中央财政入不敷出的现象越来越严重。从图 5-3 可以发现,1984 年利改税以来,中央财政支出一直处在支出大于收入的状态,到 1993 年,中央的财政收入只占到了财政支出的 70%。在此背景下,中央层面开始着手推动分税制改革。

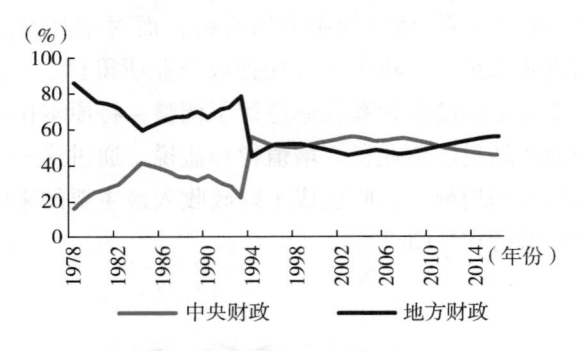

图 5-2 中央和地方财政收入比重

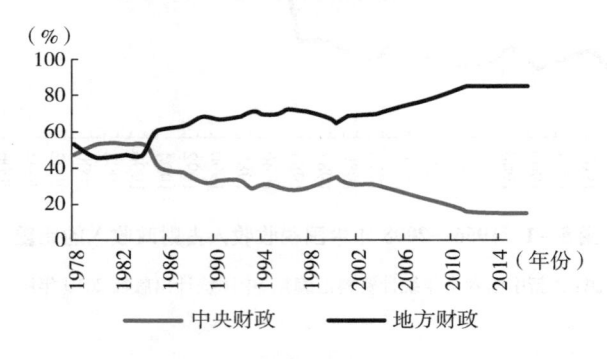

图 5-3 中央和地方财政支出比重

资料来源:国家统计局网站。

1993 年 12 月 5 日,国务院颁布了《关于实行分税制财政管理体制的决定》,该决定重新对中央和地方的税种进行了划分,并从 1994 年开始执行。按照该决定,地方固定收入包括营业税、地方企业所得税、个人所得税等。中央固定收入包括关税、消费税、海关代征的消费税和增值税、中央企业所得税等。此外中央与地方共享的收入包括增值税、资源税、证券交易税等。其中增值税中央占75%、地方占25%。分税制改革中对中央和地方财力影响最大的莫过于增值税的划分，因为增值税是中国的第一大税种，增值税收入占税收总收入的比重从20世纪90年代以来基本维持在30%左右，并且曾一度高于40%。根据分税制的规定，中央政府享有增值税的75%，地方政府只占25%，这一规定彻底扭转了中央和地方的财政实力[①]。

分税制之后中央财政收入在全国财政总收入中的占比迅速上升，对应的地方财政收入占比迅速下降。与此同时，地方的财政支出占比并没有下降，反而继续表现出轻微上升的趋势。分税制改革中的财权上移和事权下移导致中央的财政收支比一路上升，从150%上涨到近300%，而地方政府的财政收入支出比则基本稳定在50%—70%（见图5-4）。分税制改革对于财政收入的增长起到了重要作用，同时也可以支撑中央政府有更大的财政权力来调整和应对宏观经济的波动，发挥稳定器的作用。分税制之后，中央财政收入中最主要的来源是增值税和企业所得税，而在地方财政收入中，最主要的来源为营业税、增值税和企业所得税。

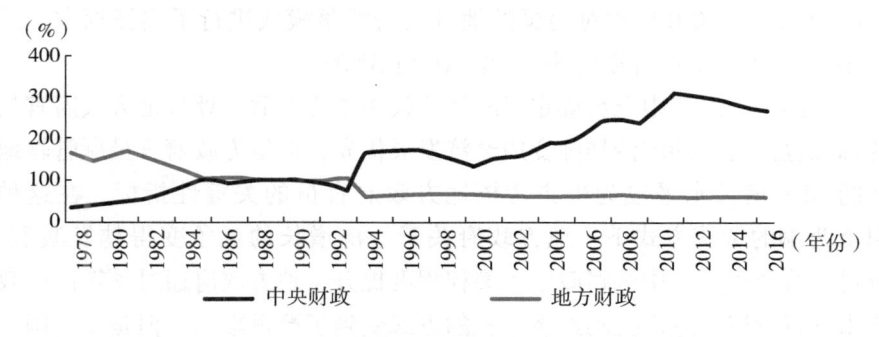

图 5-4　中央和地方财政收支比

资料来源：国家统计局网站。

税收制度的演变在很大程度上影响了中国财政分权的变动，所谓财政分权指的是中央给予地方一定程度的税收收入和支出权力。关于财政分

[①] 2016年"营改增"以来，由于之前地方政府财政收入的一大来源——营业税改为增值税，所以为了弥补地方财政的短缺，增值税在中央和地方之间的分享比例改为各占50%。

权，目前有许多文章都已经进行了度量，并且研究了财政分权给企业税收、环境污染以及吸引外资等多方面带来的影响（王文剑等，2007；刘建民等，2015；贾俊雪和应世为，2016；傅勇和张晏，2007）。分税制改革之后，中国财政收入的分权程度大大降低。财政分权程度是本章实证的核心解释变量之一，关于现有研究中对这一指标的度量以及本章所采用的度量方法，本章实证模型部分会进行详细阐述。

二 地方政府竞争

近年来关于中国经济增长的研究中有许多学者都认为地方政府竞争是推动经济增长的重要因素（周黎安，2007；张军等，2007；付强与乔岳，2011；任志成等；2015）。地方政府竞争并不是中国特有的现象。最早提出地方政府竞争理论的学者是 Tiebout。Tiebout（1956）用社区竞争的模型说明了地方政府竞争，该模型中地方政府是地区范围内公共品的提供者，而当居民和企业可以自由选择其居住或落户的地区时，就会考量不同的地区之间的税负结构以及公共设施等。在这种情况下，地方政府之间就会形成竞争，依靠压低税率，提升公共品服务质量来吸引居民和企业。Oates（1969，2001）也对美国的地方政府竞争模式进行了实证探究，发现 Tiebout（1956）所提出的理论模型是正确的。

党的十一届三中全会确定以经济建设为中心之后，评价地方政府官员的标准也由之前的政治挂帅变成经济发展优先，即地方政府官员所管辖地区的 GDP 增长水平成为中央考核地方政府官员的关键性指标。在这种 GDP 为纲的考核方式下，地方政府关于经济增长的竞争变得越发激烈。分税制改革以后，中国财政收入集权程度提升，地方政府通过预算内财政支出进行投资，进而拉动经济增长的方式受到了严重限制。但是随着国有土地出让制度的落地，地方政府由于享有土地出让收入而获得了弥补预算内财政收入不足的重要资金来源。由此，地方政府依赖土地出让收入作为发展本地经济的资金来源成为过去三十多年经济快速发展中的重要现象。地方政府对土地的依赖大体上表现为两个方面，一方面是刺激房地产经济的发展，利用出让土地的高额收入进行投资建设，拉动本地区经济的发展；另一方面是利用廉价的工业用地招商引资。张五常（2017）指出，实际掌握土地出让权力的县级政府往往以低价甚至"负价"的工业用地来吸引投资。地方政府之所以愿意以低价出让工业用地来招商引资，是因为这可以带来两方面的好处，一方面是投资增加必然提升本地的 GDP，另一方面是招商引资伴随的企业落户将会为地方政府带来更多的企业所得税收入。在这种情况下，地方政府之间关于 GDP 增长的竞争在很大程度上就表现为对招商引资的竞争。各地方政府对于招商引资的优惠政策和新闻报道层出不穷。因此，实际利用外商投资水平就成为反映地方政府竞争的一个有效指标。现有文献在度量地方政府竞争时也多采用这一指标。张军等（2007）在解释地方政府竞争对中国基础设施投资水平的影响时，就使用人均实际 FDI 衡量了地方政府竞争程度。巫强等（2015）解释地方政府竞争对出口增长的影响时，对地方政府竞争程度的度量也采用了人均实际 FDI 这一指标。此外还有谢冬水（2016）等均使用了这一指标。

综上所述，财政分权与地方政府竞争这两个重要机制是影响中国改革开放以来经济发展最为关键的两个因素。因为从中国过去发展的实际情况来看，地方政府的核心竞争点在于当地 GDP 水平的提升为其带来的政治收益。而中国的财税体制设计则直接影响了地方政府将采取怎样的竞争策略。分税制改革之后，中国的财政分权主要表现为地方政府财政收入分权程度的下降。虽然财政收入分权程度的下降导致地方政府在利用低税负吸引外商投资方面的能力受限，但是根据张五常在《中国的经济制度》一书中的论述，由于县级政府手中拥有土地出让的权利，并且通过协议出让可以以极低的价格将土地使用权出让给企业，所以地方政府在现行的财政体制下将提供廉价工业用地这一策略作为自己竞争外商投资的筹码。与此同时，由于中国的新增建设用地多来源于农用地转非农用地，并且新增建设用地中商服用地和住宅用地的供给多偏向于城市地区，所以工业用地的供给则多偏向于市区周边的乡镇地区。利用中国土地市场网公布的土地供应数据测算工业用地供给的地区结构可以发现，中国工业用地的供给中有60% 以上处于乡镇地区，而非城市地区。在这种情况下，工业化发展对城市化发展的带动作用就变得非常微弱。其中最为典型的就是江苏省的工业化模式。在中国历次的百强县评选中，江苏省的昆山、江阴、张家港等均位居榜首，虽然这些曾经的县级单位由于经济发展势头迅猛已经被升级为县级市，但是从其整体规模来看仍然无法真正发挥中国向新经济转型过程当中集聚人力资本、发挥人力资本优势的作用。反观江苏省苏州市，虽然作为一个地级市被赋予管辖昆山、张家港等县级市的权力，但是其本身经济发展的城市集聚效应却较弱。实际考察城市化发展的时候，往往是从地级市的角度来分析，苏州市作为一个地级市，从整体的表现来看，城市化相对于工业化的落后正是由于工业化更多发生在县级区域，而非城市区域。苏州市的发展只是中国过去改革开放四十多年的一个缩影。还有许多类似于苏州市的地区，在中国分税制改革和地方政府激烈竞争的背景下，地级市市辖区工业化发展缓慢，周边县域工业化发展迅速的局面导致整体工业化对城市化的拉动作用微弱，城市化与工业化发展的协调程度不断恶化。这正是本章后续理论模型和实证研究想要解释的重要现象。

简而言之，本书认为地方政府竞争的激化、财政收入分权程度的下降导致地方政府在推动经济发展的过程中形成对土地出让的过度依赖。由于工业用地的供应多位于县域，所以中国过去快速的工业化发展中县域的工业化发挥了重要作用，但是这种模式的工业化无法促进城市化的发展，由此导致中国城市化和工业化发展之间的协调性不断下降。为了验证这一机制，本章首先在第二节构建理论模型阐述了中央政府和地方政府竞争行为以及企业投资决策行为，并最终考察财政分权变化和地方政府竞争给城市化与工业化协调性带来的影响；然后本章的第三节介绍了实证模型和核心解释变量的构建；第四部分为描述性统计；第五节为实证结果；第六节为机制检验。最后为小结和政策建议。

本章的核心贡献是构建了描述中央政府和地方政府行为的理论模型，详细阐述了财政分权和地方政府竞争影响工业化和城市化发展的机制。现有研究当中，对于城市化落后于工业化的解释大多集中于对中国产业资本结构、就业吸纳能力等方面的探究，本章则是从中国的行政治理制度设计这样一个新的视角探讨了城市化滞后于工业化的原因。

第二节 理论模型

为了刻画财政分权和地方政府竞争给城市化和工业化协调发展所带来的影响，该部分通过构建理论模型进行分析。

假设有一个中央政府，N个地方政府。中央政府协调和管辖地方政府，决定了和每个地方政府税收分成的比例以及对地方政府的考核及激励机制。地方政府则管辖某一片地方行政区域，并且该行政区域可以划分为城市（Urban）区域和非城市（County）区域，按照第四章在讨论城市化与城镇化之间的区别时所阐述的，非城市区域不仅包括乡村，而且包括镇。

此处假设地方政府在行为决策的过程当中主要关注两个方面，一方面是其管辖区域内的地方 GDP 增长，另一方面是地方政府的消费支出。所以不失一般性地，可以将地方政府的效用函数假设为如下形式：

$$U(G) = \lambda GDP + U(C) \qquad (5-1)$$

其中，G 表示地方政府，λ 反映了地方政府所管辖的区域 GDP 上涨时带来的边际效用，而边际效用的大小主要和地方政府之间竞争的激烈程度有关。当中央政府越看重地方政府的 GDP 政绩，对地方政府 GDP 业绩要求越高时，各地方政府之间的竞争越激烈，那么同样一单位 GDP 的增长给地方政府带来的效用越弱，故 λ 越小。效用函数中的 C 代表地方政府的消费。

在投资者决策领域，假设有 M 个投资者，每个投资者都拥有生产所必需的资本，此处为了简便起见，我们假设投资者的资本均为自有，所以投资者在决定将自有资本投资于哪一个地方政府辖区内的城市区域或者非城市区域时只需考虑资本可以获取的收益，而无须为投资资本支付显性的成本。

假设地方政府为了增加所辖区域的 GDP，可以从两个方面入手来吸引投资者投资，一方面是利用地方政府收入在城市区域进行基础设施建设投资 I，另一方面是将工业用地以较低的价格出让给投资者[①]。这一假设与中国的实际情况较为相符，地方政府在进行基础设施建设投资的时候多偏重城市地区；而在工业用地供给方面，由于地方政府财政紧张，更倾向于将城市区域新增土地用于房地产开发以获取政府性基金收入，弥补财政不足的局面，再加上中国工业土地供应多来源于农业用地转建设用地，所以相对较为廉价的工业用地供应多集中于非城市区域[②]。

根据上述假设，可以将地方政府预算约束刻画为如下形式：

$$I + C = \alpha \tau GDP + pD \qquad (5-2)$$

其中 τ 表示地方政府向企业征收的税率，由于地方政府对企业的征税制度设计不是研究考虑的重点，所以此处假设 τ 为常数。α 表示地方政府

---

① 此处本书为简单起见，忽略地方政府为了土地平整等付出的成本。
② 笔者利用中国土地市场网上爬取的土地交易数据计算发现，2007—2015 年，全国层面工业土地出让中，位于市辖区的地块只占到 30%—40%，而市辖区周边县级区域的地块占 60%—70%。

所辖地区范围内获取的总税收收入中地方政府所占的比重,其余 $(1-\alpha)$ 的比重则是归中央政府所有。α 的大小反映了财政分权程度,α 越大表示在中央和地方的财政收支划分中,地方政府的财政自主权越高①。pD 则表示地方政府通过出让土地获得的收入。这一部分可以分为三个方面,第一方面是地方政府将城市区域土地出让给房地产企业获得的收入,记为 $p_u^H D_u^H$,第二方面是地方政府将城市区域土地出让给工业企业获得的收入,记为 $p_u^I D_u^I$,第三方面是地方政府将非城市区域土地出让给工业企业获得的收入,记为 $p_r D_r$。故 $pD = p_u^H D_u^H + p_u^I D_u^I + p_r D_r$。其中,地方政府将城市区域土地出让给房地产企业的价格决定过程与工业企业投资过程没有直接关系,故 p_u^H 的决定过程此处不做进一步描述,不失一般性假定其为常数。由于同为城市区域用地出让价格,为了最大化收益,地方政府会设定 p_u^H 和 p_u^I 尽可能接近,但同时 $p_u^I < p_u^H$ 一定成立,所以为简便起见,令 $p_u^I = p_u^H - \varepsilon$②。与此同时,由于非城市区域的基础设施弱于城市区域,所以为了在非城市区域吸引工业企业投资,一定有 $p_r < p_u^I$,并且地方政府为了竞争吸引工业企业在本地落户,必须在非城市区域的工业用地出让中制定更低的价格。

对于投资者利用自有资本选择地方政府辖区进行投资生产,模型做出如下假设。当工业企业投资者投资于城市区域时,其生产函数取决于三方面的要素,第一方面是投入的资本数量,第二方面是购买的土地面积,第三方面是该地区整体的基础设施建设水平。如果投资者投资于非城市区域时,由于基础设施建设只投资于城市区域,所以其生产函数取决于两方面的要素,第一方面是投入的资本数量,第二方面是购买的土地面积。如果投资者将资本投资于城市区域,则其生产函数可以表示为 $Y_1 = F(K_1, I, D_u^I)$,并且有 $\partial Y_1/\partial K_1 > 0$,$\partial Y_1/\partial I > 0$,$\partial Y_1/\partial D_u^I > 0$,$\partial^2 Y_1/(\partial K_1)^2 < 0$,$\partial^2 Y_1/\partial K_1 \partial I > 0$,$\partial^2 Y_1/\partial K_1 \partial D_u^I > 0$,$\partial^2 Y_1/(\partial D_u^I)^2 < 0$,$\partial^2 Y_1/\partial D_u^I \partial I > 0$,$\partial^2 Y_1/\partial D_u^I \partial K_1 > 0$。由于基础设施投资以及土地出让价格是地方政府决定

---

① 此处需要说明的是:α 反映的是下级政府与上级政府在地理范围内关于财政收入的划分,即下级政府所管辖的地区内,属于下级政府具有自主权的财政收入份额。

② 此处为了简便起见,没有对土地总量进行限定。且为了简化后续推导,此处假设地方政府倾向于将城市区域的工业用地出让价格设定为尽可能接近其他商服用地的出让价格。虽与现实情况存在一定出入,但不影响本书的结论。

的,投资者会根据地方政府的基础设施投资 I 以及土地价格 p_u^I 决定其投入的资本 K_1 和土地面积 D_u^I,生产资本 K_1 和土地面积 D_u^I 一旦决定,那么产出 Y_1 随之决定。如果投资者将资本投资于非城市区域,则其生产函数可以表示为 $Y_2 = F(K_2, D_r)$,并且有 $\partial Y_2/\partial K_2 > 0$,$\partial Y_2/\partial D_r > 0$,$\partial^2 Y_2/(\partial K_2)^2 < 0$,$\partial^2 Y_2/\partial K_2 \partial D_r > 0$,$\partial^2 Y_2/(\partial D_r)^2 < 0$,$\partial^2 Y_2/\partial D_r \partial K_2 > 0$。同样,投资者会根据地方政府制定的土地出让价格 p_r 决定其投入的生产资本 K_2 和土地面积 D_r,生产资本 K_2 和土地面积 D_r 一旦决定,那么产出 Y_2 随之决定。投资于城市区域还是非城市区域存在两方面的差距,一方面是由于投资于城市区域可以利用城市区域基础设施建设带来的便利,另一方面,工业企业投资于城市区域其购买土地需要支付的价格则远高于投资于非城市区域购买土地所需要支付的价格。

为了更加清楚地阐明投资者的决策过程,此处对投资者的生产函数进行具体假设。假设投资者将其生产资本投到本模型中所涉及的 N 个地方政府之外的区域,其资本的边际收益为 φ,那么无论当投资者将资本投向地方政府的城市区域还是非城市区域,都会要求得到的资本边际收益不小于 φ,均衡状态下,最终资本的边际收益会等于 φ。

在投资者将生产资本投向城市区域的过程中,投资者首先可以观察到地方政府在该城市区域完成的基础设施投资和制定的土地出让价格,然后投资者决定其投资的生产资本规模。不失一般性的,此处将生产函数假设为①

$$Y_1 = K_1^\beta I^\alpha (D_u^I)^{1-\alpha-\beta} \quad (5-3)$$

其中 $\alpha < 1$,$\beta < 1$。由于 I 的大小是由地方政府决定的,所以投资者的最优决策条件为

$$(1-\tau)\frac{\partial Y_1}{\partial K_1} = (1-\tau)\beta K_1^{\beta-1} I^\alpha (D_u^I)^{1-\alpha-\beta} = \varphi \quad (5-4)$$

$$(1-\tau)\frac{\partial Y_1}{\partial D_u^I} = (1-\tau)(1-\alpha-\beta)(D_u^I)^{-\alpha-\beta} K_1^\beta I^\alpha = p_u^I \quad (5-5)$$

根据以上最优决策条件可以发现,$\partial K_1/\partial I > 0$,$\partial D_u^I/\partial I > 0$,$\partial K_1/\partial D_u^I >$

---

① 一般情况下生产函数中生产要素是存量,而产出是流量,此处的基础设施投资虽然是流量,但是由于本书此处为一期模型,所以基础设施投资既是存量也是流量,故将生产函数设定为式(5-3)的形式。

0，并且由于 $\partial D_u^I/\partial p_u^I<0$，有 $dY_2/dp_u^I<0$，$d^2Y_2/d(p_u^I)^2>0$。

在投资者将生产资本投向非城市区域的过程中，投资者同样首先观察到地方政府制定的土地出让价格 p_r，然后决定其购买的土地和投入的资本规模①。不失一般性的，此处将生产函数假设为

$$Y_2 = K_2^\eta D_r^{1-\eta} \tag{5-6}$$

其中 $\eta<1$。投资者的最优决策条件为

$$(1-\tau)\frac{\partial Y_2}{\partial D_r} = (1-\tau)(1-\eta)K_2^\eta D_r^{-\eta} = p_r \tag{5-7}$$

$$(1-\tau)\frac{\partial Y_2}{\partial K_2} = (1-\tau)\eta K_2^{\eta-1} D_r^{1-\eta} = \varphi \tag{5-8}$$

根据以上决策条件可以发现，$\partial K_2/\partial D_r>0$，并且由于 $\partial D_r/\partial p_r<0$，有 $dY_2/dp_r<0$，$d^2Y_2/d p_r^2>0$②。

接下来我们考虑地方政府的最优决策行为，即

$$\max U(G) = \lambda GDP + U(C) \text{ s.t. } I + C = \alpha\tau GDP + p_u^H D_u^H + p_u^I D_u^I + p_r D_r \tag{5-9}$$

简便起见，此处假设 $GDP = Y_1 + Y_2$，并且如前文所说，出让给房地产企业的土地出让价格 p_u^H 是由房地产企业和政府决定的，工业企业没有影响能力，所以此处只考虑地方政府和工业企业间的决策行为时假设 p_u^H 是常数。由于同为城市区域用地出让价格，故为了收益最大化，地方政府设定 p_u^H 和 p_u^I 尽可能接近，不失一般性的，令 $p_u^I = p_u^H - \varepsilon$ 也为常数。所以在理论模型当中，地方政府需要决策的变量包括决定消费水平 C、基础设施投资 I 和工业用地出让价格 p_r。由于地方政府知道投资者的决策模式，所以在对上述变量做出决策时会考虑到对投资者投资生产规模所产生的影响③。解最优化问题 [式 (5-8)]，可以得到如下一阶条件

$$\frac{\partial GDP}{\partial I} = \frac{U'(C)}{\lambda + \alpha\tau U'(C)} \tag{5-10}$$

---

① 不失一般性，此处和之前企业投资于城市区域时均假设投资者用于购买土地的资金支出并不影响可用于投资的资本规模。

② 这两个条件虽然是通过具体的生产函数设定形式推导得出的，但是由于生产函数的设置具有一般性，所以这两个条件具有一般性。

③ 此处类似序贯博弈，地方政府先决策，企业投资者在观察到地方政府的决策后再决策。但是由于地方政府知道企业投资者的决策函数，所以地方政府决策时会考虑其决策行为对企业投资行为的全部影响。

第五章　财政分权、地方政府竞争与城市化—工业化协调发展

$$\frac{\partial GDP}{\partial p_r} = \frac{-U'(C)\left[D_r + p_r \frac{\partial D_r}{\partial p_r}\right]}{\lambda + \alpha\tau U'(C)} \quad (5-11)$$

其中，根据前述内容有 $\partial GDP/\partial I = \partial Y_1/\partial I + \partial Y_1/\partial K_1 \times \partial K_1/\partial I + \partial Y_1/\partial D_u^I \times \partial D_u^I/\partial I$，同时 $\partial GDP/\partial p_r = \partial Y_2/\partial D_r \times \partial D_r/\partial p_r + \partial Y_2/\partial K_2 \times \partial K_2/\partial D_r \times \partial D_r/\partial p_r$。为了书写简便起见，此处记 $dY_1/dI = \partial Y_1/\partial I + \partial Y_1/\partial K_1 \times \partial K_1/\partial I + \partial Y_1/\partial D_u^I \times \partial D_u^I/\partial I$，记 $dY_2/dp_r = \partial Y_2/\partial D_r \times \partial D_r/\partial p_r + \partial Y_2/\partial K_2 \times \partial K_2/\partial D_r \times \partial D_r/\partial p_r$。根据前文推导可知，$dY_1/dI > 0$，$d^2Y_1/dI^2 < 0$，并且 $dY_2/dp < 0$，$d^2Y_2/dp^2 > 0$。故 $\partial GDP/\partial I > 0$，$\partial^2 GDP/\partial I^2 > 0$，$\partial GDP/\partial p_r < 0$，$\partial^2 GDP/\partial p_r^2 < 0$。

利用最优条件（5-10）和（5-11）对 α 和 λ 进行静态比较分析发现，当地方政府与中央政府的财政收入分权程度下降，即 α 减小时，地方政府倾向于减少基础设施投资，降低非城市区域的工业土地出让价格；当地方政府之间竞争更加激烈时，即 λ 减小时，地方政府同样倾向于减少基础设施投资，降低非城市区域工业土地出让价格。这两种情况均导致城市区域的资本投资规模下降，非城市区域的资本投资规模上升。最终导致 Y_1 下降，Y_2 上升①。

接下来推导上述过程对城市化和工业化协调发展带来的影响。对于一个地区整体而言，生产资本不论投资于城市区域还是非城市区域，均可以提升该地区的工业化水平；而城市化水平只有当生产资本投资于城市区域时才会上升。所以此处为简便起见，将工业化水平定义为

$$industrialization = \frac{Y_1 + Y_2}{Y_1 + Y_2 + agriculture} \quad (5-12)$$

将城市化水平定义为

$$urbanization = \frac{Y_1}{Y_1 + Y_2 + agriculture} \quad (5-13)$$

其中 agriculture 表示该地区农业部门的规模，此处假定为常数，对模型的结论不会产生实质性影响。在这种情况下，城市化与工业化的差距取决于 $Y_2/(Y_1 + Y_2 + agriculture)$ 的大小，由于城市化—工业化协调度与二者之间的差异成反比，所以城市化—工业化协调度与 Y_1 成正比，与 Y_2 成反比。当地方政府财政收入分权程度下降，即 α 减小时，以及由于中央

---

① 详细推导过程见本书附录1。

政府对地方官员考察更加看重 GDP，导致地方官员之间竞争更加激烈，即 λ 减小时，均会导致 Y_1 下降，Y_2 上升，从而使得地区内城市化相对于工业化的差距扩大，城市化—工业化协调度下降。

根据上述理论模型的分析，可以提出如下三个假说：

假说一：中央与地方在财政收入分权中，地方所占比重上升会对地区工业化滞后于城市化程度的改善带来正向影响，即地方财政收入分权程度越高、财政自主度越高，则该地区城市化—工业化协调度越高。

假说二：地方政府之间竞争程度的上升会对地区工业化滞后于城市化程度的改善带来负向影响，即地方政府之间的竞争程度越高，则该地区城市化—工业化协调度越低。

假说三：地方财政分权程度和地方政府竞争程度对城市化—工业化协调度的影响均是由于偏向于非城市地区的工业用地出让变化导致的。具体来说，由于财政分权程度的减弱或地方政府竞争程度的增强，导致偏向于非城市地区的工业用地出让面积上升，从而导致了城市化—工业化协调度下降。

上述理论框架构成了本章进行后续实证检验的基础，其整体逻辑在于，分税制改革以来，地方政府从与中央分成中获取的具有自主权的财政收入在下降，与此同时，中央政府对地方政府 GDP 政绩要求在提升。在此双重背景下，地方政府难以具备足够的财力通过改善基础设施等支出类政策来吸引投资，转而更加青睐于采取低价出让工业用地的方式吸引投资以促进当地 GDP 的增长。再加上中国的建设用地多为农用地转换而来，处于城区或靠近城区的土地多用于房地产或其他商服用地，从而使得工业用地供应多集中在非城市区域，即地级市市辖区周边的县域地区，由此导致中国的工业化也多发生在县域地区。所以虽然中国工业化发展迅速，但对城市化的推动力量却不足，导致城市化与工业化的发展协调程度逐步下降。第五节主要实证结果部分展示了对假说一和假说二的验证结果，第六节即机制检验部分则主要展示了假说三的验证结果。

第三节 实证方法与模型

第四章利用耦合模型测算了 1990 年到 2015 年地级市层面的城市化

与工业化协调程度。本章实证中的被解释变量即为第四章中测算的城市化—工业化协调度,故回归样本为 6 年中每年 200 多个地级市的数据,共 1434 个样本,构成了一组非平衡面板数据。之所以是非平衡面板数据,因为一方面 1990 年到 2015 年中国的地级市划分发生过多次调整,另一方面个别年份中某些地级市层面数据的不可得性造成了部分数据缺失。

具体实证回归模型设计为:

$$y_{it} = X'_{it}\beta_1 + Z'_{it}\beta_2 + \lambda_t + u_i + \varepsilon_{it} \tag{5-14}$$

其中,y_{it} 表示地级市层面城市化与工业化的协调程度 urb_ind_{it},根据第四章中得到的结果,此处将使用三个指标来度量这一变量。第一个是第四章中最终计算得到的城市化—工业化耦合度(记为 D),第二个是城市化—工业化协调度(记为 C),第三个是城市化与工业化的差距(记为 DIS)。从第四章中我们可以发现,这三者之间有着大致相同的演变趋势,但是在计算方法上存在差异。所以此处分别用这三个指标作为被解释变量以证明本研究的稳健性。

本章回归模型的核心解释变量 X'_{it} 有三个,第一个是财政分权程度 FD_{it},第二个是地方政府竞争程度,根据本章理论模型部分的推导可以发现,用来衡量地方政府竞争最为合适的变量应当是各地区工业用地的出让价格,但是由于无法获得如此长时间的工业用地出让数据,所以可以从另一个角度考虑该问题,即工业用地价格下降、出让面积上升带来的最直接的效果是投资水平的上升。因此可以用人均实际利用 FDI 的对数 $\ln FDI_{it}$ 来表示地方政府竞争,这也是现有研究中经常用以度量地方政府竞争程度的指标。此外,由理论模型可知,财政分权程度的变化同样会影响投资水平,进而影响城市化和工业化的协调程度,所以本章实证模型中的第三个核心解释变量是这二者的交叉项,即 $FD\_\ln FDI_{it}$。同时实证过程中还控制了其他的一些变量 Z'_{it},如人均实际 GDP(GDP_{it}),人均固定资产投资(INV_{it}),人均储蓄水平($SAVE_{it}$),以及人口规模(POP_{it}),并且此处对人均实际 GDP、人均固定资产投资、人均储蓄水平以及人口规模等控制变量均做对数处理。具体的实证回归模型可以表示为以下形式:

$$urb\_ind_{it} = \beta_{11}FD_{it} + \beta_{12}\ln FDI_{it} + \beta_{13}FD\_\ln FDI_{it} + \\ \beta_{21}\ln GDP_{it} + \beta_{22}\ln INV_{it} + \beta_{23}\ln SAVE_{it} + \beta_{24}\ln POP_{it} + D\_year_t + u_i + \varepsilon_{it}$$

$$(5-15)$$

现有研究中，许多文章都对中国财政分权的程度进行了度量。文献中所用到的各类指标虽然在具体计算时存在差异，但是其中心思想都是从财政收入或者财政支出的角度来衡量所要观察的本级政府与上级政府以及中央政府之间的相对份额，有些研究采用了总量指标，还有一些采用了人均指标。周游等（2016）在度量城市层面的财政分权水平时，使用城市预算内财政支出占全省财政支出的比重除以该市国民收入占全省的比重。傅勇和张晏（2007）在衡量省级财政分权程度时，采用了各省预算内人均本级财政支出与中央预算内人均本级财政支出之比。巫强等（2015）在度量省级财政分权时，采用省级预算内人均本级财政收入除以省级预算内人均本级财政收入与中央预算内人均本级财政收入之和来衡量。类似的度量方法还有很多，并且不论从收入的角度来度量还是从支出的角度来度量也并没有定论。实际上，中国的财政收入分权程度和财政支出分权程度的演变趋势并不完全一致，并且对经济产生的影响也略有差异。本章研究对于财政分权度量的重点主要是收入角度，因为从理论模型当中可以发现，地方政府在与中央政府收入分成中所占比重下降时，会限制地方政府利用财政收入进行投资的能力，导致地方政府转而依赖土地出让吸引投资。具体度量方式参考了贾俊雪和应世为（2016）的研究：

财政收入分权程度＝地级市人均预算内财政收入／（地级市人均预算内财政收入＋所在省预算内人均本级财政收入＋中央预算内人均本级财政收入）

这里需要强调的是，所谓预算内财政收入和财政总收入之间存在重要差距，即地方预算内财政收入不包括上交给上级政府的财政收入，而地方财政总收入则是包括了这一部分的。地方预算内财政收入和公共财政收入则是两个比较相近几乎可以画等号的概念，本章所有涉及的地方财政收入均指的是预算内财政收入。

此处之所以采用人均指标是因为各个地级市的人口规模差距很大，不同人口规模的地级市即使拥有相同绝对值水平的财政收入，其对经济影响的效果也会受到人口规模的影响。省级层面也是同理。此外，之所以在分母上加入中央预算内人均本级财政收入，是因为此处想要度量的财政分权程度不光是在所属的省级范围内是可比的，希望在全国范围内也是可比的。需要说明的是，指标中省级本级预算内财政收入是扣除了所辖地级市预算内财政收入的结果。

本章还采用了第二种度量地级市层面财政分权程度的指标，其定义为地方政府财政自主度=地级市人均预算内财政收入/地级市人均预算内财政支出。这一指标所反映的财政分权程度更加偏向于收入角度，因为地级市预算内财政支出基本上等于预算内财政收入再加上上级政府转移到地级市的财政收入。所以这一指标可以反映地级市的财政收入中多少是自主征收的。此外该指标还能够反映地方政府财政收入和支出之间的缺口，正是这种缺口导致了地方政府在发展地方经济时更加依赖于吸引外资以及土地出让收入，并进一步导致城市化和工业化之间的协调程度的恶化。

关于地方政府竞争的度量指标，采用的是人均实际利用 FDI 的对数。该指标是在度量地方政府竞争方面比较常用的指标，在此不做过多解释。此外，需要特别说明的第一点是，因为模型被解释变量是在 1990 年到 2015 年之间每隔五年有一组样本数据，而每两个年份之间城市化与工业化协调程度的差异是由于中间五年累积发展所产生的效果，因此回归采用的所有解释变量使用的都是过去五年当中的平均水平。例如，与 2000 年城市化与工业化协调程度匹配的财政分权程度是 1996 年到 2000 年的财政分权程度的平均水平，其他解释变量也是同样处理。财政分权程度和地方政府竞争程度的交叉项则是先计算各年份的平均值再计算交叉项。所有地级市层面的数据均来自《中国城市统计年鉴（1986—2015）》，省级和中央的财政数据来自《中国统计年鉴》。

第四节 描述性统计

表 5-1 展示了实证回归所使用的面板数据统计特征。相对于截面数据和时间序列，面板数据在统计特征上最显著的特点就是除了整体的统计特征以外还有组间统计特征和组内统计特征。对于本章的实证设计而言，组间指的是不同的地级市之间，而组内指的则是同一个地级市不同年份的数据。对于平衡面板而言，面板变量（地级市）的组内标准差应该为 0，而时间变量（年份）的组间标准差应该为 0。但是由于本章所使用的是非平衡面板数据，每个地级市的年份跨度不完全相同，所以表 5-1 中时间变量（年份）的组间差距并不为 0。此外，我们从表 5-1 当中可以看到，

部分变量的组内最大值大于整体的最大值,并且部分本不应该为负的变量(如工业化水平、财政收入支出比)其组内最小值出现了负数。这是因为在计算组间和组内统计变量时,首先会将变量 x_{it} 拆分为组间变量 $\bar{x}_i$ 和组内变量 $(x_{it} - \bar{x}_i + \bar{\bar{x}})$,其中 $\bar{x}_i$ 为组内某个变量的均值, $\bar{\bar{x}}$ 为变量整体均值。所以对于非平衡面板而言,当 $\bar{\bar{x}}$ 远小于 $\bar{x}_i$ 时,就会出现某些变量组内最小值小于实际样本整体最小值甚至为负的情况。

表 5-1 面板数据统计特征

变量		均值	标准差	最小值	最大值
地级市	整体	145.734	82.600	1.000	287.000
	组间		82.994	1.000	287.000
	组内		0.000	145.734	145.734
年份	整体	2003.727	8.208	1990	2015
	组间		2.816	2000	2015
	组内		7.885	1989.727	2017.727
城市化	整体	0.135	0.095	0.022	0.831
	组间		0.083	0.027	0.630
	组内		0.041	-0.120	0.438
工业化	整体	0.652	0.172	0.038	0.964
	组间		0.090	0.272	0.944
	组内		0.146	0.178	1.014
城市化与工业化差距	整体	0.517	0.163	-0.088	0.806
	组间		0.093	0.144	0.786
	组内		0.133	0.063	0.857
城市化—工业化协调度	整体	0.532	0.183	0.145	0.999
	组间		0.167	0.167	0.977
	组内		0.087	0.262	1.030
城市化—工业化耦合度	整体	0.383	0.130	0.136	0.885
	组间		0.121	0.145	0.823
	组内		0.048	0.146	0.618
人均实际利用FDI(对数)	整体	2.700	2.170	-7.138	7.662
	组间		1.475	-4.628	7.213
	组内		1.679	-5.098	6.826

续表

变量		均值	标准差	最小值	最大值
财政收入分权	整体	0.294	0.104	0.047	0.496
	组间		0.091	0.054	0.489
	组内		0.061	0.104	0.525
地方政府财政自主度	整体	0.733	0.508	0.066	3.649
	组间		0.322	0.077	2.027
	组内		0.400	-0.665	2.355
人均实际GDP（对数）	整体	9.185	1.183	6.375	13.030
	组间		0.561	7.931	11.655
	组内		1.042	6.835	11.346
人均实际固定资产投资（对数）	整体	8.097	1.719	3.968	12.095
	组间		0.712	6.211	10.969
	组内		1.581	4.586	11.364
人均储蓄水平（对数）	整体	9.232	1.334	4.437	12.581
	组间		0.565	7.580	11.153
	组内		1.221	5.871	12.037
人口规模（对数）	整体	5.762	0.728	2.303	8.118
	组间		0.679	2.698	7.796
	组内		0.220	3.665	6.587

从表5-1中我们可以发现，城市化的组间标准差大约是组内标准差的两倍，这说明城市化程度的变化主要来源于不同地级市之间的差距，而同一地级市随时间变化的差异则较小。但观察工业化的统计特征却可以得到正好相反的结论。工业化的组内标准差远大于组间标准差，这说明工业化程度的变化主要来源于同一个地级市随时间推移的增长，而不同地级市之间的工业化程度差异虽也存在，但是不如时间层面的差异明显。这种数据特征确实反映了中国城市化与工业化进程中的一个重要现象，就是不同地区的工业化程度均在快速提升，但是城市化程度增长却比较缓慢。因此，我们可以看到城市化与工业化之差仍然表现为组间标准差小于组内标准差，但是由于城市化—工业化协调度及城市化—工业化耦合度在计算时用差异程度除以平均值进行了标准化，所以其组内标准差略小于组间标准差。但这对本章的实证回归没有影响。

实证模型的核心解释变量中,人均实际利用 FDI 的组内标准差大于组间标准差,同时组间标准差的绝对值水平也并不低,这说明人均实际利用 FDI 不论是在地级市层面还是在时间层面,其变异程度都较大。财政收入分权程度组间标准差略大于组内标准差,而地方政府财政自主度表现为组内标准差略大于组间标准差。此外,人均实际 GDP、人均实际固定资产投资以及人均储蓄水平均表现为组内标准差远大于组间标准差,这说明这三项在地级市分组内部随时间增长的变异程度较大,而在不同地级市之间的变异程度相对较小。

为了进一步观察不同地级市的被解释变量和核心解释变量随时间变化而变化的情况,图 5-5 到图 5-9 展示了这些变量在省级层面上随时间变化的走势①。图 5-5 展示了省级层面城市化—工业化协调度的变动趋势。从图 5-5 中可以看到,除了北京和上海的协调程度基本表现为先上升后持平之外,其他的省份均表现为先下降后上升。即城市化—工业化协调度表现为先恶化后改善。并且对于大多数的省份来说,改善后的城市化—工业化协调度仍低于恶化之前的协调程度。对于不同的省份来说,城市化—工业化协调度由恶化转为改善的时间节点略有不同。江西、广西、甘肃、宁夏、云南等西部省份出现改善的时间节点较晚,大多数为 2010 年。而江苏、福建、浙江、广东等东部省份出现改善的时间节点较早,在 2000 年或者 2005 年,并且改善的程度较为明显。另外还有一些省份,如陕西、湖南、吉林、河南、湖北等,它们在 2000 年或者 2005 年左右表现出城市化—工业化协调度不再继续恶化,但是也没有表现出明显的改善,而是基本维持在了恶化之后的水平。此处需要说明的一点是,这里展示的省级层面平均水平的变化,并不能完全反映地级市层面的变化情况,图 5-6 到图 5-9 也是如此。

图 5-6 展示了省级层面城市化与工业化之间的差距随时间变化的情况。正如第四章所解释的,由于计算方法的原因,城市化—工业化协调度与城市化与工业化差距这两个变量之间的变化趋势正好相反,但是它们均可以反映这二者之间协同发展的情况。只不过是城市化—工业化协调度的

---

① 虽然本书回归所使用的样本是地级市层面的,但是由于地级市层面的样本量太大,无法在文中直接展示,所以此处对每个省所辖的地级市的变量水平进行了简单平均处理,只展示整个省级层面的平均水平。

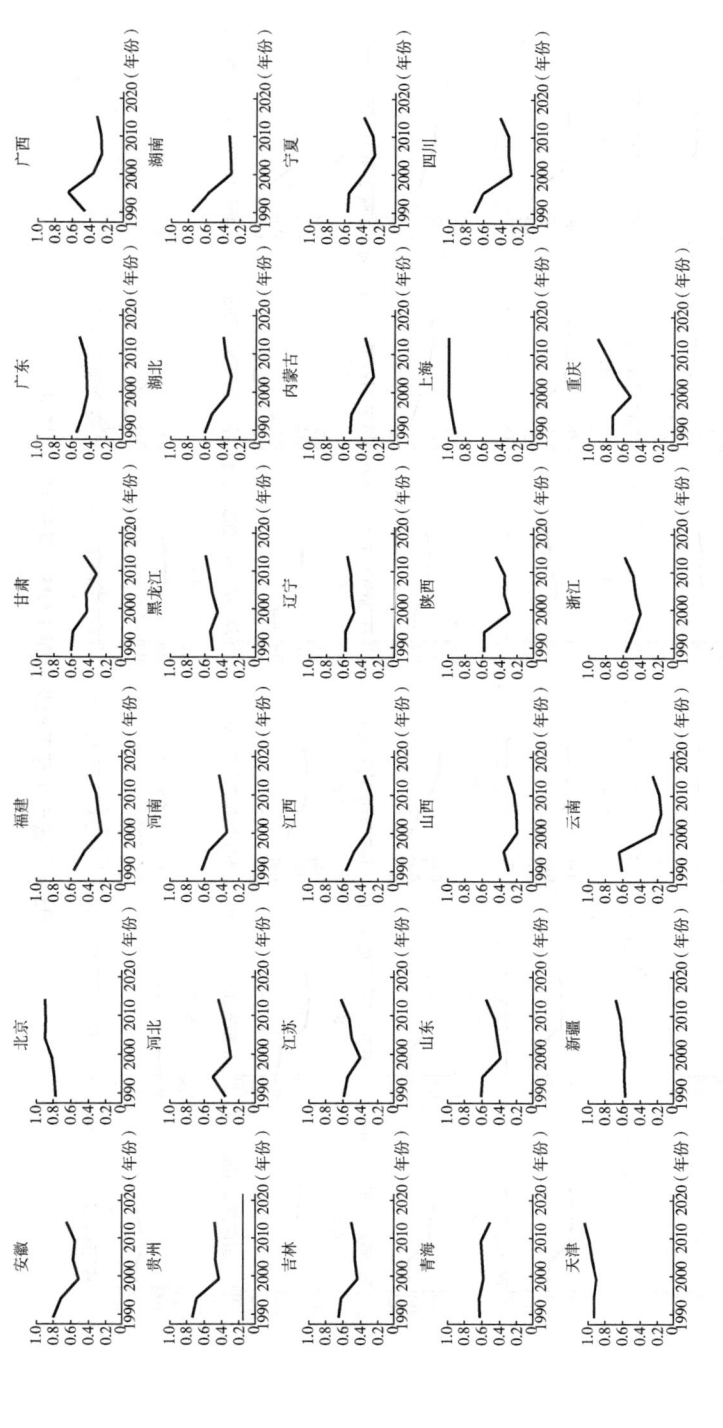

第五章 财政分权、地方政府竞争与城市化—工业化协调发展

图5-5 城市化—工业化协调度（C）随时间变化情况

图5-6 城市化与工业化差距（DIS）随时间变化情况

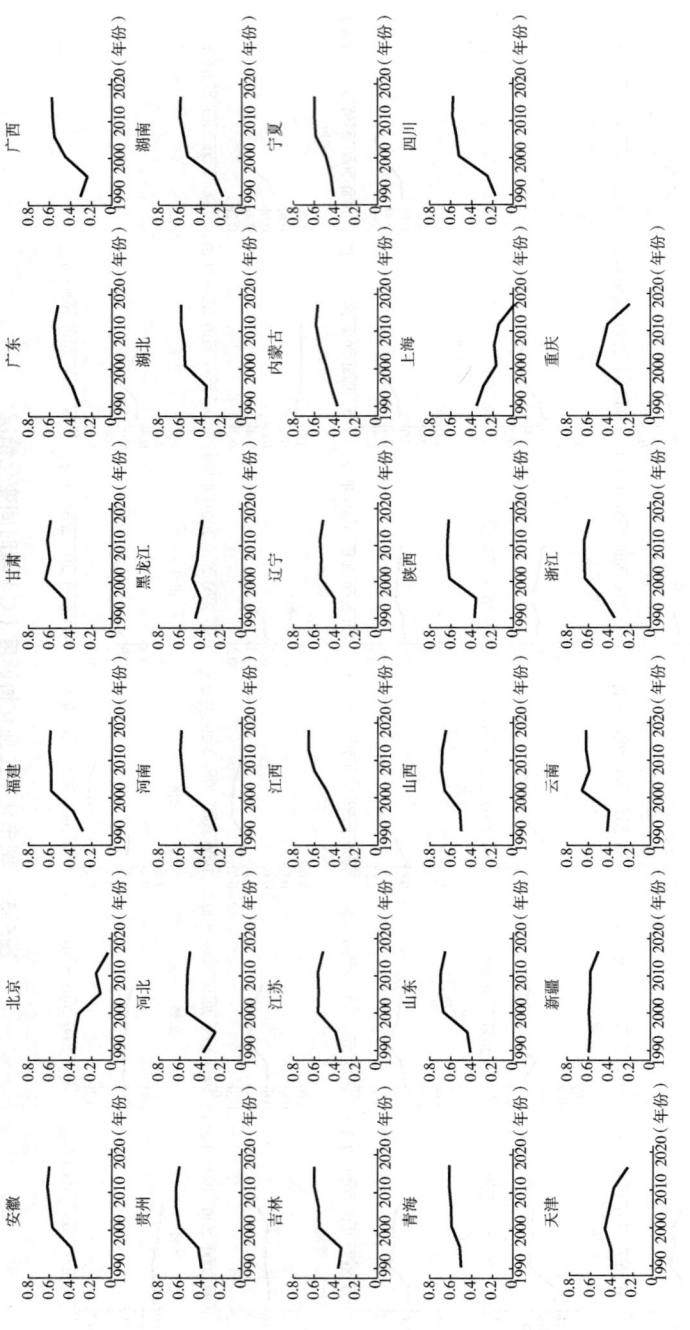

数值变大代表协同发展的程度上升，而城市化与工业化差距的数值上升则代表城市化与工业化协同发展的程度下降。从图5-6中可以发现，城市化与工业化差距同样表现出先上升后下降的趋势，这同样表示城市化与工业化协同发展的程度表现为先恶化后改善，与图5-5所表现出的变化趋势相似。与此同时，改善出现的时间节点也与图5-5所展示的情况类似。但在图5-6中观察到的改善情况相对于图5-5而言不是非常明显，许多省份如福建、江苏、浙江等在图5-6中其城市化与工业化协同发展水平在2000年或2005年只是表现出了恶化的停止，直到2015年才表现出一定程度的改善。

图5-7展示了实证回归模型中的核心解释变量之一——人均实际利用FDI的对数随时间变化的情况。由于此处是人均水平的对数值，其单位为美元/人，所以个别经济发展相对落后的省份在1990年时的对数水平为负数，也就是说其人均实际利用FDI的绝对值水平小于1美元/人。此外，由于图5-7中所展示的为取对数后的结果，所以其斜率可以近似为人均实际利用FDI的增长率。从图5-7中可以发现，除极个别省份的个别年份以外，各省份的人均实际利用FDI增长率均为正。进一步，我们可以从斜率的大小来判断增长率的大小。从相对水平来看，中西部地区人均实际利用FDI增长率高于东部地区。从人均实际利用FDI的走势来看，中西部地区人均实际利用FDI的水平表现为前期增长快，后期增长减慢，并且云南、青海、广西出现了个别年份略有下降的趋势。东部地区的人均实际利用FDI则一直表现为稳步上升，但是其增长的速度明显慢于中西部地区。在中国经济发展的过程中大家普遍认为东部对外商投资的吸引能力更大，这是从绝对值水平来看得到的结论。如果从增长率的角度来看，我们发现中西部地区人均实际利用FDI的增长率水平普遍高于东部地区，这说明中西部地区的地方政府竞争程度相较东部地区表现得并不逊色。从后面的实证结果来看，这种地方政府竞争对城市化与工业化协调发展产生了显著的影响。

图5-8展示了实证回归中的第二个核心解释变量——财政收入分权的变动情况。从图5-8中可以发现，各省份的财政收入分权程度从1990年到1995年基本上表现为略微上升，而从1995年到2015年表现为先下降后上升。分税制改革从1994年开始推行，在此之前中国的财政制度为包干制。虽然1994年之后，地级市层面的财政收入分权程度已经开

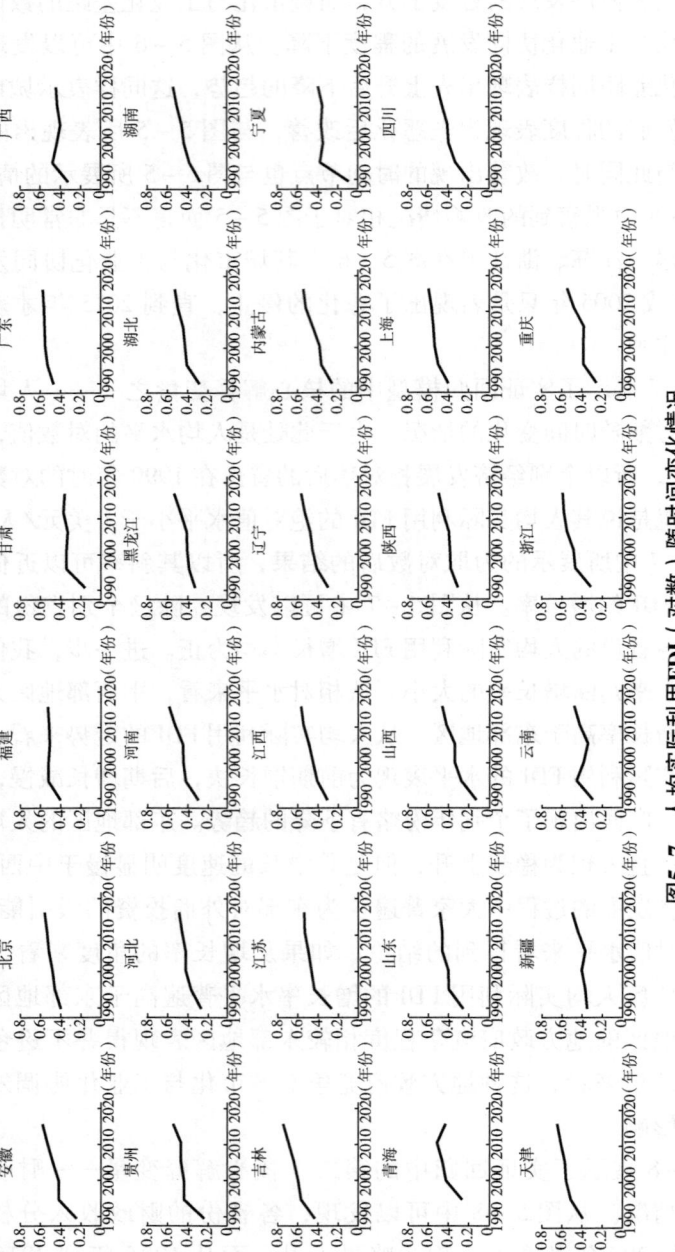

图 5-7 人均实际利用 FDI（对数）随时间变化情况

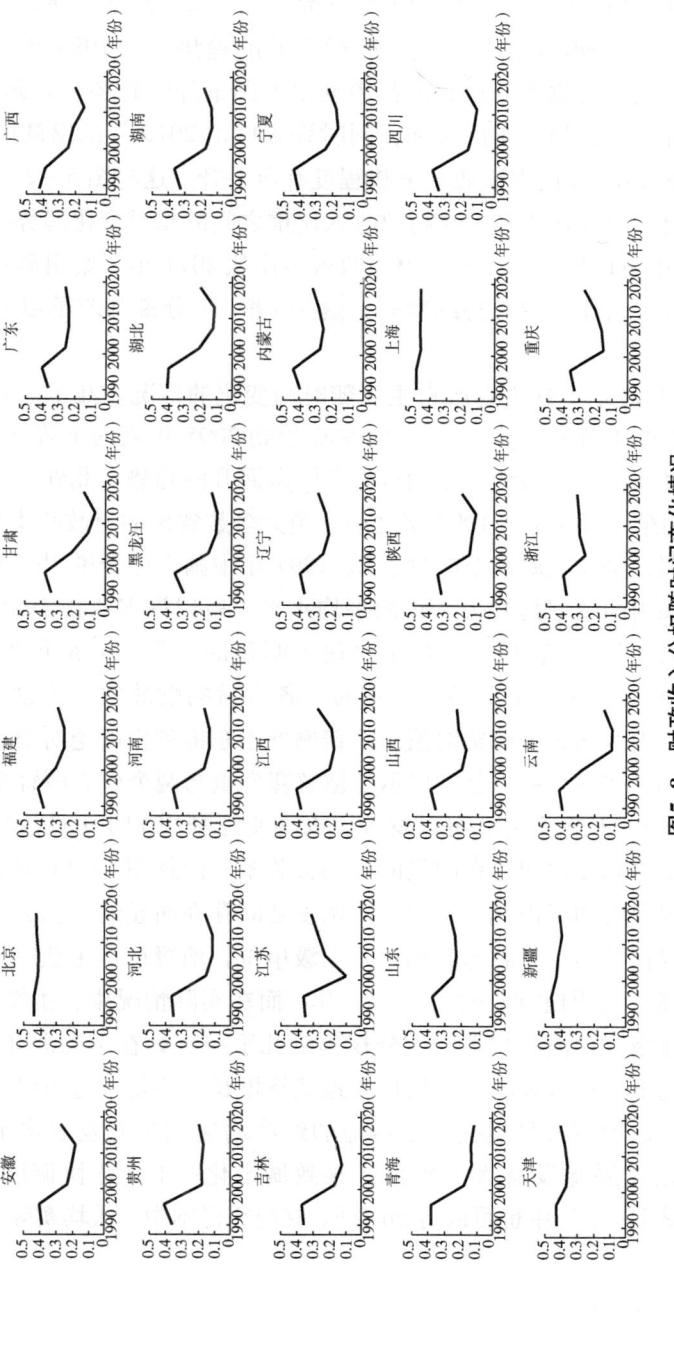

第五章 财政分权、地方政府竞争与城市化—工业化协调发展　159

图5-8　财政收入分权随时间变化情况

始出现下降，但是由于实证回归的数据为每五年取平均数，所以许多省份1995年相对于1990年还是表现出略微上升的趋势。从1995年开始，几乎所有省份的财政收入分权程度都表现出不断下降的趋势，直到2010年左右，这种下降的趋势有所缓和，同时许多城市2015年的财政收入分权程度相对于2010年的财政收入分权程度有所上升。这与图5－2当中所展示的地方财政收入比重和中央财政收入比重之间的相对变化趋势一致。从图5－2当中可以发现，地方的财政收入占比从2011年开始明显超过了中央的财政收入占比，并且持续攀升，这是1994年分税制改革以来从未出现的情况。

图5－9展示了地方财政自主度随时间变化的情况。几乎所有的省份均表现出不断下降的趋势，并且在1990年到2005年之间下降速度较快，而之后下降速度明显减慢，个别省份有轻微回升的趋势。此外，从财政收支比的绝对值水平来看，1995年之前，绝大多数省份的财政收支比均在1以上，个别省份如上海甚至超过了2。1994年中国推行分税制改革，但由于本章所采用的数据是过去五年的平均水平，所以许多省份1995年的财政收入支出比虽然相对于1990年出现了明显的下降，但是仍然大于1。从2000年开始，这种情况被彻底扭转。各省份的财政收支比都降到了1以下，并且中西部省份的绝对值水平普遍低于东部省份的绝对值水平。

图5－10和图5－11分别展示了被解释变量与两个核心解释变量之间的相关关系[①]。从图5－10可以发现，人均实际利用FDI（对数）与城市化—工业化协调度之间存在明显的负相关关系。而从图5－11中发现，财政收入分权程度和城市化—工业化协调度之间存在明显的正相关关系。财政收入分权程度的上升意味着相对于上级单位，地级市自主获得的财政收入水平更高，说明地方政府财力的上升。而在实际情况中，由图5－8可知，中国地级市层面的财政收入分权程度几乎一直处在不断恶化的状态。在这种情况下，地方政府为了促进本地经济增长，不得不通过吸引外资的方式进行。这种方式虽然提高了本地的经济增速和工业发展水平，但是对于城市化发展却没有太大帮助，导致城市化—工业化协调度的恶化。这一点从图5－11当中也可以得到印证。在研究样本中，人均实际利用FDI

---

① 图5－10删掉了个别离群值。

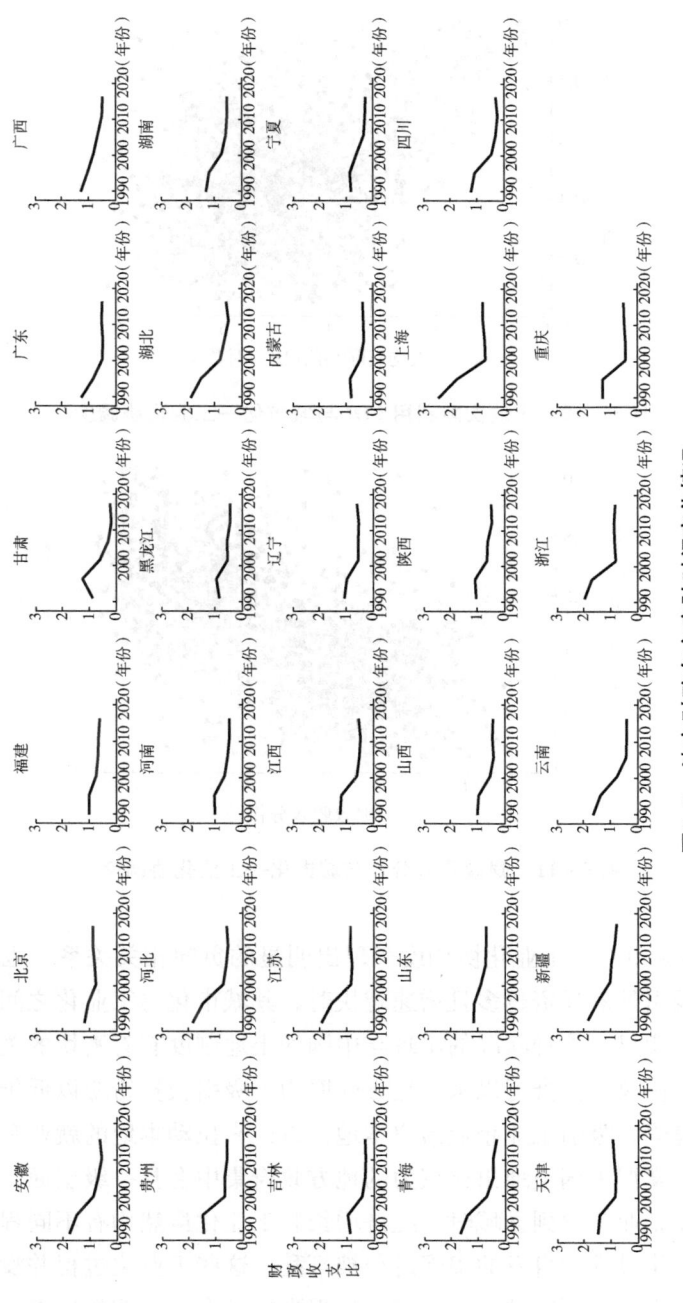

第五章 财政分权、地方政府竞争与城市化—工业化协调发展 161

图5-9 地方财政自主度随时间变化情况

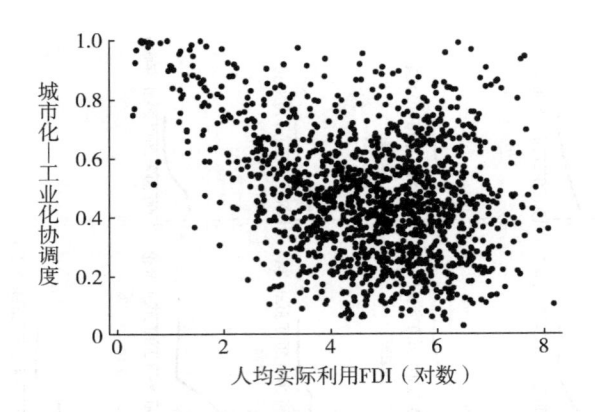

图 5-10 人均实际利用 FDI 与城市化—工业化协调度

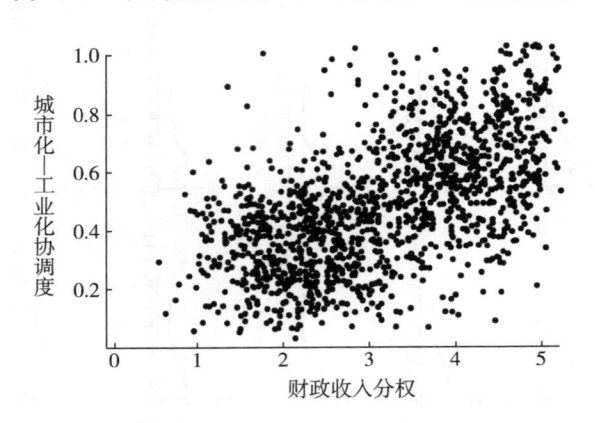

图 5-11 财政收入分权与城市化—工业化协调度

（对数）和城市化—工业化协调度表现出明显的负向相关关系，也就是说当地级市吸引外商投资越多且增速越快时，其城市化与工业化之间的协调程度恶化越明显。这种状况的出现与中国的土地制度有着密切的关系。自从工业用地协议出让推行以来，地方政府为了吸引投资纷纷以低价的工业用地作为筹码，吸引工业企业落户本地，以此来拉动本地的就业和经济发展。而实际掌握中国土地出让权力的地方政府集中在县一级层面，所以当大量的工业企业落户到县域时，经济增长和工业化虽然均有不同程度的提升，但工业化过程中自发的集聚过程被打乱，这些工业化过程并没有发生在地级市的市区，所以城市化在这一过程当中没有得到有效推进。最终导致城市化与工业化之间协调程度的恶化。本章在机制检验部分将会对土地制度在这一过程当中发挥的作用进行验证。

第五节 实证结果

　　这一部分将展示回归所得的主要实证结果。正如前文所说，实证模型中的被解释变量为城市化和工业化发展之间的协调程度，采用了三种方式度量。第一种为城市化—工业化协调度（C），第二种为城市化与工业化差距（DIS），第三种为城市化—工业化的耦合度（D）。这三种度量方式的计算方法与差异本书已经在第四章详细阐述过，此处不再赘述。此外本章的核心解释变量之一，即财政分权程度则采用了两种方式来度量，第一种是财政收入分权，第二种是地方财政自主度。故针对每种被解释变量的度量方式配合每种核心解释变量的度量方式，这一部分将展示六种回归结果，分别展示在表5-2到表5-7当中。实证方法上，利用豪斯曼检验法检验了回归的固定效应和随机效应后发现，固定效应显著优于随机效应。限于篇幅原因，正文部分没有依次展示每个回归涉及的豪斯曼检验结果①。此处所展示的结果全部为固定效应回归结果。

　　表5-2展示了被解释变量为城市化—工业化协调度（C），核心解释变量为财政收入分权和人均实际利用FDI情况下的实证结果。从表5-2中可以发现，财政收入分权程度的提升将显著提升城市化与工业化的协调度。人均实际利用FDI的增加则会显著降低城市化与工业化的协调度。本章还在模型中加入财政收入分权与人均实际利用FDI的交叉项，之所以加入这一变量，主要是为了观察财政收入分权的变化给人均实际利用FDI对城市化—工业化协调度的影响带来怎样的变化，而不是人均实际利用FDI的变化给财政收入分权对城市化—工业化协调度的影响带来怎样的变化。因为财政收入分权的变化可以影响地方政府在招商引资当中采取的策略和竞争的激烈程度，而财政收入分权程度则是由顶层制度设计所决定的，不受地方政府招商引资的影响。从实证结果来看，交叉项前面的系数显著为正，说明财政收入分权程度的提升可以显著降低人均实际利用FDI的提升给城市化—工业化协调度带来的负向影响。但是由于

---

① 附录2展示了豪斯曼检验的结果。

财政收入分权的取值范围为[0,1],实际上从前述描述性统计结果来看,财政收入分权程度不超过0.5。所以即使财政收入分权程度很高,人均实际利用FDI的增长对于城市化—工业化协调度的影响仍然显著为负。具体来说,若不考虑交叉项,财政收入分权每上升0.1,城市化与工业化协调程度将上升0.0526;而人均实际利用FDI每上涨1%,城市化—工业化协调度将下降0.025。

表5-2 财政收入分权、地方政府竞争与城市化—工业化协调度

被解释变量:城市化—工业化协调度(C)
核心解释变量:财政收入分权与人均实际利用FDI(对数)

	(1)	(2)	(3)	(4)	(5)
财政收入分权	0.526*** (0.063)		0.524*** (0.063)	0.501*** (0.067)	0.499*** (0.073)
人均实际利用FDI(对数)		-0.025*** (0.002)	-0.024*** (0.002)	-0.041*** (0.004)	-0.039*** (0.005)
财政收入分权×人均实际利用FDI(对数)				0.028** (0.013)	0.027** (0.012)
人均实际GDP(对数)					0.082*** (0.025)
人均实际固定资产投资(对数)					-0.065*** (0.011)
人均实际储蓄(对数)					-0.029** (0.013)
人口规模(对数)					0.061*** (0.016)
城市固定效应	是	是	是	是	是
时间虚拟变量	是	是	是	是	是
常数项	是	是	是	是	是
样本量	1434	1434	1434	1434	1434
R-square	0.319	0.187	0.363	0.409	0.517

注:*表示$p<0.1$;**表示$p<0.05$;***表示$p<0.01$;括号内为标准误。下同。

此外实证模型还在回归当中控制了地级市层面的一些其他变量。从结果中发现,人均实际GDP对城市化—工业化协调度有显著正向影响,人

均实际固定资产投资及人均实际储蓄对城市化—工业化协调度有显著负向影响，人口规模对城市化—工业化协调度有显著正向影响。本章在实证回归中还加入了年份虚拟变量，并且采用了地级市层面聚类的稳健标准差。

表5-3展示了被解释变量为城市化—工业化协调度（C），解释变量地方财政自主度和人均实际利用FDI的实证回归结果。从表5-3当中可以发现，地方财政自主度对城市化—工业化协调度具有显著的正向影响，并且地方财政自主度的提升会显著降低人均实际利用FDI提升对城市化—工业化协调度的负向影响。若不考虑交叉项，地方财政自主度每提升0.1，城市化—工业化协调度上升0.0076。因为地方财政自主度实际上是地方财政收入与地方财政支出之比，反映了地方财政的总收入当中自主收入所占的比重，这与前文所述财政收入分权对城市化—工业化协调度影响的内在机制是一致的。

表5-3 地方财政自主度、地方政府竞争与城市化—工业化协调度

被解释变量：城市化—工业化协调度（C）
核心解释变量：地方财政自主度与人均实际利用FDI（对数）

	(1)	(2)	(3)	(4)	(5)
地方财政自主度	0.076*** (0.008)		0.076*** (0.008)	0.071*** (0.009)	0.056*** (0.012)
人均实际利用FDI（对数）		-0.025*** (0.002)	-0.024*** (0.002)	-0.062*** (0.004)	-0.054*** (0.004)
地方财政自主度×人均实际利用FDI（对数）				0.045*** (0.004)	0.037*** (0.004)
人均实际GDP（对数）					0.114*** (0.015)
人均实际固定资产投资（对数）					-0.015** (0.007)
人均实际储蓄（对数）					-0.086*** (0.008)
人口规模（对数）					0.055*** (0.014)
城市固定效应	是	是	是	是	是

续表

被解释变量：城市化—工业化协调度（C）
核心解释变量：地方财政自主度与人均实际利用FDI（对数）

	（1）	（2）	（3）	（4）	（5）
时间虚拟变量	是	是	是	是	是
常数项	是	是	是	是	是
样本量	1434	1434	1434	1434	1434
R-square	0.226	0.187	0.267	0.303	0.465

表5-4展示了被解释变量为城市化与工业化差距（DIS），核心解释变量为财政收入分权和人均实际利用FDI的回归结果。财政收入分权程度的增加可以显著降低城市化与工业化之间的差距，而人均实际利用FDI的上升则会显著增大城市化与工业化之间的差距。从交叉项的结果来看，财政收入分权程度的上升会显著降低人均实际利用FDI对城市化与工业化差距的正向影响。此处与前述内容最大的区别在于城市化与工业化差距越大意味着城市化与工业化发展协调程度越低，所以实证结果虽然符号相反，但从本质上来讲，两种情况下得到的结论一致。从单个核心解释变量产生的定量影响效果来看，财政收入分权程度每上升0.1，会导致城市化与工业化差距缩小0.0395；人均实际利用FDI每上升1%，会导致城市化与工业化差距扩大0.025。

表5-4　财政收入分权、地方政府竞争和城市化与工业化差距

被解释变量：城市化与工业化差距（DIS）
核心解释变量：财政收入分权与人均实际利用FDI（对数）

	（1）	（2）	（3）	（4）	（5）
财政收入分权	-0.395*** (0.078)		-0.392*** (0.078)	-0.381*** (0.106)	-0.320** (0.114)
人均实际利用FDI（对数）		0.025*** (0.002)	0.024*** (0.002)	0.054*** (0.006)	0.027*** (0.006)
财政收入分权×人均实际利用FDI（对数）				-0.050** (0.019)	-0.037** (0.018)
人均实际GDP（对数）					-0.276*** (0.028)

续表

被解释变量：城市化与工业化差距（DIS）
核心解释变量：财政收入分权与人均实际利用 FDI（对数）

	（1）	（2）	（3）	（4）	（5）
人均实际固定资产投资（对数）					0.103*** (0.012)
人均实际储蓄（对数）					0.061*** (0.014)
人口规模（对数）					-0.048*** (0.017)
城市固定效应	是	是	是	是	是
时间虚拟变量	是	是	是	是	是
常数项	是	是	是	是	是
样本量	1434	1434	1434	1434	1434
R-square	0.414	0.252	0.426	0.592	0.741

表 5-5 展示了被解释变量为城市化与工业化差距（DIS），核心解释变量为地方财政自主度和人均实际利用 FDI 时的实证回归结果。从表 5-5 中可以发现，地方财政自主度的上升可以显著缩小城市化与工业化之间的差距，并且从交叉项的结果来看，地方财政自主度的上升可以显著降低人均实际利用 FDI 对城市化与工业化差距正向的影响。若不考虑交叉项，则地方财政自主度每上涨 0.1，城市化与工业化差距将缩小 0.0236；人均实际利用 FDI 每上涨 1%，城市化与工业化差距将扩大 0.025。

表 5-5　地方财政自主度、地方政府竞争和城市化与工业化差距

被解释变量：城市化与工业化差距（DIS）
核心解释变量：地方财政自主度与人均实际利用 FDI（对数）

	（1）	（2）	（3）	（4）	（5）
地方财政自主度	-0.236*** (0.010)		-0.236*** (0.010)	-0.230*** (0.011)	-0.184*** (0.014)
人均实际利用 FDI（对数）		0.025*** (0.002)	0.020*** (0.002)	0.018*** (0.004)	0.016** (0.004)

续表

被解释变量：城市化与工业化差距（DIS）
核心解释变量：地方财政自主度与人均实际利用 FDI（对数）

	（1）	（2）	（3）	（4）	（5）
地方财政自主度×人均实际利用 FDI（对数）				-0.006** (0.003)	-0.006* (0.004)
人均实际 GDP（对数）					-0.109*** (0.017)
人均实际固定资产投资（对数）					0.064*** (0.009)
人均实际储蓄（对数）					0.069*** (0.010)
人口规模（对数）					-0.039** (0.017)
城市固定效应	是	是	是	是	是
时间虚拟变量	是	是	是	是	是
常数项	是	是	是	是	是
样本量	1434	1434	1434	1434	1434
R-square	0.174	0.252	0.347	0.354	0.481

表5-6展示了被解释变量为城市化—工业化耦合度（D），核心解释变量为财政收入分权和人均实际利用 FDI 时的实证结果。根据第四章的内容我们知道城市化—工业化耦合度和城市化—工业化协调度两者的变化趋势十分相似，区别在于耦合度的度量当中加入了城市化和工业化的发展水平。所以从定性的角度来看，表5-6和表5-2的结果比较类似，财政收入分权对城市化—工业化耦合度有显著正向作用，人均实际利用 FDI 对城市化—工业化耦合度有显著负向作用。从交叉项的结果来看，财政收入分权程度的提高会减弱人均实际利用 FDI 对城市化—工业化耦合度的负向作用。若不考虑交叉项，财政收入分权每上涨0.1，城市化—工业化耦合度将上涨0.031；人均实际利用 FDI 每上涨1%，城市化—工业化耦合度将下降0.006。

表 5-6　财政收入分权、地方政府竞争与城市化—工业化耦合度

被解释变量：城市化—工业化耦合度（D）
核心解释变量：财政收入分权与人均实际利用 FDI（对数）

	(1)	(2)	(3)	(4)	(5)
财政收入分权	0.310*** (0.026)		0.309*** (0.026)	0.285*** (0.030)	0.222*** (0.034)
人均实际利用 FDI（对数）		-0.006*** (0.001)	-0.005*** (0.001)	-0.009*** (0.001)	-0.006*** (0.002)
财政收入分权×人均实际利用 FDI（对数）				0.004** (0.002)	0.003* (0.002)
人均实际 GDP（对数）					0.036*** (0.008)
人均实际固定资产投资（对数）					-0.014*** (0.004)
人均实际储蓄（对数）					-0.012*** (0.004)
人口规模（对数）					0.016*** (0.005)
城市固定效应	是	是	是	是	是
时间虚拟变量	是	是	是	是	是
常数项	是	是	是	是	是
样本量	1434	1434	1434	1434	1434
R-square	0.256	0.131	0.267	0.295	0.484

表 5-7 展示了被解释变量为城市化—工业化耦合度（D），核心解释变量为地方财政自主度和人均实际利用 FDI 时的实证结果。从定性的角度来看，地方财政自主度的提升能够显著提升城市化—工业化耦合度，同时还能够缓解人均实际利用 FDI 给城市化—工业化耦合度带来的负向影响。从单个核心解释变量产生的定量影响效果来看，地方财政自主度每上升 0.1，会导致城市化—工业化耦合度提升 0.0069；人均实际利用 FDI 每上升 1%，会导致城市化—工业化耦合度扩大 0.006。

表 5-7　地方财政自主度、地方政府竞争与城市化—工业化耦合度

被解释变量：城市化—工业化耦合度（D）
核心解释变量：地方财政自主度与人均实际利用 FDI（对数）

	(1)	(2)	(3)	(4)	(5)
地方财政自主度	0.069 *** (0.004)		0.067 *** (0.004)	0.067 *** (0.004)	0.065 *** (0.004)
人均实际利用 FDI（对数）		-0.006 *** (0.001)	-0.004 *** (0.001)	-0.003 *** (0.001)	-0.003 *** (0.001)
地方财政自主度 × 人均实际 FDI 增长率				0.002 ** (0.001)	0.002 ** (0.001)
人均实际 GDP（对数）					0.056 *** (0.005)
人均实际固定资产投资（对数）					-0.007 *** (0.003)
人均实际储蓄（对数）					-0.029 *** (0.003)
人口规模（对数）					0.021 *** (0.005)
城市固定效应	是	是	是	是	是
时间虚拟变量	是	是	是	是	是
常数项	是	是	是	是	是
样本量	1434	1434	1434	1434	1434
R-square	0.084	0.131	0.170	0.193	0.330

　　由于以城市化—工业化耦合度作为被解释变量得到的结论从定性的角度来看与以城市化—工业化协调度作为被解释变量得到的结论一致，所以实证结果分析部分对表 5-6 和表 5-7 得到的结果没有进行深入讨论，更多地呈现为一种稳健性检验。综上可知，财政收入分权程度和地方财政自主度的上升能够显著促进城市化和工业化发展协调程度的上升，同时还能减轻人均实际利用 FDI 的增长，也就是地方政府竞争加剧给城市化和工业化协调发展带来的负向影响，但并不能抵消这一负向影响，所以从整体来说，地方政府竞争的加剧将会给城市化和工业化的协调发展带来显著的负向影响。

第六节 机制检验

在上述实证研究当中，核心解释变量使用的是财政收入分权和地方政府竞争。根据前文对理论模型的讨论可知，财政收入分权程度的下降和地方政府竞争程度的上升带来的最直接的结果是非城市区域工业用地出让面积的提升，并由此导致城市化和工业化发展协调水平的下降。由于前文中被解释变量是1990年到2015年的城市化—工业化协调度，而目前无法获得如此长时间的地级市层面的工业用地出让数据，所以用财政收入分权程度以及人均实际利用FDI的对数值作为核心解释变量。为了验证本章在理论模型当中所分析的机制，也就是工业用地出让才是地方政府竞争中用于吸引投资的关键，财政收入分权程度的下降和地方政府竞争的加剧最终都是通过增加非城市区域的工业用地出让面积来影响地级市城市化与工业化的协调程度，该部分用2007年到2015年地级市非城市区域工业用地出让面积作为核心解释变量，分析其对于地级市层面城市化与工业化协调性的影响。

下文的机制分析可以分为两个部分，首先第一部分是在实证基准回归的基础上验证非城市区域的工业用地出让面积是否存在中介效应。验证中介效应又包括两步，第一步是验证财政收入分权和地方政府竞争是否会显著影响非城市区域的工业用地出让面积，第二步是验证在基准实证模型的基础上加入非城市区域的工业用地出让面积这一指标是否会影响财政收入分权和地方政府竞争的显著性。但是由于非城市区域工业用地出让面积这一数据可得性的原因，其时期和本书中所测算的城市化—工业化协调度数据的时期跨度重叠有限，所以在第一部分验证了非城市区域确实存在中介效应之后，第二部分研究了工业用地出让分别对城市化和工业化过程中关键性指标的影响。

一　非城市区域工业用地出让面积的中介效应

为了规范地方政府在土地供应过程中的行为，国土资源部于2006年5月印发了《招标拍卖挂牌出让国有土地使用权规范》（试行）和《协议出让国有土地使用权规范》（试行），其内容规定国有土地使用权出让计划、具体信息以及出让结果要在中国土地市场网①上进行公示,该规定从2006年8月1日起开始执行。

得益于上述规定,笔者从中国土地市场网上获取了2007年到2015年所有出让成功的地块的详细信息,这些信息包括:地块所处行政区域、项目名称、土地来源、土地用途、供地方式、地块面积、成交价格以及开工、竣工时间等,其中行政区域具体到县一级或与县平级的行政区域,如市辖区。利用获取的数据,笔者首先进行了数据清洗,将个别关键信息缺失的地块删掉之后重点筛选了每个地块所处的行政区域、土地用途、地块面积以及成交价格。因为本章重点关注的是工业用地出让给城市化—工业化协调度带来的影响,所以在筛选数据时,最终只保留了土地用途为工业用地的地块信息②,并以此为基础在地级市层面上对地块信息进行加总,其中地块所属行政区域属于地级市市本级或者市辖区的归为城市地区的工业用地出让,属于县域的则为非城市地区的工业用地出让。根据这一划分方式,笔者计算了2007年到2015年全国层面的工业用地出让中,所处行政位置为非城市区域的地块面积占总的工业用地出让面积的比重(图5-12)。从图5-12中可以发现,工业用地出让中,处于非城市地区的占比长期保持在60%以上。

此外,笔者还进一步计算了2015年各省份的工业用地出让中处于非城市区域的地块面积占比③。从图5-13可以发现,除广东和广西以外,其他地区工业用地出让中处于非城市区域的地块面积占比均超过了50%。许多省份都远高于60%,甚至高于70%。之所以分省份的占比水平要比全国层面高很多,是因为全国层面的平均水平还包括了北京、上海、天津等直辖市,从行政区划上来说,它们的城市区域面积要远高于非城市区域面积。同时,根据图5-12、图5-13的对比,我们可以推断,如果进一步细分到地级市层面④,那么可以看到会有许多地级市其工业用地出让中位于非城市区域的地块面积占比会远高于本章在图5-13当中所展示出的水平。根据初步估算,工业用地出让中位于非城市区域的地块面积占比超

---

① http://www.landchina.com/.
② 实际上,土地用途包括商服用地、工矿仓储用地、住宅用地、公共管理与公共服务等多种分类,工业用地只是工矿仓储用地中的一类。
③ 此处没有展示北京、天津、上海、重庆四个直辖市以及新疆、海南和港澳台地区的数据。
④ 由于数据太多,本章在这里难以一一展示。

过50%的地级市占地级市总数量的比重在70%以上，工业用地出让中位于非城市区域的地块面积占比超过70%的地级市占地级市总数量的比重在50%以上，工业用地出让中位于非城市区域的地块面积占比超过90%的地级市占地级市总数量的比重在20%以上。从这些数据当中可以印证，中国地级市政府出让的工业用地中有相当大的一部分都位于非城市地区。

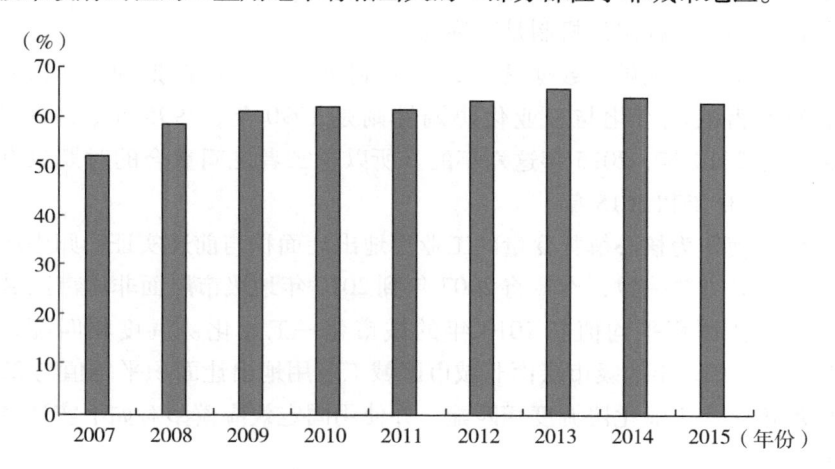

图5-12　全国工业用地出让中处于非城市区域的地块面积占比

资料来源：作者根据从中国土地市场网爬取的数据自行计算所得。

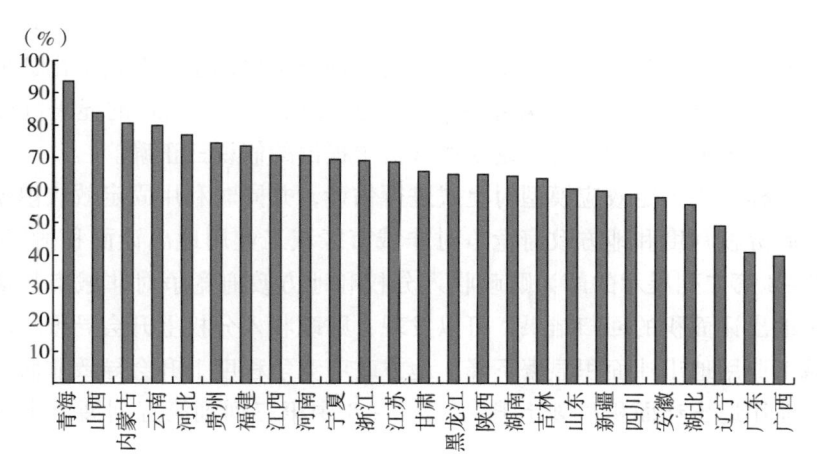

图5-13　2015年分省份工业用地出让中处于非城市区域的地块面积占比

资料来源：作者根据从中国土地市场网爬取的数据自行计算所得。

为了验证理论模型分析当中假说三所提出的机制,本章在该部分利用非城市区域工业用地出让面积作为核心解释变量,以本章第五节的实证模型为基准,检验加入工业用地出让面积之后是否会吸收财政收入分权程度和地方政府竞争的显著性。如果在实证回归中加入工业用地出让面积后,财政收入分权程度和地方政府竞争这两个变量确实变得不再显著,那么说明假说三当中所提出的机制是正确的。

由于工业土地供应数据只有 2007 年到 2015 年这一时期的,而第四章中计算所得的城市化与工业化协调性则是 1990 年、1995 年、2000 年、2005 年、2010 年、2015 年这六年的。所以这二者之间重合的时期只有两年,即 2010 年和 2015 年。

为了使作为核心解释变量的工业用地出让面积与前述实证回归中所用变量的计算方法一致,本章将 2007 年到 2010 年地级市层面非城市区域工业用地出让面积平均值与 2010 年的城市化—工业化协调度相匹配,将 2011 年到 2015 年地级市层面非城市区域工业用地出让面积平均值与 2015 年的城市化—工业化协调度相匹配,并使用固定效应模型对如下实证模型进行回归。

$$urb\_ind_{it} = \beta_{11} FD_{it} + \beta_{12} \ln FDI_{it} + \beta_{13} FD\_\ln FDI_{it} + \beta_{14} \ln land_{it} + \beta_{21} \ln GDP_{it} + \beta_{22} \ln INV_{it} + \beta_{23} \ln SAVE_{it} + \beta_{24} \ln POP_{it} + D\_year_i + u_i + \varepsilon_{it}$$

$$(5-16)$$

相比于第五节的实证模型,该处的实证模型增加了工业用地出让面积的对数即 $\ln land_{it}$ 这一项,若系数 β_{14} 显著,而 β_{11}、β_{12}、β_{13} 的显著性降低或变得均不显著,则说明理论模型分析中提出的假说三正确。

同样使用固定效应模型对上式进行估计,并同时利用固定效应模型检验财政分权程度和地方政府竞争对非城市区域工业用地出让面积的影响。表 5-8 第二列展示的即为财政收入分权和地方政府竞争对非城市区域工业用地出让面积的回归结果,可以发现,财政收入分权上升会导致非城市区域工业用地出让面积显著下降,地方政府竞争程度上升会导致非城市区域工业用地出让面积显著上升①。表 5-8 中第三列到第五列展示了被解

---

① 表 5-8 中第二列的回归主要是作为中介效应检验的一部分,此处对地方政府竞争的度量延续前文内容,使用人均实际利用 FDI 表示。但实际上,在此处中介效应检验的回归当中,人均实际利用 FDI 作为解释变量,非城市区域工业用地出让面积作为被解释变量,实证模型存在一定的内生性。

释变量城市化—工业化协调度分别用三种方法度量的结果，与第四章以及本章前述实证结果对应。从表5-8中可以发现，当加入非城市区域工业用地出让面积这一核心解释变量之后，财政分权程度以及地方政府竞争这两个解释变量前的系数均不再显著，而非城市区域工业用地出让面积这一变量前的系数显著。当非城市区域工业用地出让面积上升时，城市化与工业化的协调程度显著下降。这充分说明理论模型部分所提出的假说三是正确的，即财政分权程度和地方政府竞争对于城市化与工业化协调性的影响主要通过影响非城市区域工业用地出让面积发挥作用。

表5-8 非城市区域工业用地出让面积与城市化—工业化协调度

被解释变量	非城市区域工业用地出让面积（对数）	城市化—工业化协调度（C）	城市化与工业化差距（DIS）	城市化—工业化耦合度（D）
财政收入分权	-0.375*** (0.071)	0.125* (0.072)	-0.084 (0.073)	0.075 (0.072)
人均实际利用FDI（对数）	0.038*** (0.008)	-0.013 (0.010)	0.011 (0.009)	-0.010 (0.008)
财政收入分权×人均实际利用FDI（对数）	-0.035* (0.018)	0.020 (0.023)	-0.023 (0.020)	0.020 (0.020)
非城市区域工业用地出让面积（对数）	/	-0.096*** (0.031)	0.112*** (0.034)	-0.138*** (0.029)
其他控制变量	是	是	是	是
城市固定效应	是	是	是	是
常数项	是	是	是	是
样本量	524	524	524	524
R-square	0.387	0.583	0.714	0.637

二 工业用地出让面积对城市化和工业化的影响

表5-8证实了理论模型部分提出的机制，但是限于样本可得性的原因，上述机制验证过程只使用了2010年和2015年的城市化—工业化协调度样本，存在时期短、样本小的缺陷。为了弥补这方面的缺陷，在接下来的内容当中进一步以工业用地出让面积作为核心解释变量，研究了其分别对于城市化和工业化产生的影响。其中工业化水平的衡量指标选择工业总产值和工业企业数，而城市化的衡量指标则选择了市辖区道路总面积、市

辖区公共汽车运营总量及市辖区建成区面积。

上述衡量指标均来自 2007 年到 2015 年的《中国城市统计年鉴》，由于地级市层面常住人口准确数据缺乏，这一部分的实证分析难以找到像第四章中工业化和城市化水平综合性系统评价数据，只能用上述单个指标进行替代。

在实证方法的选取上，此处所用数据的优势是 2007 年到 2015 年的地级市层面数据构成了一组短面板数据，可以发挥面板数据优势控制地级市层面的个体效应。但同时由于地级市层面控制变量难以获取，并且如果加入太多控制变量容易导致共线性问题，所以此处只控制了地级市的人均实际 GDP 水平和产业结构，即非农产业占比。考虑到此处的被解释变量具有时序数据的特征，即当期的数值在一定程度上取决于上一期的数值，所以可以利用上述面板数据构成动态面板数据，使用 GMM 估计方法。此外，因为本章所使用的工业用地出让面积是最终成交的面积，与被解释变量具有一定的反向因果性。考虑到可能存在的内生性问题，在回归中用滞后期的工业用地出让面积作为工具变量进行实证分析。为了提升估计的效率，最终选定了系统 GMM 的估计方法，本章机制检验部分表 5-9 和表 5-10 展示的回归结果均是采用系统 GMM 和工具变量的方法得到的。

接下来，本章将依次展示利用工业生产总值、工业企业数、城市道路总面积、市辖区公共汽车运营总量、市辖区建成区面积作为被解释变量，工业用地出让面积作为核心解释变量，被解释变量的一阶滞后、人均实际 GDP 以及非农产业占比作为主要控制变量进行实证回归得到的结果。上述变量除非农产业占比以外均作对数化处理，涉及价格水平的变量均进行了消除通胀处理。

表 5-9 展示了工业用地出让面积与工业化之间的关系。该部分对于工业化的度量主要采用了两个指标，一个是工业总产值，另一个是工业企业数。从表 5-9 中可以发现不论是工业用地出让总面积还是非城市区域工业用地出让面积，对地级市工业总产值以及工业企业数的影响系数均显著为正，并且当期以及滞后一期和滞后两期的影响均显著。

从表 5-9 的第 (1) 列和第 (2) 列可以发现，当期工业用地出让总面积每上涨 1%，工业总产值增长 0.183%；滞后一期工业用地出让总面积每上涨 1%，工业总产值增长 0.028%；滞后两期工业用地出让总面积每上涨 1%，工业总产值上涨 0.101%；非城市区域工业用地出让面积每上涨 1%，工业总产值上涨 0.156%；滞后一期非城市区域工业用地出让面积每上涨 1%，工业总产值上涨 0.043%；滞后两期非城市区域工业用地出让面积每上涨 1%，工业总产值上涨 0.098%。

从第（3）列和第（4）列中可以发现，当期工业用地出让总面积每上涨 1%，工业企业数增加 0.033%；滞后一期工业用地出让总面积每增加 1%，当期工业企业数增加 0.073%；滞后两期工业用地出让总面积每增加 1%，当期工业企业数增加 0.048%；而当期非城市区域工业用地出让面积每上涨 1%，工业企业数增加 0.022%；滞后一期非城市区域工业用地出让面积每上涨 1%，当期工业企业数增加 0.094%；滞后两期非城市区域工业用地出让面积每增加 1%，当期工业企业数增加 0.061%。

此外，从表 5-9 当中还可以发现，滞后一期的人均实际 GDP 的上涨对工业总产值和工业企业数量均没有显著影响，但是滞后一期的非农产业占比上涨却对工业总产值和工业企业数量具有显著正向影响。

表 5-9　　　　　　　　工业用地出让面积与工业化

被解释变量：工业总产值（对数）			被解释变量：工业企业数（对数）		
	(1)	(2)		(3)	(4)
工业用地出让总面积（对数）	0.183 *** (0.007)		工业用地出让总面积（对数）	0.033 *** (0.008)	
L. 工业用地出让总面积（对数）	0.028 *** (0.007)		L. 工业用地出让总面积（对数）	0.073 *** (0.009)	
L2. 工业用地出让总面积（对数）	0.101 *** (0.009)		L2. 工业用地出让总面积（对数）	0.048 *** (0.010)	
非城市区域工业用地出让面积（对数）		0.156 *** (0.007)	非城市区域工业用地出让面积（对数）		0.022 *** (0.007)
L. 非城市区域工业用地出让面积（对数）		0.043 *** (0.009)	L. 非城市区域工业用地出让面积（对数）		0.094 *** (0.009)
L2. 非城市区域工业用地出让面积（对数）		0.089 *** (0.010)	L2. 非城市区域工业用地出让面积（对数）		0.061 *** (0.011)
L. 工业总产值（对数）	0.942 *** (0.018)	0.945 *** (0.020)	L. 工业企业数（对数）	0.683 *** (0.019)	0.678 *** (0.020)
L. 人均实际 GDP（对数）	0.013 (0.009)	0.036 ** (0.015)	L. 人均实际 GDP（对数）	0.006 (0.018)	0.008 (0.024)
L. 非农产业占比	0.013 *** (0.002)	0.012 *** (0.002)	L. 非农产业占比	0.002 * (0.001)	0.002 * (0.001)

续表

被解释变量：工业总产值（对数）			被解释变量：工业企业数（对数）		
	(1)	(2)		(3)	(4)
常数项	1.217*** (0.242)	1.434*** (0.262)	常数项	2.548*** (0.178)	2.493*** (0.228)
样本量	1680	1680	样本量	1680	1680

表 5-10 展示了工业用地出让面积对城市化的影响，本部分对城市化的度量主要选取了市辖区道路总面积、市辖区公共汽车运营总量和市辖区建成区面积。从表 5-10 中可以看到，工业用地出让总面积对于上述三项指标均没有显著影响，并且工业用地出让总面积对市辖区公共汽车运营总量和市辖区建成区面积的影响系数为负。在实证回归的过程当中，本章还用非城市区域工业用地出让面积作为核心解释变量对上述三项城市化指标进行回归，结果与工业用地出让面积作为核心解释变量得到的结果类似。限于篇幅，正文没有展示非城市区域工业用地出让面积作为核心解释变量得到的回归结果（见附录3）。

具体的实证结果显示，滞后一期的市辖区道路总面积每增加1%，当期市辖区道路总面积增加0.499%；滞后一期人均实际 GDP 每增加1%，当期市辖区道路总面积增加0.241%；滞后一期的非农产业占比每上涨1个百分点，当期市辖区道路总面积上涨0.005%。滞后一期的市辖区公共汽车运营总量每增加1%，当期市辖区公共汽车运营总量上涨0.659%；滞后一期的人均实际 GDP 每增加1%，当期市辖区公共汽车运营总量上涨0.221%。滞后一期的市辖区建成区面积每增加1%，当期市辖区建成区面积增加0.382%；滞后一期的人均实际 GDP 每增加1%，当期市辖区建成区面积增加0.230%。

表 5-10　　　　　　　　工业用地出让面积与城市化

被解释变量：市辖区道路总面积（对数）		被解释变量：市辖区公共汽车运营总量（对数）		被解释变量：市辖区建成区面积（对数）	
	(1)		(2)		(3)
工业用地出让总面积（对数）	0.010 (0.008)	工业用地出让总面积（对数）	-0.027 (0.023)	工业用地出让总面积（对数）	-0.011 (0.009)

续表

被解释变量：市辖区道路总面积（对数）		被解释变量：市辖区公共汽车运营总量（对数）		被解释变量：市辖区建成区面积（对数）	
	（1）		（2）		（3）
L. 工业用地出让总面积（对数）	0.011 (0.011)	L. 工业用地出让总面积（对数）	-0.021 (0.028)	L. 工业用地出让总面积（对数）	-0.017 (0.011)
L2. 工业用地出让总面积（对数）	-0.009 (0.012)	L2. 工业用地出让总面积（对数）	-0.006 (0.017)	L2. 工业用地出让总面积（对数）	-0.007 (0.008)
L. 市辖区道路总面积（对数）	0.499*** (0.027)	L. 市辖区公共汽车运营总量（对数）	0.659*** (0.049)	L. 市辖区建成区面积（对数）	0.382*** (0.027)
L. 人均实际GDP（对数）	0.241*** (0.032)	L. 人均实际GDP（对数）	0.221*** (0.049)	L. 人均实际GDP（对数）	0.230*** (0.026)
L. 非农产业占比	0.005*** (0.001)	L. 非农产业占比	0.001 (0.002)	L. 非农产业占比	0.005*** (0.001)
常数项	1.130*** (0.246)	常数项	0.354 (0.358)	常数项	0.571*** (0.184)
样本量	1680	样本量	1680	样本量	1680

总结表5-9和表5-10的实证结果可以发现，不论是地级市工业用地出让总面积的增加，还是地级市中非城市区域工业用地出让面积的增加，都会显著提升地级市层面的工业化水平，但是对城市化水平却没有显著的影响。由此结合表5-8中的实证结果，可以验证本章在理论模型部分所阐述的机制，由于地方政府在追求GDP政绩的过程中，对土地出让的依赖度增高，工业发展也是通过廉价出让工业用地吸引投资和企业落户。而这种发展模式只能促进工业化水平，进而拉动整体GDP水平，但对城市化的发展却没有正向促进作用。由此导致中国地级市的城市化和工业化发展之间的协调性减弱。

第七节 小结与政策建议

本章从行政治理体制与空间经济的关系角度讨论中国地方经济中的城市化与工业化的协调发展以及城市化发展滞后于工业化的问题。通过构建理论模型和进行实证分析，本章发现当中央和地方政府之间的税收分成中地方所占比重下降，即财政收入分权约束了地方政府的财政支出的自主支配程度，而与此同时，中央对地方政府官员的考核机制以 GDP 增长为主要标准时，地方政府一方面由于财政收入短缺而缺少发展资金，另一方面又必须促进 GDP 的持续稳定增长。因此，地方政府间横向竞争会促使地方政府动用本地经济资源以达成经济增长的竞赛目标，国有土地使用权出让成为地方政府官员刺激地方经济发展的重要工具。由于国有新增建设用地多来源于农用地转非农用地，且建设用地中商服用地和住宅用地多位于城市地区，那么工业用地的出让就多位于城市周边的县域地区。这一点通过土地出让数据测算可以得到验证。在这种情况下，地方政府通过低价出让工业用地带动的地区工业化发展有很大一部分都发生在城市周边的县域地区，而这些地区的工业化发展对于地级市市区城市化发展的带动作用十分微弱，导致中国城市化发展和工业化发展的不协调。

　　通过实证回归，本章发现，财政收入分权程度的下降对城市化和工业化的协调度产生显著的负向影响，人均实际利用 FDI 的上升，也就是地方政府竞争的加剧对城市化和工业化的协调度也会产生负向影响。同时，财政收入分权程度与人均实际利用 FDI 的交叉项对城市化和工业化协调度的影响系数显著为正。这说明随着财政收入分权程度的下降，地方政府竞争的加剧对城市化和工业协调度带来的负向影响将更大。通过机制检验进一步发现，当在基准回归模型当中加入非城市区域工业用地出让面积这一变量时，财政收入分权程度和地方政府竞争前面的系数均变得不再显著，而非城市区域工业用地出让面积的增加会给城市化与工业化发展的协调性带来显著的负向影响，这说明财政收入分权程度与地方政府竞争对城市化与工业化协调性所产生的影响均是通过影响非城市区域工业用地出让面积而发挥作用。两部分实证结论的结合可以完整验证理论模型当中提出的假说。总结而言，由于土地是工业企业最重要的投入要素之一，而中国的土地制度使得工业用地的供给受行政力量影响较大，从而影响了中国工业化过程中经济活动的自发集聚过程，导致工业化对城市化的推动作用微弱，产生城市化发展滞后于工业化发展的现象。在这一过程中对工业用地出让产生重要作用的就是中国的财政收入分权程度和地方政府竞争的变化。

　　根据上述研究结论，本章提出以下几点政策建议：

　　首先，城市化对于经济发展所具有的重要作用在过去经济发展过程当中没有引起足够的重视，许多地区一味通过粗放的发展模式推动工业化发展，忽略了工业经济活动自身的集聚效应与城市化过程的相互促进作用。更有一些地区甚至为了促进GDP增长、拉动投资，而盲目扩大城市用地面积，忽略了人在城市化中的重要作用。实际上这种模式产生的并不是真正意义上的城市。城市在经济发展中最大的作用就是人力资本的集聚和共享，正如深圳现在可以成为高科技创业者集聚之地是因为深圳在过去的发展过程中吸引了许多先进产业领域的创业先行者，这种"滚雪球"式的集聚效应对于创业有着巨大的正外部性。所以以GDP增长为单一目标的发展模式应当得到纠正。但不是说要完全放弃对GDP增长的追求，而是应当同时考虑到在这一过程当中正确的城市化发展。

其次，要改变地方政府依靠国有土地出让权来刺激经济的方式。因为过度依靠出让土地无异于是"寅吃卯粮"，随着近年来房地产市场进入下行周期，土地出让市场也较为疲软，因此一手利用低价工业用地吸引企业投资，一手利用房地产带动经济发展的模式是无法实现可持续发展的，并且在这一过程中，由于地方政府之间的竞争，导致大量的重复建设和资源错配。想要改变这种发展模式不仅需要优化对地方政府的激励模式，同时要配合央地财税制度的改革和完善，提高地方政府在财权和事权两方面的匹配度。完善地方政府借债模式，促使地方政府通过更加合理可持续的方式筹集地方发展资金。

最后，应当调整和优化行政区划给城市化发展所带来的制约。目前中国许多县级市并不能成为真正意义上的城市，其中一个重要原因就是无论是从行政级别还是从城市规划上来看，县级市的人口和经济体量规模都难以独立发挥城市经济所需要的规模经济和集聚效应，但如果淡化行政区划带来的影响，提高县级市与其所属的地级市市辖区，甚至是与周边其他城市联合发展的能力，形成都市圈效应，那么城市化的发展水平将会得到极大的提升。因此，行政治理体制安排需要充分注意由此形成的分权、竞争格局对区域经济空间的一体性，及其中经济活动的自组织性所产生的影响，需要通过良好的机制设计，激励地方政府以顺应空间经济规律，提高空间经济组织效率和发挥空间经济效益的方式利用本地资源，防止造成地方政府竞争性使用辖区内的地方经济资源以达成晋升目标，从而妨碍集聚经济等效应发挥作用。

第六章

撤县设区与城市化—工业化关联[*]

第一节　引言

　　中国城市化发展的一个重要特点是行政力量在其中发挥了重要的作用，许多非城市地区向城市地区的转化都是以行政区划的变更为开端。中华人民共和国成立以来进行了多次重要的行政区划变更，如撤地设市、撤县设市和撤县设区等，这些过程均表现为自上而下的城市化推行方式。从理论上来讲，行政区划的变更会通过影响空间经济组织方式从而影响城市化与工业化发展。原因包括两个方面：首先，发展经济学理论认为城市化与工业化往往呈现紧密协调发展的规律，并且其相互促进的协调发展机制对地区经济增长具有推动作用。其次，在区域经济学的相关理论中，城市化与工业化的协调发展取决于经济活动与其空间组织的互动关系，且重点在于这种互动关系的建立既取决于经济活动的特性，也取决于此类特性得以发挥的空间经济条件。工业经济活动自身固然具有规模经济、范围经济和集聚经济等经济特性，但这些经济特性的发挥有赖于一体化的经济空间为其提供市场规模和范围，并且保障其空间组织自由度和协调性。只有在同时具备空间规模与生产组织自由的情况下，工业经济才会因固有的经济特性自发汇聚，从而带动人口以及其他产业集聚，与城市经济发展形成相互促进的局面。因此，城市所处地区经济空间一体化程度，以及工业经济在此空间和范围内的组织自由度和协调性，是决定工业化与城市化能否协调互动的关键因素。那么中国20世纪90年代末以来频繁发生的撤县设区是否真的推动了城市化进程，改善了城市化相对于工业化落后的局面呢？

---

[*] 本章主要内容已发表于《世界经济文汇》2022年第1期。

这正是本章将要研究的内容。

为了更加清楚地理解撤县设区的含义，首先应当对中国的行政区划进行简单的了解。图6-1展示了中国的行政区划以及涉及的三种变革类型。若不考虑乡级行政单位，中国的行政区划级别共可以分为三级，分别是省级行政区、地级行政区域和县级行政区域。其中省级行政区域主要包括直辖市、省、自治区以及特别行政区；地级行政区域则主要由地级市组成，另外还有一些是地区、自治州和盟；县级行政区主要包括市辖区、县、县级市以及自治县等行政单位。

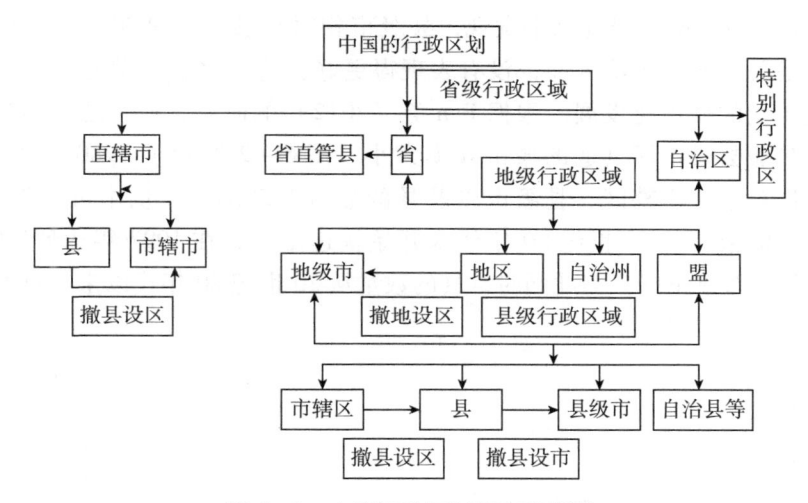

图6-1 中国行政区划及变革类型

资料来源：作者自行整理绘制。

改革开放以前，中国并没有"地级市"这一行政区划，而主要是由"地区"组成，各个地区内部也很少存在市管县的模式。这一阶段，绝大多数的市和县是平级的，均归由地区行政专属管辖。改革开放以后，为了发挥城市在工业和经济发展过程当中的重要作用，1982年到1983年，中共中央连续提出两项措施推进 撤地设市。之后地级市的数量出现了爆炸式的增长，从1982年的112个一路增长到2000年的259个，这一过程中大部分的地区都完成了向地级市的转化，实现了由地级市管辖下属县级行政区域的行政区划体系。

在地级行政区域变革的同时，县级行政区域也在进行调整，主要表现为两种形式，一种是撤县设市，另一种是撤县设区。最先开始实施的是撤县设市，也就是将县改为县级市，虽然仍然由其所属的地级市代为管理，但是县级市的发展相较普通县更加偏向于非农产业。撤县设市密集发生于20世纪80年代末期到90年代。截至1998年年末，中国县级市的数量达到了437个，其中350个左右的县级市都是通过撤县设市转变而来。在这一井喷式的发展过程当中，许多县本身规模很小，非农经济和人口占比低，无法发挥城市的作用，但盲目追求成为县级市，导致许多县级市存在严重的虚假城市化。所以国务院于1997年紧急叫停撤县设市。Fan等（2012）采用县和县级市层面的数据研究了撤县设市这一政策给相应的县级市带来的影响。研究结果发现，县级市相对于县不论是在经济增长方面还是公共服务供给方面都没有表现得更好，这一政策并没有从本质上促进中国的城市化发展。根据Fan等（2012）的研究，产生这一结果的原因是撤县设市所创造的城市规模太小。图6-2展示了1980年以来，中国地级市、市辖区、县级市以及县的数目变动趋势。从中可以发现，县级市的数目从20世纪80年代末开始快速增长，在1997年达到顶峰，随后开始缓慢下降。与此同时，县的数量从20世纪80年代以来一直处于不断下降的趋势。

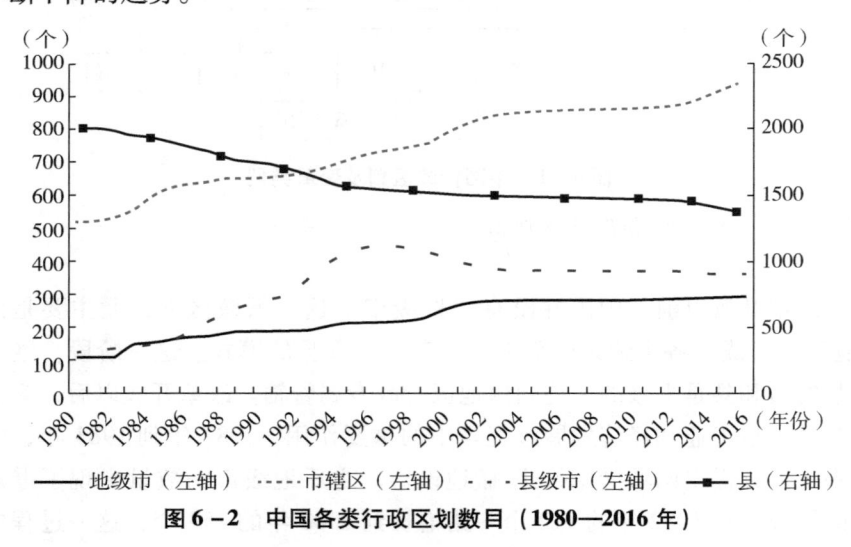

图6-2 中国各类行政区划数目（1980—2016年）

资料来源：《中国统计年鉴》（1980—2016年）。

从图6-2中可以发现，随着县级市数目的下降，市辖区的数量开始快速上升，这一现象主要是由于撤县设市被叫停之后，撤县设区迅速兴起。实际上,撤县设区也开始于20世纪80年代,只是在80年代到90年代,县更加热衷于转变为县级市而非市辖区,所以市辖区的数目一直增长缓慢。撤县设市被叫停之后,为了推进城市化的进程,撤县设区从2000年以来被广泛推行。相比于撤县设市,撤县设区有一个重要的特点就是显著扩大了地级市市区的规模。而撤县设市过程当中形成的县级市虽然归地级市管辖,但是在行政治理和财政支出方面具有较高的独立性,无法和地级市市辖区融为一体共同推动城市化发展。而撤县设区之后,原先具有高度独立性的县或县级市与地级市市辖区融为一体,统一由地级市进行行政决策,无论是在财政政策、产业政策方面,还是在资产投资等方面均实现了更高水平的协调发展,从而有助于推动整个地级市城市化水平的提升。

为了详细梳理不同年份撤县设区的次数,笔者通过中国行政区划网收集了每一年发生撤县设区的县或县级市及其所属的地级市(或直辖市)。整理发现,撤县设区频发的年份主要集中在2000年到2004年和2011年到2015年。其中2000年到2004年共有53个县或县级市发生撤县设区,而2011年到2015年共有70个县或县级市发生撤县设区。但是在2005—2010年,撤县设区发展缓慢。

现实中,中国城市体系的发展明显受到行政管理体制的影响。中国的行政管理体制由多个层级构成,随着行政层级的增加,行政区划被逐层细分,导致经济空间的分割性增强。同时,考虑到中国的行政体制中基于晋升锦标赛的行政治理安排,被分割的经济空间之间还被赋予了更强的竞争性。在这种情况下,多层次的行政区划以及同级竞争就会造成经济空间的竞争性,破坏发挥工业经济特性所必需的空间经济一体化,对城市化和工业化的协调发展产生重要影响。从理论上来讲,撤县设区能够扩大地级市市区规模,提高一体化程度,继而推动城市化。那么本章所关注的重点则是撤县设区能否显著改善城市化与工业化之间的协调发展程度呢?所以利用2000年到2004年以及2011年到2015年发生的撤县设区作为政策实验,使用双重差分(DID)方法检验了撤县设区对城市化和工业化协调发展程度带来的影响,并且探究了其背后的影响机制。由于撤县设区在县或县级市之间并不是随机发生的,而是遵循了一定的筛选条件,所以为了解决这种非随机性带来的选择偏误问题,本章采用了倾向值匹配法(PSM)对实验组和对照组样本进行匹配。

后续内容主要分为以下几个部分:第二节介绍了本章所使用的数据和

采用的实证方法；第三节介绍了主要的基准实证结果；第四节介绍了稳健性检验结果；第五节介绍机制分析结果；第六节为小结与政策建议。

第二节 理论分析与实证方法

一 理论分析

行政区划影响城市化与工业化协调性的原因在于多层级的行政区划分割和同级竞争会造成空间经济单元的分割及相互间的竞争，限制工业经济活动发挥经济效应所需的市场规模和范围，阻碍其因谋求经济效应而向城市自发集聚，从而不利于工业化与城市化的协调发展；反之，增强经济空间一体化和协调性的行政区划调整，则会有益于城市化与工业化协调发展。

具体到撤县设区，这一行政区划改革最直接的影响就是将原本具有较强独立性并且与地级市市辖区之间在资源分配上存在竞争性的县级区划转变为与地级市市区统一协调的市辖区，在双方的行政管理融为一体的同时使得双方原本由于行政原因而分割的经济空间融为一体。相比于撤县设市，撤县设区显著扩大了地级市市辖区的规模，提高了地级市空间经济一体化程度。撤县设市过程当中形成的县级市虽然归地级市管辖，但是具有高度的独立自主性，无法和地级市市辖区融为一体共同推动城市化发展。而撤县设区之后，原本独立性较高的县级行政区域在财政政策、产业政策、土地规划及出让以及基础设施建设投资等各个方面与地级市市辖区实现了更高水平的协调发展，从而有助于整个地级市在更大范围内进行资源配置，提升经济规模，促进经济集聚和产业协调发展。

二 实证方法

把撤县设区看作一项准自然实验，研究该政策效果最好的方法就是双重差分法（Difference in Difference）。与此同时，由于在现实过程当中，撤县设区并不是随机发生的，一个县是否被撤并为市辖区取决于被撤并地区的经济、人口等多方面因素，所以直接使用双重差分法存在选择性偏差问题。为了解决这一问题，本章使用了倾向值匹配法来对实验组和对照组进行匹配，在此基础上再使用 DID 识别政策效果。

在双重差分法当中，整体样本被分为两部分，一部分是实验组（本章中即为发生撤县设区的地级市），另一部分为对照组（本章即为没有发生撤县设区的地级市）。如果是否发生撤县设区是随机的，那么从理论上来讲，撤县设区的处理效应就应当是实验组和对照组之间城市化和工业化协调程度变化的平均差异。即"平均处理效应"，可以表示为以下形式：

$$ATE = E(y_{1i} \mid county\_district = 1) - E(y_{0i} \mid county\_district = 0) \tag{6-1}$$

其中 y_{1i} 表示发生撤县设区的地级市其城市化和工业化协调程度的变化，y_{0i} 表示没有发生撤县设区的地级市其城市化和工业化协调程度的变化。ATE（Average Treatment Effect）即平均处理效应。

根据公式（6-1），可以将实证模型表示为如下形式：[①]

$$\Delta Y_i = \beta_0 + \beta_1 county\_district_i + \varphi X_i + \varepsilon_i \tag{6-2}$$

其中 ΔY_i 表示城市化和工业化之间的协调程度在撤县设区后和撤县设区前的差异，$county\_district_i = 1$ 表示地级市 i 在样本期间发生撤县设区，为实验组，$county\_district_i = 0$ 表示地级市 i 在样本期间没有发生撤县设区，为对照组。X_i 为其他控制变量。实证模型（6-2）中估计所得的 $\widehat{\beta_1}$ 则为倍差估计量，反映了撤县设区这一政策给城市化和工业化协调程度变化带来的影响。

通过上述过程想要得到 $\widehat{\beta_1}$ 的无偏估计量有一个重要的前提，就是实验组和对照组的划分是随机的。但是实际上，哪些地级市会发生撤县设区并不是随机的，而是由其本身的经济因素等决定的，所以为了解决此处的选择性偏差问题，本章利用倾向值匹配法将实验组和对照组进行了配对。

假设某样本个体 i 属于实验组，倾向值匹配法所要达到的目的就是在对照组当中找到某一个个体 j 或多个个体，使得个体 j 与个体 i 在对被解释变量产生影响的可测变量上尽可能相近。倾向值匹配法判断对照组与实验组中的个体是否匹配的标准就是在给定诸多可测变量 x_i 的情况下，计算个体进入实验组的概率 $p(x)$，对照组中的个体与实验组中的个体概率

[①] 本书此处 DID 回归模型的被解释变量是个体在第 1 期（实验后）和第 0 期（实验前）的差值对是否为实验组进行回归，这一模型和 DID 回归中常用的以个体水平值为被解释变量，解释变量为是否为实验组的虚拟变量和实验前还是实验后的虚拟变量水平值及二者交叉项的模型设定方式是可以等价变换的。

得分越是相近，那么说明二者的匹配程度越高。

一般情况下，使用样本数据估计得分概率 $p(x)$ 时采用的估计方法为 logit 估计。得到得分概率之后，选取与实验组匹配的对照组个体时倾向值匹配法也给出了多种标准，本章在后文当中主要采用以下三种匹配方式，本章没有使用的匹配方式此处不一一列出。第一种方法是"k 邻近匹配法"，意思就是给实验组中的每一个个体找 k 个对照组中的个体进行匹配，当 $k=1$ 时被称作"一对一匹配法"；第二种方法是"半径匹配法"，意思是限定对照组中个体与实验组中个体得分倾向的距离绝对值，即 $|p(x_i)-p(x_j)|\leq\varepsilon$，并且一般情况下 $\varepsilon\leq0.25\,\hat{\sigma}_{pscore}$，其中 $\hat{\sigma}_{pscore}$ 为得分概率的标准差。第三种方法是"核匹配（kernel matching）法"，该方法由 Heckman 等（1997，1998）提出，其思想是利用核函数的变形作为估计过程当中的权重。第三种方法与前两种方法之间的重要差异在于前两种方法本质上都是邻近匹配，而第三种方法为整体匹配，只是根据不同对照组样本与实验组样本之间的距离不同而赋予不同的权重。

三 数据

本章所使用的数据主要涉及以下几方面来源。第一，核心解释变量方面，关于撤县设区的信息本章从行政区划网整理得到。该网站披露了中国各个省、直辖市以及自治区的行政区划，详细到县区级别，并且整理了每年行政区划的变动情况，包括撤地设市、撤县设市、撤县设区以及设立省直管县等各方面的变动。本章主要从该网站公布的信息当中筛选整理了 1990 年以来撤县设区的信息。由于本章基准实证中被解释变量是第四章计算所得的城市化和工业化协调发展程度，所有的样本范围为 1990 年、1995 年、2000 年、2005 年、2010 年、2015 年这六年的地级市层面的数据。再结合整理所得的撤县设区发生的样本数，最终选定了两个撤县设区频发的样本区间，第一个是 2000 年到 2005 年，第二个是 2010 年到 2015 年。第二，核心被解释变量方面本章使用了前文当中计算所得的城市化和工业化发展的协调程度，包括城市化与工业化差距（DIS）、城市化—工业化协调度（C）以及城市化—工业化耦合度（D），时间范围上使用了 2000 年、2005 年、2010 年和 2015 年四年的数据，样本时期选择的具体原因在后文的实证方法部分会进行详细解释。第三方面的数据来源于《中国城市统计年鉴》，这部分数据主要用作倾向值匹配时所需的协变量和回归当中的控制变量。从《中国城市统计年鉴》中获取了回归所需年份各地级市的 GDP、财政收入、固定投资、储蓄余额、实际利用外资、年末人口总数、非农就业占比等变量。此外,本章在机制检验部分还使用了人口普查数据和工业用地出让数据,其中工业用地出让数据来自中国土地市场网,该网站披露了 2007 年以来每一块土地出让的具体信息,包括出让方式、土地用途、出让面积、出让金额、出让单位、土地位置等多方面的详细信息。通过对上述信息的整理,本章主要获取了 2010 年各地级市工业用地出让当中采用协议出让方式进行出让的土地面积占比,选取该变量作为被解释变量进行机制检验的逻辑将会在第五节进行详细阐述。

第三节 实证结果

这一部分将报告利用第二节所设计的实证模型得到的主要实证结果,包括以下三个方面:第一方面是用 2005 年和 2010 年城市化与工业化协调发展的绝对水平作为被解释变量得到的回归结果;第二方面是用 2005 年相对于 2000 年、2010 年相对于 2000 年、2015 年相对于 2010 年的城市化与工业化协调发展的差异水平作为被解释变量得到的回归结果;第三方面是对倾向值匹配过程当中的匹配检验结果进行展示,以证明前述两方面的实证结果确实是基于有效匹配得到的[①]。

在每一部分的实证回归当中,对城市化与工业化协调发展水平的度量都选取了三方面的指标,分别是城市化与工业化差距(DIS),城市化—工业化协调度(C),城市化—工业化耦合度(D)。此外,对于撤县设区这一准自然实验,本章主要采用了两个样本区间,第一个样本区间是 2000 年到 2005 年之间发生的撤县设区,对此区间撤县设区影响效果的评价选择了 2005 年和 2010 年两个年份的数据作为政策后的时间节点。之所以会使用 2010 年的数据作为被解释变量,是为了观察撤县设区这一政策在长期带来的影响效果。为了排除 2006 年到 2010 年发生的撤县设区给回归结果带来的影响,本章在选取这一部分的样本时删除了 2006 年到 2010

---

① 第一方面的实证结果严格意义上来说不属于 DID,但为了完整展现撤县设区的影响,本章在此处进行展示,第二方面的实证结果属于 DID。

年发生撤县设区的样本①。第二个样本区间是2010年到2015年发生的撤县设区,这一区间对应了2015年与2010年之间城市化和工业化协调程度的差异。

最后,还需要说明的一点是,本章在进行倾向值匹配时,所选取的协变量均为1995年到1999年的平均值。之所以这样处理主要出于两方面的考虑,一方面是撤县设区会给本章所选取的协变量产生影响,所以本章选取了所有个体发生撤县设区之前的协变量水平;另一方面是为了确保对照组中的个体与实验组中匹配的个体是在较长时期中相似的样本,而非由短期因素所决定,本章采用了所有协变量五年的平均水平。

一 城市化与工业化协调程度的绝对水平

表6-1展示了2000年到2005年发生的撤县设区给2005年城市化与工业化协调发展绝对水平带来的影响。从表6-1当中可以发现,撤县设区确实能够显著提升地级市城市化与工业化协调发展绝对水平。从城市化与工业化差距的角度来看,发生撤县设区的地级市其城市化与工业化差距比没有发生撤县设区的地级市显著低0.043到0.063。从城市化—工业化协调度的角度来看,发生撤县设区的地级市比没有发生撤县设区的地级市的城市化—工业化协调度显著高0.122到0.148。从城市化—工业化耦合度的角度来看,发生撤县设区的地级市比没有发生撤县设区的地级市其城市化—工业化耦合度显著高0.099到0.119。根据第四章对上述三个被解释变量的度量可以发现,这三个度量方法均是进行标准化之后的结果,所以想要判断表6-1当中系数相对于绝对水平是否有显著经济的意义,就需要计算这三个度量标准的绝对水平。从第四章的结果中可以发现,城市化与工业化差距的水平基本分布在0到0.8之间,城市化—工业化协调度的水平基本分布在0.1到1之间,城市化—工业化耦合度的水平基本分布在0.2到0.9之间。所以对比这些指标的波动范围和表6-1当中的系数水平可以发现,撤县设区给城市化与工业化协调发展绝对水平带来的影响不仅在统计意义上是显著的,在经济意义上也是十分重要的。

---

① 实际上,2006年到2010年中国的撤县设区变革几乎处于停滞状态,只有极个别的地级市存在,所以删除个别地级市样本对整体没有影响。

表6-1　撤县设区和城市化与工业化协调发展绝对水平（2005年）

被解释变量：城市化与工业化差距（DIS）			
匹配方法	一对一匹配法	半径匹配法	核匹配法
撤县设区	-0.063** （0.028）	-0.063** （0.026）	-0.043* （0.022）
被解释变量：城市化—工业化协调度（C）			
匹配方法	一对一匹配法	半径匹配法	核匹配法
撤县设区	0.142*** （0.042）	0.148*** （0.042）	0.122*** （0.036）
被解释变量：城市化—工业化耦合度（D）			
匹配方法	一对一匹配法	半径匹配法	核匹配法
撤县设区	0.119*** （0.032）	0.119*** （0.032）	0.099*** （0.028）
城市样本数	240	240	240
撤县设区样本数	34	34	34
伪 R^2	0.332	0.332	0.332

注：*表示 $p<0.1$；**表示 $p<0.05$；***表示 $p<0.01$；括号内为标准误。下同。

表6-2展示了2005年期间发生的撤县设区对地级市2010年城市化与工业化协调发展绝对水平的影响。和表6-1中的结果相比，表6-2的结果是撤县设区带来的更加长期的影响。从表6-2可以发现，随着撤县设区之后时期的拉长，这一政策给城市化与工业化协调发展带来的影响从绝对水平上来看相比于短期有所减弱，但是仍然十分显著。从城市化与工业化差距的角度来看，发生撤县设区的地级市其城市化与工业化的差距比没有发生撤县设区的地级市显著低0.037到0.057。从城市化—工业化协调度的角度来看，发生撤县设区的地级市比没有发生撤县设区的地级市的城市化—工业化协调度显著高0.083到0.108。从城市化—工业化耦合度的角度来看，发生撤县设区的地级市比没有发生撤县设区的地级市其城市化—工业化耦合度显著高0.066到0.087。虽然影响系数的绝对水平均低于短期内的效果，但仍然是十分重要的影响。

表 6-2　撤县设区和城市化与工业化协调发展绝对水平（2010 年）

	被解释变量：城市化与工业化差距（DIS）		
匹配方法	一对一匹配法	半径匹配法	核匹配法
撤县设区	-0.057* (0.034)	-0.037 (0.025)	-0.056** (0.030)
	被解释变量：城市化—工业化协调度（C）		
匹配方法	一对一匹配法	半径匹配法	核匹配法
撤县设区	0.108** (0.051)	0.083** (0.048)	0.104*** (0.040)
	被解释变量：城市化—工业化耦合度（D）		
匹配方法	一对一匹配法	半径匹配法	核匹配法
撤县设区	0.087** (0.041)	0.066* (0.037)	0.087*** (0.031)
城市样本数	240	240	240
撤县设区样本数	34	34	34
伪 R^2	0.332	0.332	0.332

二　城市化与工业化协调程度的差异水平

上一部分实证回归当中，被解释变量是城市化与工业化协调发展绝对水平，为了更加准确地分析研究撤县设区是否加快了城市化与工业化协调程度的提升，这一小节展示了以地级市城市化与工业化协调发展差异水平作为被解释变量的实证结果。

表 6-3 主要展示了 2000 年到 2005 年发生的撤县设区给地级市城市化与工业化协调发展差异水平带来的影响，被解释变量用各地级市城市化与工业化协调发展水平 2005 年的数值减去 2000 年的数值得到。分析表 6-3 可以发现，从城市化与工业化差距的角度来讲，发生撤县设区的地级市 2005 年比 2000 年的城市化与工业化协调发展水平多提升 0.033 到 0.036；从城市化—工业化协调度的角度来讲，发生撤县设区的地级市 2005 年比 2000 年的城市化与工业化协调发展水平多提升 0.063 到 0.064；从城市化—工业化耦合度的角度来讲，发生撤县设区的地级市 2005 年比 2000 年的城市化与工业化协调发展水平多提升 0.045 到 0.048。为了验证上述影响系数在经济学意义上的重要性，本章计算了三项被解释变量本身

的统计信息。以城市化与工业化差距、城市化—工业化协调度以及城市化—工业化耦合度度量的城市化与工业化协调发展水平在 2005 年和 2000 年之间的差异均值为 0.02 到 0.03 之间，而上下限在 -0.20 到 0.40 之间（其中城市化与工业化差距的符号与另外两项度量指标的符号方向相反）。对比表 6-3 得到的回归结果中系数的大小，撤县设区对城市化与工业化协调发展差异水平的影响不仅在统计学上显著，而且在经济学上具有重要意义。

表 6-3　撤县设区和城市化与工业化协调发展差异水平
（2005 年相较 2000 年）

被解释变量：城市化与工业化差距（DIS）			
匹配方法	一对一匹配法	半径匹配法	核匹配法
撤县设区	-0.033** (0.016)	-0.033** (0.016)	-0.036** (0.015)
被解释变量：城市化—工业化协调度（C）			
匹配方法	一对一匹配法	半径匹配法	核匹配法
撤县设区	0.063*** (0.016)	0.064*** (0.016)	0.064*** (0.015)
被解释变量：城市化—工业化耦合度（D）			
匹配方法	一对一匹配法	半径匹配法	核匹配法
撤县设区	0.048*** (0.011)	0.048*** (0.011)	0.045*** (0.009)
城市样本数	240	240	240
撤县设区样本数	34	34	34
伪 R^2	0.332	0.332	0.332

表 6-4 主要展示了 2000 年到 2005 年发生的撤县设区给地级市城市化与工业化协调发展差异水平带来的影响，被解释变量用各地级市城市化与工业化协调发展水平 2010 年的数值减去 2000 年的数值得到。相比表 6-3 得到的结果，表 6-4 则是从更加长期的角度来研究撤县设区带来的影响。从表 6-4 可以发现，从城市化与工业化差距的角度来讲，发生撤县设区的地级市 2010 年比 2000 年的城市化与工业化协调发展水平多提升 0.040 到 0.061；从城市化—工业化协调度的角度来讲，发生撤县设区的地级市 2010 年比 2000 年的城市化—工业化协调发展水平多提升 0.063 到

0.070；从城市化—工业化耦合度的角度来讲，发生撤县设区的地级市2010年比2000年的城市化与工业化协调发展水平多提升0.043到0.047。对于表6-3的系数大小，可以发现从长期来看，差异水平的变动比短期的略大，虽然表6-3和表6-4系数的差距并不十分明显。对比表6-1、表6-2的结果和表6-3、表6-4的结果可以发现，从城市化与工业化协调发展的绝对水平来看，短期受到的影响较大，而从城市化与工业化协调发展的差异水平来看，长期受到的影响较大。结合第四章展示的城市化与工业化协调发展水平度量指标的散点图可以发现，产生上述结果的原因是随着时间推移，各地级市之间城市化与工业化协调发展绝对水平之间的差距在缩小，而相对于2000年的差距在各地级市之间的差异却在变大。

表6-4　　撤县设区和城市化与工业化协调发展差异水平（2010年相较2000年）

被解释变量：城市化与工业化差距（DIS）			
匹配方法	一对一匹配法	半径匹配法	核匹配法
撤县设区	-0.061** (0.030)	-0.040* (0.022)	-0.046** (0.018)
被解释变量：城市化—工业化协调度（C）			
匹配方法	一对一匹配法	半径匹配法	核匹配法
撤县设区	0.070*** (0.020)	0.066*** (0.019)	0.063*** (0.015)
被解释变量：城市化—工业化耦合度（D）			
匹配方法	一对一匹配法	半径匹配法	核匹配法
撤县设区	0.047*** (0.013)	0.043*** (0.012)	0.044*** (0.009)
城市样本数	240	240	240
撤县设区样本数	34	34	34
伪R^2	0.332	0.332	0.332

表6-5主要展示了2010年到2015年发生的撤县设区给地级市城市化与工业化协调发展差异水平带来的影响，被解释变量用各地级市城市化与工业化协调发展水平2015年的数值减去2010年的数值得到。之所以在前一部分没有用2015年城市化与工业化协调发展的绝对水平做被解释变

量,是因为在 2005 年之前发生了多次的撤县设区,直接用水平值而不是差异值会涵盖 2005 年之前撤县设区效应的影响,而这部分样本太大,全部剔除的话会给实证估计结果带来较大的偏差。由于 2000 年之前只有很少地级市发生撤县设区,所以表 6-1 和表 6-2 剔除这些样本,并不会对回归结果带来重要影响。从表 6-5 可以发现,从城市化与工业化差距的角度来看,发生撤县设区的地级市 2015 年比 2010 年的城市化与工业化协调发展水平多提升 0.023 到 0.027;从城市化—工业化协调度的角度来讲,发生撤县设区的地级市 2015 年比 2010 年的城市化与工业化协调发展水平多提升 0.045 到 0.050;从城市化—工业化耦合度的角度来讲,发生撤县设区的地级市 2015 年比 2010 年的城市化与工业化协调发展水平多提升 0.035 到 0.038。由于表 6-5 中的三项被解释变量本身浮动范围在 -0.10 到 0.20,所以上述回归系数不仅在统计学上显著,在经济学上也具有重要意义。

表 6-5　撤县设区和城市化与工业化协调发展差异水平
（2015 年相较 2010 年）

被解释变量：城市化与工业化差距（DIS）			
匹配方法	一对一匹配法	半径匹配法	核匹配法
撤县设区	-0.027*** (0.008)	-0.023** (0.008)	-0.023*** (0.007)
被解释变量：城市化—工业化协调度（C）			
匹配方法	一对一匹配法	半径匹配法	核匹配法
撤县设区	0.045*** (0.010)	0.048*** (0.010)	0.050*** (0.008)
被解释变量：城市化—工业化耦合度（D）			
匹配方法	一对一匹配法	半径匹配法	核匹配法
撤县设区	0.035*** (0.006)	0.036*** (0.006)	0.038*** (0.006)
城市样本数	258	258	258
撤县设区样本数	52	52	52
伪 R^2	0.417	0.417	0.417

三 倾向值匹配结果检验

因为某一个地级市是否会发生撤县设区并不是随机的,所以本章在利用双重差分进行政策效果检验之前先使用倾向值匹配法对样本进行了匹配。为了检验倾向值匹配法是不是真正能够提高实验组和对照组之间的匹配程度,本章在表6-6展示了表6-1到表6-4的样本在匹配前和匹配后实验组和对照组的协变量均值,以及它们之间的标准偏差,并且将标准偏差以柱状图的形式展示在了图6-3当中。因为表6-1到表6-4所使用的样本相同,区别仅在于被解释变量不同,并且考虑到篇幅原因,此处只展示一对一匹配法下的匹配结果。虽然只展示了一种倾向值匹配检验的结果,但是可以代表本章实证主体部分的匹配情况。从表6-6中可以看到匹配前每个实验组和对照组之间协变量都存在较大的差距,而使用倾向值匹配法进行匹配之后,这一差距被明显缩小。从图6-3中也可以发现匹配后实验组与对照组的标准偏差远小于匹配前。

表6-6　　　　匹配前后实验组与对照组协变量均值对比

变量	类型	均值 实验组	均值 对照组	标准偏差
人均实际利用 FDI	匹配前	177.591	101.852	32.9
	匹配后	177.591	178.614	-0.4
人均财政收入	匹配前	846.436	673.358	38.5
	匹配后	846.436	832.085	2.8
财政收入分权	匹配前	0.275	0.241	34.3
	匹配后	0.275	0.257	18.0
人均实际GDP	匹配前	32591	27848	16.5
	匹配后	32591	29938	9.2
人均实际固定资产投资	匹配前	17546	14965	21.8
	匹配后	17546	17014	4.5
人均实际储蓄	匹配前	74.596	119.800	-35.3
	匹配后	74.596	64.029	8.2
人口总数	匹配前	586.160	379.720	83.4
	匹配后	586.160	581.934	1.7

第六章 撤县设区与城市化—工业化关联　　197

续表

变量	类型	均值 实验组	均值 对照组	标准偏差
非农产业占比	匹配前	0.853	0.714	26.3
	匹配后	0.853	0.839	1.9

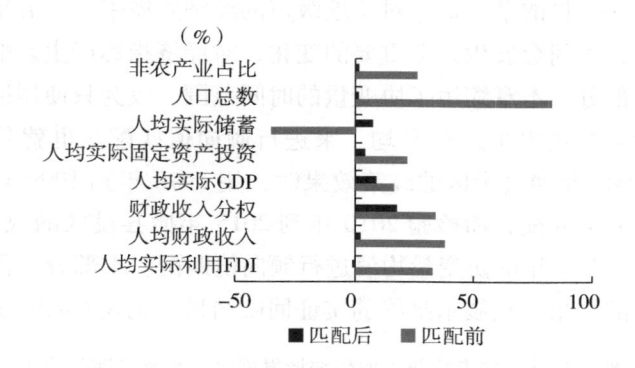

图6-3　匹配前后标准偏差

图6-4展示了倾向值匹配过程中的倾向值得分情况，从图中可以看到只有极个别对照组个体没有与之相匹配的实验组个体，而所有的实验组个体，都可以找到与之相匹配的对照组个体。这说明整个样本的匹

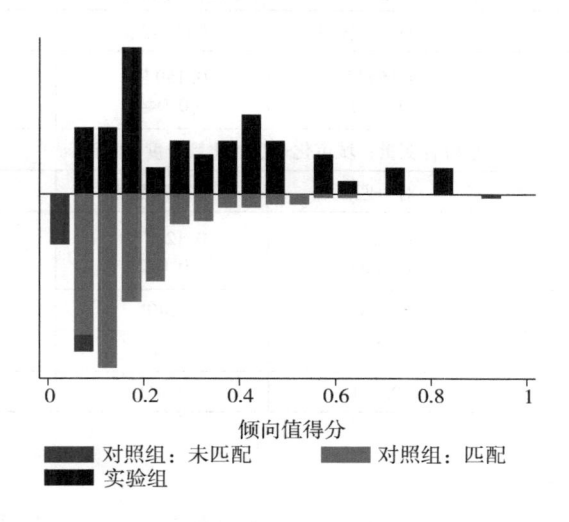

图6-4　倾向值得分

配程度较高①。

第四节 稳健性检验

在上一节的实证回归中，进行倾向值匹配时，采用了撤县设区发生前五年每一个协变量的平均值。对于地级市的经济发展来说，五年的时间长度可能太长，中间会发生许多重要的变化，对经济指标产生影响。所以在稳健性检验部分，本章缩短了协变量的时间范围，改为只使用撤县设区发生前两年的协变量水平进行平均，来进行倾向值匹配。也就是说在检验2000年到2005年撤县设区的政策效果时，用1998年到1999年的协变量均值进行倾向值匹配，而检验2010年到2015年撤县设区的政策效果时，用2008年到2009年的协变量均值进行倾向值匹配。本部分不再展示倾向值匹配检验的结果，只展示最终的实证回归结果。见表6-7—表6-11。

表6-7 撤县设区和城市化与工业化协调发展绝对水平（2005年）

匹配方法	一对一匹配法	半径匹配法	核匹配法
被解释变量：城市化与工业化差距（DIS）			
撤县设区	-0.080*** (0.030)	-0.079*** (0.030)	-0.054** (0.026)
被解释变量：城市化—工业化协调度（C）			
撤县设区	0.159*** (0.045)	0.159*** (0.044)	0.113*** (0.038)
被解释变量：城市化—工业化耦合度（D）			
撤县设区	0.125*** (0.034)	0.124*** (0.032)	0.090*** (0.030)
城市样本数	240	240	240
撤县设区样本数	34	34	34
伪R^2	0.341	0.341	0.341

---

① 为简便起见，本章只展示了表6-1到表6-4中样本一对一匹配的结果，其他匹配方式以及表6-5中样本的匹配结果，此处不再一一进行展示和说明。

表 6-8　撤县设区和城市化与工业化协调发展绝对水平（2010 年）

匹配方法	被解释变量：城市化与工业化差距（DIS）		
	一对一匹配法	半径匹配法	核匹配法
撤县设区	-0.062* (0.037)	-0.041 (0.033)	-0.055** (0.026)

匹配方法	被解释变量：城市化—工业化协调度（C）		
	一对一匹配法	半径匹配法	核匹配法
撤县设区	0.106** (0.052)	0.104* (0.049)	0.073* (0.038)

匹配方法	被解释变量：城市化—工业化耦合度（D）		
	一对一匹配法	半径匹配法	核匹配法
撤县设区	0.069* (0.041)	0.073** (0.038)	0.51* (0.030)
城市样本数	240	240	240
撤县设区样本数	34	34	34
伪 R^2	0.341	0.341	0.341

表 6-9　撤县设区和城市化与工业化协调发展差异水平（2005 年相较 2000 年）

匹配方法	被解释变量：城市化与工业化差距（DIS）		
	一对一匹配法	半径匹配法	核匹配法
撤县设区	-0.032* (0.019)	-0.033* (0.018)	-0.025* (0.015)

匹配方法	被解释变量：城市化—工业化协调度（C）		
	一对一匹配法	半径匹配法	核匹配法
撤县设区	0.064*** (0.017)	0.059*** (0.015)	0.057*** (0.015)

匹配方法	被解释变量：城市化—工业化耦合度（D）		
	一对一匹配法	半径匹配法	核匹配法
撤县设区	0.041*** (0.011)	0.038*** (0.010)	0.038*** (0.009)
城市样本数	240	240	240
撤县设区样本数	34	34	34
伪 R^2	0.341	0.341	0.341

表6-10　撤县设区和城市化与工业化协调发展差异水平
（2010年相较2000年）

被解释变量：城市化与工业化差距（DIS）			
匹配方法	一对一匹配法	半径匹配法	核匹配法
撤县设区	-0.060** (0.028)	-0.044* (0.027)	-0.033* (0.019)
被解释变量：城市化—工业化协调度（C）			
匹配方法	一对一匹配法	半径匹配法	核匹配法
撤县设区	0.062*** (0.019)	0.070*** (0.017)	0.054*** (0.015)
被解释变量：城市化—工业化耦合度（D）			
匹配方法	一对一匹配法	半径匹配法	核匹配法
撤县设区	0.040*** (0.013)	0.046*** (0.011)	0.039*** (0.009)
城市样本数	240	240	240
撤县设区样本数	34	34	34
伪 R^2	0.341	0.341	0.341

表6-11　撤县设区和城市化与工业化协调发展差异水平
（2015年相较2010年）

被解释变量：城市化与工业化差距（DIS）			
匹配方法	一对一匹配法	半径匹配法	核匹配法
撤县设区	-0.026*** (0.008)	-0.022** (0.008)	-0.023*** (0.007)
被解释变量：城市化—工业化协调度（C）			
匹配方法	一对一匹配法	半径匹配法	核匹配法
撤县设区	0.046*** (0.009)	0.045*** (0.008)	0.051*** (0.008)
被解释变量：城市化—工业化耦合度（D）			
匹配方法	一对一匹配法	半径匹配法	核匹配法
撤县设区	0.035*** (0.006)	0.038*** (0.006)	0.039*** (0.006)
城市样本数	258	258	258

续表

| 被解释变量：城市化—工业化耦合度（D） ||||
匹配方法	一对一匹配法	半径匹配法	核匹配法
撤县设区样本数	52	52	52
伪 R^2	0.460	0.460	0.460

与表 6-1 到表 6-5 类似，表 6-7 到表 6-11 展示了撤县设区对 2005 年城市化与工业化协调发展绝对水平、2010 年城市化与工业化协调发展绝对水平、2005 年与 2000 年之间城市化与工业化协调发展差异水平、2010 年与 2000 年之间城市化与工业化协调发展差异水平、2015 年与 2010 年之间城市化与工业化协调发展差异水平的影响。此外，表 6-7 到表 6-10 检验的是发生在 2000 年到 2005 年撤县设区政策的效果，表 6-11 检验的是发生在 2010 年到 2015 年撤县设区政策的效果。为了保证表 6-7 和表 6-9 中展示的短期效果与表 6-8 和表 6-10 展示的长期效果可比，此处删掉了表 6-7 到表 6-10 中在 2006 年到 2010 年发生撤县设区的样本①。

由于此处稳健性检验得到的结果与基准实证部分的结果高度一致，因此本节只对实证回归结果的系数进行简要说明。观察表 6-7 到表 6-11 的结果可以发现，撤县设区对城市化与工业化的协调发展确实有显著的正向促进作用，与表 6-1 到表 6-5 进行比较可以发现，两种匹配方式下得到的影响系数也具有较高的一致性。就 2000 年到 2005 年发生的撤县设区而言，对比表 6-7 和表 6-8 中的结果可以发现，从城市化与工业化协调发展绝对水平来看，长期的影响效果略小于短期的影响效果。而对比表 6-9 和表 6-10 中的结果可以发现，从城市化与工业化协调发展差异水平来看，长期与短期之间则没有明显差距，这说明撤县设区给地级市之间的城市化与工业化协调发展带来的影响是持续的，并不会由于时间的推移而消失。表 6-11 展示了 2010 年与 2015 年城市化与工业化协调发展差异水平受到撤县设区影响的系数。从表中可以发现，不论采用哪种指标来度量城市化与工业化协调发展，撤县设区都对其具有显著的促进作用。与表 6-5 对比，系数大小也没有显著差异。通过表 6-7 到表 6-11 与表 6-1

---

① 2006 年到 2010 年撤县设区处于停滞状态，只有极个别地级市发生撤县设区，删掉后对整体样本不产生重要影响。

到表6-5的对比可以说明，第三节得到的基准实证结果十分稳健。

第五节 机制检验

通过前两节的实证结果分析及稳健性检验可知，撤县设区确实能够显著提升城市化和工业化发展之间的协调程度。那么撤县设区是通过怎样的渠道来影响城市化与工业化的协调发展呢？本节将对这一问题进行探究。

为了分析撤县设区影响城市化与工业化协调发展的机制，本节首先研究了撤县设区分别对城市化水平的影响和对工业化水平的影响，结果发现撤县设区可以显著提升城市化的水平。在此基础上，机制检验部分进一步研究了撤县设区影响城市化的渠道，第一方面从人口角度来考虑，研究了撤县设区对于劳动力和就业人员的集聚的影响，从而提升人口的城市化；第二方面从城市建设的角度来考虑，研究了撤县设区对城市公共基础设施建设的影响；第三方面从工业用地出让的角度来考虑，研究了撤县设区对工业用地出让质量的影响。

一 城市化水平及工业化水平

撤县设区给城市化与工业化协调发展带来的显著正向影响到底是通过对城市化水平的影响产生作用还是通过对工业化水平的影响产生作用呢？为了验证这两个渠道，本章进行了下面两组检验，首先是分别用地级市2005年相对于2000年的城市化水平和工业化水平作为被解释变量，以验证短期内撤县设区给二者带来的影响；其次，分别用地级市2010年相对于2000年的城市化水平和工业化水平作为被解释变量，以验证长期中撤县设区给二者带来的影响[①]。通过观察表6-12和表6-13中的结果可以发现，无论是短期还是长期，撤县设区始终会给城市化水平带来显著的正向影响，而对工业化水平则没有显著的影响，并且长期内撤县设区对工业化的影响系数为负。这说明撤县设区之所以能够显著提升城市化与工业化之间协调发展的程度是因为撤县设区可以显著提升城市化水平。在撤县设区之间，地级市的城市化水平远远滞后于工业化水平，并由此导致城市化

---

① 城市化水平和工业化水平来源于本书第四章构建城市化评价体系和工业化评价体系计算所得的数据。

与工业化发展不协调,而撤县设区无论在短期内还是长期内都能够显著提升城市化水平,但对工业化水平没有显著影响,这导致城市化发展相对于工业化发展的滞后程度被大大降低,城市化与工业化协调发展水平得以提升。该部分接下来的内容则探究了撤县设区将通过何种途径来提升城市化水平。

表 6-12　撤县设区和城市化水平与工业化水平变化（2005 年相较 2000 年）

被解释变量：城市化水平			
匹配方法	一对一匹配法	半径匹配法	核匹配法
撤县设区	0.036*** (0.011)	0.035*** (0.011)	0.031*** (0.009)
被解释变量：工业化水平			
匹配方法	一对一匹配法	半径匹配法	核匹配法
撤县设区	0.003 (0.012)	0.002 (0.012)	-0.005 (0.012)
城市样本数	240	240	240
撤县设区样本数	34	34	34
伪 R^2	0.341	0.341	0.341

表 6-13　撤县设区和城市化水平与工业化水平变化（2010 年相较 2000 年）

被解释变量：城市化水平			
匹配方法	一对一匹配法	半径匹配法	核匹配法
撤县设区	0.030** (0.015)	0.036** (0.015)	0.035*** (0.009)
被解释变量：工业化水平			
匹配方法	一对一匹配法	半径匹配法	核匹配法
撤县设区	-0.011 (0.022)	-0.012 (0.023)	-0.011 (0.014)
城市样本数	240	240	240
撤县设区样本数	34	34	34
伪 R^2	0.341	0.341	0.341

二 劳动力及就业人员集聚

表6-14展示了撤县设区对劳动力及就业人员集聚的影响,被解释变量分别为2010年与2000年地级市市辖区劳动力数量的对数值之差和就业人员数量的对数值之差①。因为发生撤县设区的地级市其市辖区范围会发生变化,为了剔除单纯由于地级市所辖的某个县变为市辖区之后给整体市辖区劳动力及就业人员数量带来的变化,本章在处理2000年地级市市辖区的数据时,把在2000—2005年发生撤县设区的县也计算到市辖区当中。在这种情况下,2010年与2000年之间地级市市辖区的劳动力及就业人员数量的差异就可以看作由于撤县设区带来的集聚效应导致的。因为在计算的过程当中,对劳动力数量和就业人员数量均是先取对数值再计算差值,所以被解释变量也可以看作劳动力及就业人员的增长率。

表6-14　撤县设区和劳动力及就业人员集聚
（2010年相较2000年）

被解释变量：劳动力数量（对数值）			
匹配方法	一对一匹配法	半径匹配法	核匹配法
撤县设区	0.443 * (0.267)	0.615 ** (0.248)	0.550 *** (0.199)
被解释变量：就业人员数量（对数值）			
匹配方法	一对一匹配法	半径匹配法	核匹配法
撤县设区	0.539 ** (0.267)	0.701 *** (0.250)	0.660 *** (0.201)
城市样本数	234	234	234
撤县设区样本数	34	34	34
伪 R^2	0.298	0.298	0.298

从表6-14中可以发现,撤县设区可以显著提升劳动力及就业人员的集聚。其中,发生撤县设区的地级市市辖区相较没有发生撤县设区的地级市市辖区劳动力数量增长率高44.3%—61.5%,而就业人员数量的增长率则高53.9%—70.1%。之所以会产生这一效果,笔者认为由于撤

---

① 该部分被解释变量的原始数据来源于2000年和2010年的人口普查数据。

县设区之后，原本较为独立的县级区域与市辖区融合为一体，而地级市为了促进新升级市辖区区域的发展也会创造更多的就业机会，从而吸引更多的劳动力向市辖区集聚。而劳动力和就业人员向市辖区的集聚也意味着人口向市辖区的集聚，从而提升人口城市化发展的水平，进一步提高了城市化与工业化的协调程度。

三 道路建设及公共交通

表6-15展示了撤县设区对道路建设及公共交通的影响，被解释变量分别为2005年相对于2000年地级市市辖区道路面积增长率和公共汽车运营数量增长率。从表6-15可以发现，发生撤县设区的地级市市辖区相较没有发生撤县设区的地级市市辖区，道路面积增长率显著高91.2%—107.3%，公共汽车运营数量增长率显著高62.9%—79.5%。这说明地级市所辖县经过撤县设区变为市辖区之后，其在公共基础设施方面的建设会大幅度上升。基础设施建设的增加则会提升整个地级市市辖区的城市化程度。

表6-15 撤县设区和道路建设及公共交通（2005年相较2000年）

被解释变量：道路面积增长率			
匹配方法	一对一匹配法	半径匹配法	核匹配法
撤县设区	0.918*** (0.316)	0.912*** (0.341)	1.073*** (0.231)
被解释变量：公共汽车运营数量增长率			
匹配方法	一对一匹配法	半径匹配法	核匹配法
撤县设区	0.629*** (0.211)	0.795*** (0.296)	0.642*** (0.205)
城市样本数	227	227	227
撤县设区样本数	34	34	34
伪 R^2	0.339	0.339	0.339

四 工业用地出让质量

第五章的机制检验部分验证了地方政府竞争会导致地方政府倾向于通过增加土地供给来吸引外商投资，但是在很多情况下，这些被出让的工业用地并不会为地方经济发展带来长久的促进作用。判断土地出让质量最直观的一个标准就是观察土地的出让方式，杨其静等（2014）的研究发现，通过协议出让方式出让的工业用地质量显著低于通过招拍挂形式出让的工业用地质量，协议出让土地占比上升，会显著抑制工业用地出让给工业增加值以及经济增长等带来的正向促进作用。因此，表6-16中展示了以2010年工业用地出让中协议出让占比作为被解释变量得到的结果。

表6-16　　　　撤县设区与工业用地出让质量（2010年）

匹配方法	一对一匹配法	半径匹配法	核匹配法
被解释变量：工业用地协议出让占比			
撤县设区	-0.027** (0.012)	-0.025* (0.013)	-0.035*** (0.011)
城市样本数	217	217	217
撤县设区样本数	34	34	34
伪 R^2	0.312	0.312	0.312

从表6-16中可以发现，发生撤县设区的地级市其工业用地协议出让占比比没有发生撤县设区的地级市其工业用地协议出让占比少2.5%—3.5%。这说明地级市范围内发生撤县设区之后，该地级市工业用地出让的质量会显著上升。出现这一结果的原因很有可能是发生撤县设区之后，原本的县级政府丧失了独立决定土地出让的权力，同时其与同级地方政府竞争的动力也在减弱。成为新的市辖区之后，土地出让归地级市政府统一协调，在重视工业用地出让给地方经济带来的实质影响的情况下，土地出让质量上升，更加高效的工业发展也将推动城市化的发展，提升城市化与工业化之间的协调发展程度。

五　工业经济集聚及劳动生产率提升

分析表6-17中的结果可以发现，撤县设区显著提升了市辖区工业企业数量占比和工业企业总产值占比，即撤县设区显著促进了工业经济向市辖区范围内的集聚，并且这一影响效果规模在长期中更大。表6-13的实证结果表明，撤县设区并不会对地级市本身的工业化水平产生显著影响，但结合表6-17中的结果可知，撤县设区改变了工业化的集聚过程，使得工业经济向市辖区集聚的程度提升，正是工业经济的集聚构成了城市化的基础，从而提升城市化水平。

表 6-17　　　　　　　　　　撤县设区与集聚经济

被解释变量	2005 年相较 2000 年		2010 年相较 2000 年	
	市辖区工业企业数量占比	市辖区工业企业总产值占比	市辖区工业企业数量占比	市辖区工业企业总产值占比
撤县设区	0.221*** (0.034)	0.186*** (0.039)	0.272*** (0.038)	0.252*** (0.038)
城市样本数	240	240	240	240
撤县设区样本数	34	34	34	34
伪 R^2	0.341	0.341	0.341	0.341

更进一步的，为了检验撤县设区带来的经济活动向城市集聚对城市生产率的影响，本章考察了撤县设区对市辖区实际劳动工资增幅的影响。从表 6-18 中可以发现，撤县设区可以显著提升市辖区实际劳动工资增幅，短期内，发生撤县设区的地级市市辖区比不发生撤县设区的县级区域实际劳动工资增幅显著高 25.2%，长期内，发生撤县设区的地级市市辖区比不发生撤县设区的县级区域实际劳动工资增幅显著高 34.7%。实际劳动工资的提升反映了城市整体生产率水平的提升，说明撤县设区确实有利于提升市辖区整体的生产率水平，促进城市经济的发展，最终改善城市化与工业化的协调水平。

表 6-18　　　　　　　　　　撤县设区与城市生产率

被解释变量	市辖区实际劳动工资增幅	
样本期	2005 年相较 2000 年	2010 年相较 2000 年
撤县设区	0.252*** (0.075)	0.347*** (0.103)
城市样本数	240	240
撤县设区样本数	34	34
伪 R^2	0.341	0.341

第六节　小结与政策建议

本章在第四节构建的城市化与工业化指标体系测算二者协调发展水平

的基础上，研究了以撤县设区为代表的行政区划变革对地级市城市化与工业化协调发展的影响，其背后的理论机制在于空间经济一体化过程对经济活动的空间组织方式的影响，同时本章的研究内容也为探讨市场分割的经济影响补充了一个应该予以关注的问题领域。

具体来说，本章利用实证模型分析了2000年以来撤县设区这一行政区划变革对地级市层面城市化与工业化协调性的影响及其机制。利用双重差分法和倾向值匹配法相结合，研究发现撤县设区显著提升了地级市的城市化与工业化协调性。进一步的机制检验表明，撤县设区提高了地级市市辖区以交通设施为代表的基础设施建设增速，说明撤县设区有助于地方政府在更大辖区内对基础设施进行整体统筹决策，并提升其水平，同时撤县设区还促进了以工业企业数量和工业产值为代表的工业经济活动向城市集聚以及人口向城市集聚，并提升了城市生产率，促进城市经济发展，从而扭转了城市化相对落后的局面，提升了城市化与工业化协调程度。

本章研究结论的政策启示在于，行政区域一体化所带来的经济空间范围及规模的扩大，以及其中经济活动空间组织自由度和协调性的提高，对于城市化与工业化的协调发展具有重要意义。因此，行政区划和层级划分需要充分考虑对经济空间的分割和整合以及由此给经济活动的空间组织所带来的影响。具体到政策建议方面，本章认为主要包括以下几个方面：一是应当继续推动科学合理的行政区划改革，促进一定层级以下的行政融合以推进经济空间的一体化融合；二是需要转换行政层级间的管理及治理思路，避免分权竞争贯彻到末端行政层级的做法，代之以促进基层行政区域间以分工合作、优势互补等发展模式为主导的顶层设计机制；三是建立合作、协作绩效评估体系，鼓励与同级辖区的经济合作，设计适合于县区间合作发展的财政制度，使县区经济在推进合作项目的过程中既有合理分摊支出的方式，也有合理获取合作项目收益的保障等。这些机制改革策略背后的逻辑在于，提高经济空间的整体一体性以及政府行为的整体统筹性，从而有利于顺应以及利用空间经济规律，提高经济活动的空间组织效率，发挥空间经济效应，形成工业化与城市化协调发展并促进经济增长的局面。

第七章

全书总结及政策建议

第一节 全书总结

伴随着中国经济发展进入新常态，经济增长速度由高速转为中高速，经济增长的模式和动力也发生了重要的变化。2012年以前第二产业增加值占GDP的比重最高，2012年之后，第三产业无论是在就业人数上还是在增加值规模上都已经超过了第二产业。随着人口结构深刻转型以及边际资本回报率的走低，过去依靠廉价生产要素投入和大规模投资的增长模式已经明显动力不足。为了推动经济持续稳定增长，未来需要更多发挥人力资本以及创新的作用。在这种情况下，加强推动以人为核心的城市化发展就变得尤为重要。因为城市的集聚经济可以通过共享、匹配和学习等机制促进人力资本发挥更大的作用，同时也能让创新及创业的传播和实现变得更为高效。

发展经济学认为，工业化的发展可以推动城市化的发展，并且二者可以形成良性循环。城市经济作为经济活动的空间组织，其组织运行规律的核心在于与一定生产力水平下的经济活动规律相适应并与之相辅相成。在工业化阶段，城市化之所以与之产生尤为显著的协动性并与之相互促进，一方面在于工业经济活动具有规模经济性、范围经济性和集群经济性、集聚经济性等经济特性；另一方面还在于工业经济活动能够在经济空间一体化的基础上达到极大的活动范围和规模，以及具备极大的空间组织自由度。两方面因素相结合的空间经济意义，就是工业化促进了以自发汇聚为特点，以规模经济、范围经济以及集聚经济等经济特性为微观基础的城市经济的发展，并与之相互促进。因此，城市化与工业化往往呈现紧密的协同发展规律，并且其相互促进的协同发展机制对地区经济增长产生了推动作用。这一理论已经被国内外的许多学者通过国际经验研究进行了验证。但是回顾中国工业化和城市化的发展历程可以发现中国的城市化明显滞后于工业化，而这种滞后的情况将导致中国在经济增长模式转型的阶段面临增长动力不足的问题。因此，准确度量城市化滞后于工业化的程度，并且研究城市化滞后于工业化的影响因素十分重要。本书则主要围绕这一主题从以下三个方面展开了研究。

第一方面的内容是判定中国的城市化水平是否滞后于工业化水平，以及具体的滞后程度。这一方面主要体现在第三章和第四章的研究中。其中第三章的主要内容是梳理中国城市化和工业化的发展历程，并且将其与国际发展经验进行对比。在国际经验部分，第三章主要梳理了亚洲国家代表日本和韩国以及发达国家代表美国的城市化与工业化发展经验。基于第三章梳理的中国城市化和工业化发展历程以及国际城市化和工业化发展经验，第四章的前半部分主要从定性和定量两个角度将中国整体的城市化和工业化水平与国际经验进行比较。通过比较可以发现，无论是从定性还是从定量来看，相比于国际经验，中国的城市化都显著滞后于工业化。从定性角度来讲，中国的城市化水平滞后于工业化水平发展十年左右。从定量角度来看，相较钱纳里和赛尔昆（1988）总结的常态城市化与工业化水平，以人均 GDP 为标准，中国的工业化发展不存在滞后，而中国的城市化发展存在显著滞后，这表明中国的城市化发展显著滞后于工业化发展。随后，第四章的后半部分度量了中国地级市层面城市化滞后于工业化的程度，度量滞后程度采用的模型是将耦合模型和熵值法相结合。通过观察从 1990 年到 2015 年，中国地级市层面城市化滞后于工业化的程度可以发现，从 1990 年到 2005 年甚至 2010 年之间，中国地级市层面城市化滞后于工业化的程度处在不断扩大的趋势中，绝大多数地级市城市化滞后于工业化的水平在 2005 年到 2010 年之间最为严重，随后有一定程度的缓解。截至 2015 年，从省（自治区）及直辖市平均层面来看，东部地级市城市化滞后于工业化的程度整体低于中西部地级市，但是从历史回溯的角度来看，在此之前东部地级市经历了城市化发展滞后于工业化发展的程度快速加重的过程。考虑到人口镇化对于城市化与工业化协调发展所产生的影响，第四章的后半部分还测算了省级层面的人口镇化指数，并对其与城市化和工业化之间的关系进行分析。研究发现，人口镇化指数与城市化综合水平负相关，与工业化综合水平由负相关转为正相关，与城市化—工业化耦合度负相关。这些相关关系说明，中国城市化与工业化发展过程中，城市化水平越低的地区对镇化的依赖程度越高，而镇化比重的上升却能够与工业化逐渐形成正向互动关系，说明中国小城镇发展的过程中工业化扮演了重要角色。此外，人口镇化指数与城市化—工业化耦合度间渐趋明显的负向相关关系说明在整体城镇化过程中镇化的比重越高，那么其城市化与工业化的协调关系越弱，若在此过程中，镇化与城市化无法形成良好的互动关系，那么就会拖累城市化的整体发展。

第二部分的内容是研究中国地级市层面城市化滞后于工业化程度的影响因素，主要体现在第五章的研究内容中。这一部分主要的被解释变量是地级市层面城市化与工业化的协调程度，协调程度越高说明城市化滞后于工业化的程度越小，协调程度越低说明城市化滞后于工业化的程度越大。核心的解释变量是财政收入分权程度和地方政府竞争程度。通过构建理论模型，第五章发现当地方政府相对于上级政府的财政收入分权下降，也就是相比于中央政府及省级政府，地方政府拥有自主权的财政收入下降，并且与此同时，中央对地方政府官员的考核机制又是以 GDP 增长为主要标准时，地方政府一方面由于财政收入自主程度低而缺少投资来源，另一方面又必须要努力推动 GDP 的不断增长。在这种情况下，通过低价出让工业用地吸引投资成为地方政府拉动本地区经济发展的重要方法。整理分析中国土地出让数据后，研究发现中国的工业用地出让多数位于县域地区。在这种情况下，地方政府通过低价出让工业用地带动的工业化发展多数位于城市周边的县域地区，而对于地级市市区城市化发展的带动作用十分微弱，导致中国城市化和工业化发展不协调，并且主要表现为城市化严重滞后于工业化。第五章还利用实证模型对理论部分提出的假说进行了分析验证。通过实证分析发现，财政收入分权程度的上升对城市化和工业化的协调度具有显著的正向影响，人均实际利用 FDI 的上升对城市化和工业化的协调度具有显著的负向影响。此外，财政收入分权程度和人均实际利用 FDI 交叉项对城市化—工业化协调度的影响系数显著为正。这说明随着财政收入分权程度的上升，人均实际利用 FDI 对城市化—工业化协调度带来的负向影响将会被缓解，但是进一步的影响系数测算分析表明，即使财政收入分权程度处于实际最高水平，人均实际利用 FDI 对城市化—工业化协调度的影响依然为负。

第三部分内容主要探究了撤县设区这一行政区划改革是否改善了城市

化滞后于工业化的状况，以及其中的具体机制。这一部分主要体现在第六章的研究内容中。该部分将 2000 年到 2005 年以及 2011 年到 2015 年发生的撤县设区作为政策实验，利用双重差分法检验了撤县设区给地级市城市化与工业化的协调度带来的影响。通过实证分析发现，撤县设区确实可以显著减小城市化滞后于工业化的程度，提升城市化与工业化之间的协调度水平。为了进一步探究撤县设区影响城市化与工业化协调发展的机制，第六章在机制研究部分分析了撤县设区分别对城市化、工业化以及劳动力和工业活动集聚、城市道路建设、城市劳动生产率等的影响，发现撤县设区对工业化本身不会产生显著影响，但是可以显著提升发生撤县设区的地级市的城市化水平，并且撤县设区可以通过促进劳动力和工业活动集聚、提高公共基础设施建设以及提升工业用地出让质量等多项措施来促进城市化与工业化协调发展。

第二节 政策建议

根据以上研究结论，本书提出以下几点政策建议：

一是深化财税制度改革，理顺央地财税关系。重点是对中央政府与地方政府的财政收入分权制度进行更加合理的调整，提升地方政府在财政收支方面财权和事权的匹配程度，降低地方财政对于土地使用权出让收入的依赖程度。在本书所涵盖的研究时期内，地方政府拥有自主支配权限的财政收入规模难以覆盖其支出职责范围，所以只能通过出让土地使用权获得政府基金性收入来弥补财政收入的不足。从深圳首次实践国有土地使用权拍卖以来，到现在仅仅三十多年的时间。但是地方政府依靠土地财政推动经济发展所带来的房价高企、过度负债等问题愈发严重，甚至给宏观经济稳定增长带来了潜在的系统性风险，因此依靠出让国有土地使用权为地方政府财政蓄力明显是不可持续发展的道路。与此同时，利用廉价出让工业用地吸引投资一方面造成了地方政府之间的恶性竞争，另一方面又导致了地方政府的重复建设，大量的工业园区、各式的"新城"在许多地方都屡见不鲜，但是对经济增长的真实贡献和对人民生活改善的实际效果却令人质疑。要改善这种状况，首先要对中央和地方的财政分权制度以及省级以下的财政制度进行更加合理的调整。具体而言，应当进一步完善分税制，明确各层级政府事权范围和相应的支出责任，坚持事权与支出责任相匹配、财力划分与支出责任相匹配的原则，理顺中央与地方政府，以及省以下各级政府的财政收入来源和支出责任，并完善央地财政收入支出的动态调整机制。

二是加快地方政府职能转型，优化地方官员激励机制。在党的十一届三中全会之后，中央对地方政府官员的考核从政治导向改为经济发展导向。随着中央对经济增长重视程度的提升，地方经济增速逐步成为中央对地方官员考核最为重要甚至是唯一标准。许多研究认为这种激励模式确实带来了改革开放以来，特别是 21 世纪以来中国经济的持续高速增长。但同时也发展，这种对地方官员的考核机制带来了许多不可忽视的问题。本书所研究的城市化滞后于工业化发展就是其中一方面。在这种考核机制下，地方政府各自为政，无论是在地市一级还是在县一级，都缺少跨区域的协同发展，造成中国各地级市虽然工业化水平高，但是城市化水平低的局面。同时相比于发达国家，中国尚未形成都市圈发展模式。这也是由于地方政府专注于拉动本地 GDP，造成了大量的重复建设，地区间发展呈现明显的同质化，缺少与周边地区协作发展的基础。党的十八大以来，以 GDP 为单一目标考核地方政府官员的模式已经在逐渐改变，最重要的表现就是将环保纳入考核地方政府官员的标准之中。但中国的行政治理机制仍需要进一步深化改革。具体而言，应当着力推动政府职能转型，简化优化政府在生产领域的职责范围，减少政府对经济活动的直接干预，加快完善政府的服务职能，健全在市场监管、公共服务等领域相关职能。通过政府职能转型弱化地方政府在盲目扩大投资、同级区域竞争以及"以邻为壑"式发展等方面的激励，引导地方政府目标转向服务人民需求，关注民生建设，提升公共服务能力等方向。

三是顺应经济活动内在空间组织规律，增强行政区划改革与经济发展的协调度。重点是进一步调整行政区划，促进劳动力、土地、资本等生产要素在地区间的合理配置和集聚。从第六章的研究结果来看，撤县设区确实可以显著提升地级市的城市化水平，从而提升地级市层面城市化与工业化的协调度。除去撤县设区，还有一些其他的行政区划调整方式，比如撤县设市，但是已有文献研究表明，撤县设市并不会显著提升县级市自身的经济增长水平。这两种方式之所以产生的结果存在差异，是因为撤县设区是将地级市市辖区的行政范围扩大，而撤县设市是将县级地区提升为县级市，这种情况下形成的县级市规模太小，无法发挥城市的集聚作用。而撤县设区则是在地级市内更大范围进行了资源的整合，能够更好地发挥城市集聚经济的作用。此外，在推进城市化的过程当中，应当更加注重的是人口的城市化和城市本身发展水平的提升，城市面积的扩张固然是非常重要的一方面，但是如果只是盲目扩张，必然会形成许多虚假的城市化，产生"鬼城""空城"等浪费人力物力，却对经济发展没有正向作用的现象。具体而言，行政区划改革应当充分重视经济活动在空间上的内在组织规律，将是否能够充分发挥企业间、行业间、产业间各类经济活动的规模经济、集聚经济、范围经济等效应纳入地区行政区划范围调整的重要考虑标准，并且将行政区划改革与建设全国统一大市场结合起来。此外，还可以通过优化地方官员任命和考核机制来促进区域融合发展，合理促进地方官员的跨地区流动，从而降低地区合作发展障碍，促进地区产业和经济发展协同合作。

四是着力推动城市群和都市圈的发展，注重以人为核心促进城、镇、乡融合发展。城市群和都市圈是中国未来城市化发展的必然方向，而促进城市群内部的协同发展非常重要的一方面就是提升各地方的行政协调度，降低地区之间的同质化程度，避免重复建设，从而增加不同地区之间产业及经济发展模式的差异度。因为只有存在差异才有协作发展的必要。近年来，根据国家城镇化发展战略规划，长三角一体化、京津冀一体化以及成渝地区双城经济圈等战略的发展均取得了重要的进展，但是目前这些区域战略中，相较多个城市协同发展的模式，单个城市发展的模式仍然占据主导地位，尚未达到成熟的城市群或者是一体化水平。所以未来的城市化还应当向着城市群以及一体化发展的方向大力推动，而这一过程需要在地方行政治理范围以及地方政府之间的协作等多方面做出调整。此外，在以人为核心的新型城镇化发展模式当中，需要重点关注城市和镇以及乡村之间的协同融合发展，在明确三者各自定位的基础上，发挥中心城市对周边镇区和乡村地区的带动作用，一方面将城镇化与人的全面发展结合起来，注重为各类群体创造公平、共享的发展机会；另一方面将城镇化与现代产业体系建设结合起来，明确重点城市在未来产业、战略性新兴产业等领域的重要作用，保障多数城市和县镇在传统产业发展壮大和转型升级中的发展空间，强化乡村在粮食、农产品安全等领域的重要作用。

附　　录

附录 1

本部分详细分析本书在第五章第二节提出的理论模型。

投资于城市区域的工业企业其生产函数为：

$$Y_1 = K_1^{\beta} I^{\alpha} (D_u^I)^{1-\alpha-\beta} \qquad (附1-1)$$

其最优决策的一阶条件为：

$$(1-\tau)\frac{\partial Y_1}{\partial K_1} = (1-\tau)\beta K_1^{\beta-1} I^{\alpha}(D_u^I)^{1-\alpha-\beta} = \varphi \qquad (附1-2)$$

$$(1-\tau)\frac{\partial Y_1}{\partial D_u^I} = (1-\tau)(1-\alpha-\beta)(D_u^I)^{-\alpha-\beta}K_1^{\beta}I^{\alpha} = p_u^I$$

$$(附1-3)$$

投资于非城市区域工业企业其生产函数为：

$$Y_2 = K_2^{\eta} D_r^{1-\eta} \qquad (附1-4)$$

其最优决策的一阶条件为：

$$(1-\tau)\frac{\partial Y_2}{\partial D_r} = (1-\tau)(1-\eta)K_2^{\eta}D_r^{-\eta} = p_r \qquad (附1-5)$$

$$(1-\tau)\frac{\partial Y_2}{\partial K_2} = (1-\tau)\eta K_2^{\eta-1}D_r^{1-\eta} = \varphi \qquad (附1-6)$$

地方政府决策的目标函数为：

$$\max U(G) = \lambda GDP + U(C) \qquad (附1-7)$$

约束条件为：

$$s.t.\ I + C = \alpha\tau GDP + p_u^H D_u^H + p_u^I D_u^I + p_r D_r \qquad (附1-8)$$

利用拉格朗日求解法有：

$$L = \lambda GDP + U(C) + \delta(\alpha\tau GDP + p_u^H D_u^H + p_u^I D_u^I + p_r D_r - I - C)$$

（附1-9）

其一阶条件为：

$$\frac{\partial L}{\partial C} = U'(C) - \delta = 0 \qquad （附1-10）$$

$$\frac{\partial L}{\partial I} = \lambda \frac{\partial GDP}{\partial I} + \delta\alpha\tau \frac{\partial GDP}{\partial I} - \delta \qquad （附1-11）$$

$$\frac{\partial L}{\partial p_r} = \lambda \frac{\partial GDP}{\partial p_r} + \delta\left(\alpha\tau \frac{\partial GDP}{\partial p_r} + D_r + p_r \frac{\partial D_r}{\partial p_r}\right) \qquad （附1-12）$$

对上述一阶条件进行整理，并根据 $GDP = Y_1 + Y_2$，以及 Y_1 和 Y_2 的表达式进行求解，可以得到：

$$\frac{\partial Y_1}{\partial I} + \frac{\partial Y_1}{\partial K_1} \times \frac{\partial K_1}{\partial I} + \frac{\partial Y_1}{\partial D_u^I} \times \frac{\partial D_u^I}{\partial I} = \frac{U'(C)}{\lambda + \alpha\tau U'(C)} \qquad （附1-13）$$

$$\frac{\partial Y_2}{\partial D_r} \times \frac{\partial D_r}{\partial p_r} + \frac{\partial Y_2}{\partial K_2} \times \frac{\partial K_2}{\partial D_r} \times \frac{\partial D_r}{\partial p_r} = \frac{-U'(C)\left(D_r + p_r \frac{\partial D_r}{\partial p_r}\right)}{\lambda + \alpha\tau U'(C)}$$

（附1-14）

该理论模型的重点在于分析地方政府竞争水平 λ 和财政收入分权水平 α 的变动如何影响地方政府对于城市区域基础设施建设 I 和非城市区域土地出让价格 p_r 的决策。其中式（附1-13）描述了 I 和 λ 以及 α 之间的均衡关系，式（附1-14）描述了 p_r 和 λ 以及 α 之间的均衡关系，所以本书从这两个式子入手研究 λ 和 α 的影响。

为了求得 $dI/d\lambda$ 和 $dI/d\alpha$，可以将式（附1-13）的左边对 I 求全微分，将式（附1-13）的右边分别对 λ 和 α 求全微分。首先代入 Y_1 的表达式有：

$$\frac{\partial Y_1}{\partial I} = \alpha K_1^\beta I^{\alpha-1} (D_u^I)^{1-\alpha-\beta} \qquad （附1-15）$$

$$\frac{\partial Y_1}{\partial K_1} \times \frac{\partial K_1}{\partial I} = \beta K_1^{\beta-1} I^\alpha (D_u^I)^{1-\alpha-\beta} \times \frac{(1-\tau)\alpha\beta (D_u^I)^{1-\alpha-\beta} K_1^\beta}{\varphi (1-\beta) I^{1-\alpha}}$$

（附1-16）

$$\frac{\partial Y_1}{\partial D_u^I} \times \frac{\partial D_u^I}{\partial I} = (1-\alpha-\beta) K_1^\beta I^\alpha (D_u^I)^{-\alpha-\beta} \times \frac{(1-\tau)(1-\alpha-\beta)\alpha (D_u^I)^{1-\alpha-\beta} K_1^\beta}{p_u^I (\alpha+\beta) I^{1-\alpha}}$$

（附1-17）

式（附1-13）的左边对 I 求全微分有：

$$\frac{d\frac{\partial Y_1}{\partial I}+\frac{\partial Y_1}{\partial K_1}\times\frac{\partial K_1}{\partial I}+\frac{\partial Y_1}{\partial D_u^I}\times\frac{\partial D_u^I}{\partial I}}{dI}<0 \qquad （附1-18）$$

式（附1-18）的经济学含义在于产出会随着基础设施建设的增加而增加，但是这种增加幅度会随着基础设施的增加而减小。

式（附1-13）的右边分别对 λ 和 α 求全微分有：

$$\frac{d\frac{U'(C)}{\lambda+\alpha\tau U'(C)}}{d\alpha}<0 \qquad （附1-19）$$

$$\frac{d\frac{U'(C)}{\lambda+\alpha\tau U'(C)}}{d\lambda}<0 \qquad （附1-20）$$

所以可以得出：

$$\frac{dI}{d\alpha}>0,\ \frac{dI}{d\lambda}>0 \qquad （附1-21）$$

为了求得 $dp_r/d\lambda$ 和 $dp_r/d\alpha$，首先对式（附1-14）做一调整，变为：

$$\frac{\frac{\partial Y_2}{\partial D_r}\times\frac{\partial D_r}{\partial p_r}+\frac{\partial Y_2}{\partial K_2}\times\frac{\partial K_2}{\partial D_r}\times\frac{\partial D_r}{\partial p_r}}{D_r+p_r\frac{\partial D_r}{\partial p_r}}=\frac{-U'(C)}{\lambda+\alpha\tau U'(C)} \qquad （附1-22）$$

从式（附1-21）中可以发现，由于 $-U'(C)/[\lambda+\alpha\tau U'(C)]<0$，同时 $\partial Y_2/\partial D_r\times\partial D_r/\partial p_r+\partial Y_2/\partial K_2\times\partial K_2/\partial D_r\times\partial D_r/\partial p_r<0$，所以要保证式（附1-21）成立，那么必然有 $D_r+p_r\partial D_r/\partial p_r>0$。

因为 D_rp_r 是地方政府通过出让非城市区域工业用地使用权所获得的收入，$dD_rp_r/dp_r=D_r+p_r\partial D_r/\partial p_r>0$ 意味着当地方政府提升土地出让价格时，其出让的土地面积下降，但是总的土地出让收入会增加，也就是工业企业对土地的需求价格弹性的绝对值小于1，这也符合土地为工业企业生产必须投入品的性质。如果假设相反的情况，也就是 $dD_rp_r/dp_r=D_r+p_r\partial D_r/\partial p_r<0$，即地方政府通过出让非城市区域的工业用地获得的总收入随着价格的下降而增加，那么地方政府就会无限地降低非城市区域工业用地的出让价格，因为一方面可以增加土地出让收入，另一方面还能吸引投资，增加本地区的GDP。此时地方政府不存在吸引投资和增加土地收入之间的权衡，与实际情况不符。所以 $dD_rp_r/dp_r=D_r+p_r\partial D_r/\partial p_r>0$

成立。

接着将式（附1-22）的左边对 p_r 求全微分，在对 p_r 求全微分时，为了降低该过程的难度，可以将式（附1-21）的左边拆成分子和分母两部分，同时将式（附1-22）的右边分别对 λ 和 α 求全微分。首先代入 Y_2 的表达式并化简有：

$$\frac{\partial Y_2}{\partial D_r} \times \frac{\partial D_r}{\partial p_r} = \frac{(1-\eta) \, D_r}{-\eta \, (1-\tau) \, (1-\eta)} \quad \text{（附1-23）}$$

$$\frac{\partial Y_2}{\partial K_2} \times \frac{\partial K_2}{\partial D_r} \times \frac{\partial D_r}{\partial p_r} = -\frac{\eta K_2^{\eta-1} D_r^2}{\varphi \, (1-\eta)} \quad \text{（附1-24）}$$

所以有：

$$\frac{d \frac{\partial Y_2}{\partial D_r} \times \frac{\partial D_r}{\partial p_r}}{dp_r} > 0 \quad \text{（附1-25）}$$

同时，

$$\frac{d \, (D_r + p_r \partial D_r/\partial p_r)}{dp_r} = \frac{dD_r \, (1 + p_r/D_r \partial D_r/\partial p_r)}{dp_r} < 0 \quad \text{（附1-26）}$$

这说明将式（附1-22）的左边对 p_r 求全微分得：

$$d\frac{\dfrac{\partial Y_2}{\partial D_r} \times \dfrac{\partial D_r}{\partial p_r} + \dfrac{\partial Y_2}{\partial K_2} \times \dfrac{\partial K_2}{\partial D_r} \times \dfrac{\partial D_r}{\partial p_r}}{D_r + p_r \dfrac{\partial D_r}{\partial p_r}} \bigg/ dp_r > 0 \quad \text{（附1-27）}$$

式（附1-22）的右边分别对 λ 和 α 求全微分有：

$$\frac{d \dfrac{-U'(C)}{\lambda + \alpha\tau U'(C)}}{d\alpha} > 0 \quad \text{（附1-28）}$$

$$\frac{d \dfrac{-U'(C)}{\lambda + \alpha\tau U'(C)}}{d\lambda} > 0 \quad \text{（附1-29）}$$

所以可以得出：

$$\frac{dp_r}{d\alpha} > 0, \quad \frac{dp_r}{d\lambda} > 0 \quad \text{（附1-30）}$$

结合式（附1-21）和式（附1-30），当地方政府相对于中央政府财政收入分权程度下降，即 α 减小时，地方政府倾向于减少基础设施投资，降低非城市区域的工业土地出让价格；当地方政府之间竞争更加激烈时，即 λ 减小时，地方政府同样倾向于减少基础设施投资，降低工业土地出让价格。这两种情况均导致城市区域的资本投资规模下降，非城市区域的资本投资规模上升。最终导致 Y_1 下降，Y_2 上升。

附录 2

附表 2-1 第五章主要回归结果的豪斯曼检验

豪斯曼检验结果（卡方值）		被解释变量		
		城市化—工业化协调度（C）	城市化与工业化差距（DIS）	城市化—工业化耦合度（D）
核心解释变量	财政收入分权与人均实际 FDI（对数）	55.770 P=0.000	65.513 P=0.000	182.333 P=0.000
	地方财政自主度与人均实际 FDI（对数）	91.592 P=0.000	36.046 P=0.000	171.030 P=0.000

附表 2-1 展示了对应于第五章表 5-2 到表 5-7 的回归方程的豪斯曼检验。其中横向代表三种被解释变量，纵向代表两种核心解释变量。通过豪斯曼检验可以判定对于面板数据到底是应该选用随机效应模型还是用固定效应模型，其原假设是应该使用随机效应模型。从附表 2-1 当中可以发现，在每一种被解释变量与解释变量的组合下都显著拒绝原假设，这意味着应当选择固定效应模型来进行估计，所以本书在第五章当中选择了固定效应模型。

附录 3

附表 3-1　　非城市区域工业用地出让面积与城市化

	被解释变量：市辖区道路总面积（对数）		被解释变量：市辖区公共汽车运营总量（对数）		被解释变量：市辖区建成区面积（对数）	
		(1)		(2)		(3)
非城市区域工业用地出让面积（对数）	0.008 (0.008)		非城市区域工业用地出让面积（对数）	-0.015 (0.019)	非城市区域工业用地出让面积（对数）	-0.008 (0.007)
L.非城市区域工业用地出让面积（对数）	0.008 (0.010)		L.非城市区域工业用地出让面积（对数）	-0.013 (0.022)	L.非城市区域工业用地出让面积（对数）	-0.015 (0.010)
L2.非城市区域工业用地出让面积（对数）	-0.007 (0.011)		L2.非城市区域工业用地出让面积（对数）	-0.003 (0.013)	L2.非城市区域工业用地出让面积（对数）	-0.005 (0.008)
L.市辖区道路总面积（对数）	0.501*** (0.028)		L.市辖区公共汽车运营总量（对数）	0.661*** (0.048)	L.市辖区建成区面积（对数）	0.387*** (0.030)
L.人均实际GDP（对数）	0.239*** (0.030)		L.人均实际GDP（对数）	0.224*** (0.048)	L.人均实际GDP（对数）	0.228*** (0.023)
L.非农产业占比	0.004*** (0.001)		L.非农产业占比	0.002 (0.002)	L.非农产业占比	0.006*** (0.001)
常数项	1.135*** (0.250)		常数项	0.356 (0.352)	常数项	0.569*** (0.181)
样本量	1680		样本量	1680	样本量	1680

注：＊表示 $p<0.1$；＊＊表示 $p<0.05$；＊＊＊表示 $p<0.01$。

附表 3-1 展示了非城市区域工业用地出让面积对城市化的影响，从表中可以发现，非城市区域工业用地出让面积对市辖区道路总面积、市辖区公共汽车运营总量以及市辖区建成区面积均没有显著影响。这说明非城市区域工业用地出让面积的增加不会推动城市化。根据附表 3-1 得出的结论与第五章中表 5-10 得出的结论一致。因篇幅原因，将该表放在附录中展示。

参考文献

一 中文文献

《马克思恩格斯全集》(第二卷),人民出版社 1957 年版。
安虎森等:《新区域经济学》,东北财经大学出版社 2008 年版。
霍利斯·钱纳里、莫伊思·赛尔昆:《发展的型式:1950—1970》,李新华等译,经济科学出版社 1988 年版。
小林义雄:《战后日本经济史》,孙汉超、马君雷译,商务印书馆 1985 年版。
张五常:《中国的经济制度》,中信出版集团 2017 年版。

白南生:《中国的城市化》,《管理世界》2003 年第 11 期。
白重恩、杜颖娟、陶志刚等:《地方保护主义及产业地区集中度的决定因素和变动趋势》,《经济研究》2004 年第 4 期。
才国伟、张学志、邓卫广:《"省直管县"改革会损害地级市的利益吗?》,《经济研究》2011 年第 7 期。
曹春方、马连福、沈小秀:《财政压力、晋升压力、官员任期与地方国企过度投资》,《经济学(季刊)》2014 年第 4 期。
曹建海:《我国重复建设的形成机理与政策措施》,《中国工业经济》2002 年第 4 期。
陈斌开、林毅夫:《发展战略、城市化与中国城乡收入差距》,《中国社会科学》2013 年第 4 期。
陈海达:《财政分权对政府支出和城市发展的影响研究》,博士学位论文,浙江大学,2009 年。
陈佳贵、黄群慧、钟宏武:《中国地区工业化进程的综合评价和特征分析》,《经济研究》2006 年第 6 期。

陈硕：《分税制改革、地方财政自主权与公共品供给》，《经济学（季刊）》2010年第4期。

陈硕、高琳：《央地关系：财政分权度量及作用机制再评估》，《管理世界》2012年第6期。

陈思霞、卢盛峰：《分权增加了民生性财政支出吗？——来自中国"省直管县"的自然实验》，《经济学（季刊）》2014年第4期。

陈雪明：《美国城市化和郊区化历史回顾及对中国城市的展望》，《国外城市规划》2003年第1期。

陈熠辉、蔡庆丰、林海涵：《政府推动型城市化会提升域内企业的创新活动吗？——基于"撤县设区"的实证发现与政策思考》，《经济学（季刊）》2022年第2期。

戴永安：《中国城市化效率及其影响因素——基于随机前沿生产函数的分析》，《数量经济技术经济研究》2010年第12期。

邓晓兰、刘若鸿、许晏君：《经济分权、地方政府竞争与城市全要素生产率》，《财政研究》2019年第4期。

董敏杰、梁泳梅、张其仔：《中国工业产能利用率：行业比较、地区差距及影响因素》，《经济研究》2015年第1期。

杜修立、张昱昭：《中国城镇化率提升的动力分解与新发展阶段趋势预测——基于国际比较的一种新方法》，《统计研究》2022年第2期。

范剑勇、莫家伟、张吉鹏：《居住模式与中国城镇化——基于土地供给视角的经验研究》，《中国社会科学》2015年第4期。

范子英、张军：《财政分权与中国经济增长的效率——基于非期望产出模型的分析》，《管理世界》2009年第7期。

方红生、张军：《中国地方政府竞争、预算软约束与扩张偏向的财政行为》，《经济研究》2009年第12期。

付强、乔岳：《政府竞争如何促进了中国经济快速增长：市场分割与经济增长关系再探讨》，《世界经济》2011年第7期。

付文林、耿强：《税收竞争、经济集聚与地区投资行为》，《经济学（季刊）》2011年第4期。

傅勇：《财政分权、政府治理与非经济性公共物品供给》，《经济研究》2010年第8期。

傅勇、张晏：《中国式分权与财政支出结构偏向：为增长而竞争的代价》，《管理世界》2007 年第 3 期。

高琳：《快速城市化进程中的"撤县设区"：主动适应与被动调整》，《经济地理》2011 年第 4 期。

宫汝凯、姚东旻：《全面直管还是省内单列：省直管县改革的扩权模式选择》，《管理世界》2015 年第 4 期。

龚锋、卢洪友：《公共支出结构、偏好匹配与财政分权》，《管理世界》2009 年第 1 期。

顾乃华：《我国城市生产性服务业集聚对工业的外溢效应及其区域边界——基于 HLM 模型的实证研究》，《财贸经济》2011 年第 5 期。

郭克莎：《中国工业化的进程、问题与出路》，《中国社会科学》2000 年第 3 期。

郭庆旺、贾俊雪：《财政分权、政府组织结构与地方政府支出规模》，《经济研究》2010 年第 11 期。

韩君、孟冬傲：《财政分权对生态环境的空间效应分析——来自省际面板的经验数据》，《财政研究》2018 年第 3 期。

何晓萍：《中国工业的节能潜力及影响因素》，《金融研究》2011 年第 10 期。

后小仙、陈琪、郑田丹：《财政分权与环境质量关系的再检验——基于政府偏好权变的视角》，《财贸研究》2018 年第 6 期。

胡向婷、张璐：《地方保护主义对地区产业结构的影响——理论与实证分析》，《经济研究》2005 年第 2 期。

黄群慧：《2020 年我国已经基本实现了工业化——中国共产党百年奋斗重大成就》，《经济学动态》2021 年第 11 期。

贾俊雪、郭庆旺：《政府间财政收支责任安排的地区经济增长效应》，《经济研究》2008 年第 6 期。

贾俊雪、梁煊：《地方政府财政收支竞争策略与居民收入分配》，《中国工业经济》2020 年第 11 期。

贾俊雪、应世为：《财政分权与企业税收激励——基于地方政府竞争视角的分析》，《中国工业经济》2016 年第 10 期。

简新华、黄锟：《中国城镇化水平和速度的实证分析与前景预测》，《经济研究》2010 年第 3 期。

江飞涛、耿强、吕大国、李晓萍：《地区竞争、体制扭曲与产能过剩的形成机理》，《中国工业经济》2012 年第 6 期。

江曼琦、席强敏：《中国主要城市化地区测度——基于人口聚集视角》，《中国社会科学》2015年第8期。

柯善咨、赵曜：《产业结构、城市规模与中国城市生产率》，《经济研究》2014年第4期。

李郇、洪国志、黄亮雄：《中国土地财政增长之谜——分税制改革、土地财政增长的策略性》，《经济学（季刊）》2013年第4期。

李琳、周一成：《财政分权对中国工业企业创新能力的影响研究》，《财贸研究》2018年第7期。

李猛：《"省直管县"能否促进中国经济平稳较快增长？——理论模型和绩效评价》，《金融研究》2012年第1期。

李胜兰、初善冰、申晨：《地方政府竞争、环境规制与区域生态效率》，《世界经济》2014年第4期。

李文：《城市化滞后的经济后果分析》，《中国社会科学》2001年第4期。

李香菊、刘浩：《区域差异视角下财政分权与地方环境污染治理的困境研究——基于污染物外溢性属性分析》，《财贸经济》2016年第2期。

梁婧、张庆华、龚六堂：《城市规模与劳动生产率：中国城市规模是否过小？——基于中国城市数据的研究》，《经济学（季刊）》2015年第3期。

梁若冰：《口岸、铁路与中国近代工业化》，《经济研究》2015年第4期。

廖直东：《财政纵向失衡、经济增长目标与地方财政科技投入》，《兰州财经大学学报》2022年第4期。

林春：《财政分权与中国经济增长质量关系——基于全要素生产率视角》，《财政研究》2017年第2期。

刘冲、乔坤元、周黎安：《行政分权与财政分权的不同效应：来自中国县域的经验证据》，《世界经济》2014年第10期。

刘建民、王蓓、陈霞：《财政分权对环境污染的非线性效应研究——基于中国272个地级市面板数据的PSTR模型分析》，《经济学动态》2015年第3期。

刘瑞明：《晋升激励、产业同构与地方保护：一个基于政治控制权收益的解释》，《南方经济》2007年第6期。

刘瑞明、石磊：《中国城市化迟滞的所有制基础：理论与经验证据》，《经济研究》2015年第4期。

卢洪友、朱耘婵：《城镇化、人口流动与地方政府债务水平——基于中国地级市的经验证据》,《经济社会体制比较》2020年第1期。

卢盛峰、陈思霞:《政策偏袒的经济收益:来自中国工业企业出口的证据》,《金融研究》2016年第7期。

卢盛峰、陈思霞:《政府偏袒缓解了企业融资约束吗?——来自中国的准自然实验》,《管理世界》2017年第5期。

陆铭:《城市、区域和国家发展——空间政治经济学的现在与未来》,《经济学(季刊)》2017年第4期。

陆铭、欧海军:《高增长与低就业:政府干预与就业弹性的经验研究》,《世界经济》2011年第12期。

陆铭、向宽虎、陈钊:《中国的城市化和城市体系调整:基于文献的评论》,《世界经济》2011年第6期。

逯进、周惠民:《中国省域人力资本与经济增长耦合关系的实证分析》,《数量经济技术经济研究》2013年第9期。

吕政、黄群慧、吕铁、周维富:《中国工业化、城市化的进程与问题——"十一五"时期的状况与"十一五"时期的建议》,《中国工业经济》2005年第12期。

马草原、朱玉飞、李廷瑞:《地方政府竞争下的区域产业布局》,《经济研究》2021年第2期。

倪鹏飞、颜银根、张安全:《城市化滞后之谜:基于国际贸易的解释》,《中国社会科学》2014年第7期。

庞瑞芝、李鹏:《中国新型工业化增长绩效的区域差异及动态演进》,《经济研究》2011年第11期。

皮建才:《市场制度环境、地方政府行为与外资进入模式》,《经济学家》2009年第10期。

任志成、巫强、崔欣欣:《财政分权、地方政府竞争与省级出口增长》,《财贸经济》2015年第7期。

邵朝对、苏丹妮、包群:《中国式分权下撤县设区的增长绩效评估》,《世界经济》2018年第10期。

沈鸿、顾乃华:《地方财政分权、产业集聚与企业出口行为》,《国际贸易问题》2017年第9期。

沈可、章元:《中国的城市化为什么长期滞后于工业化?——资本密集型投资倾向视角的解释》,《金融研究》2013年第1期。

沈坤荣、付文林：《中国的财政分权制度与地区经济增长》，《管理世界》2005年第1期。

施建刚、王哲：《中国城市化与经济发展水平关系研究》，《中国人口科学》2012年第2期。

唐为、王媛：《行政区划调整与人口城市化：来自撤县设区的经验证据》，《经济研究》2015年第9期。

王桂新：《城市化基本理论与中国城市化的问题及对策》，《人口研究》2013年第6期。

王国刚：《城镇化：中国经济发展方式转变的重心所在》，《经济研究》2010年第12期。

王文剑：《中国的财政分权与地方政府规模及其结构——基于经验的假说与解释》，《世界经济文汇》2010年第5期。

王文剑、仉建涛、覃成林：《财政分权、地方政府竞争与FDI的增长效应》，《管理世界》2007年第3期。

王曦、陈中飞：《中国城镇化水平的决定因素：基于国际经验》，《世界经济》2015年第6期。

王小龙、方金金：《政府层级改革会影响地方政府对县域公共教育服务的供给吗？》，《金融研究》2014年第8期。

王小鲁：《中国城市化路径与城市规模的经济学分析》，《经济研究》2010年第10期。

王永钦、戴芸、包特：《财政分权下的地方政府债券设计：不同发行方式与最优信息准确度》，《经济研究》2015年第11期。

魏福成、邹薇、马文涛、刘勇：《税收、价格操控与产业升级的障碍——兼论中国式财政分权的代价》，《经济学（季刊）》2013年第4期。

巫强、崔欣欣、马野青：《财政分权和地方政府竞争视角下我国出口增长的制度解释：理论与实证研究》，《国际贸易问题》2015年第10期。

吴木銮、林谧：《政府规模扩张：成因及启示》，《公共管理学报》2010年第4期。

吴延兵：《中国式分权下的偏向性投资》，《经济研究》2017年第6期。

吴意云、朱希伟：《中国为何过早进入再分散：产业政策与经济地理》，《世界经济》2015年第2期。

肖国东：《我国制造业转型升级评价及影响因素研究——基于空间面板及

空间 Tobit 模型的分析》，博士学位论文，吉林大学，2019 年。

谢冬水：《地方政府竞争、土地垄断供给与城市化发展失衡》，《财经研究》2016 年第 4 期。

谢贞发、王轩、林铫铫、林子清：《撤县设区、城市规模扩张与基本公共服务配置》，《财贸研究》2022 年第 11 期。

谢贞发、张玮：《中国财政分权与经济增长——一个荟萃回归分析》，《经济学（季刊）》2015 年第 2 期。

闫坤、黄潇：《中国式分权、财政纵向失衡与基本公共服务供给研究》，《经济学动态》2022 年第 12 期。

杨其静、卓品、杨继东：《工业用地出让与引资质量底线竞争——基于 2007～2011 年中国地级市面板数据的经验研究》，《管理世界》2014 年第 11 期。

殷德生：《最优财政分权与经济增长》，《世界经济》2004 年第 11 期。

尹恒、杨龙见：《地方财政对本地居民偏好的回应性研究》，《中国社会科学》2014 年第 5 期。

余永定、杨博涵：《中国城市化和产业升级的协同发展》，《经济学动态》2021 年第 10 期。

袁富华、张平、楠玉：《城市化中人口质量提升与数量增长的再平衡——补偿性增长假说》，《经济学家》2020 年第 2 期。

张桂文、孙亚南：《人力资本与产业结构演进耦合关系的实证研究》，《中国人口科学》2014 年第 6 期。

张海洋：《中国省际工业全要素 R&D 效率和影响因素：1999—2007》，《经济学（季刊）》2010 年第 3 期。

张军：《分权与增长：中国的故事》，《经济学（季刊）》2008 年第 1 期。

张军、陈诗一、Gary H. Jefferson：《结构改革与中国工业增长》，《经济研究》2009 年第 7 期。

张军、高远、傅勇、张弘：《中国为什么拥有了良好的基础设施?》，《经济研究》2007 年第 3 期。

张军、徐力恒、刘芳：《鉴往知来：推测中国经济增长潜力与结构演变》，《世界经济》2016 年第 1 期。

张克中、王娟、崔小勇：《财政分权与环境污染：碳排放的视角》，《中国工业经济》2011 年第 10 期。

张莉、皮嘉勇、宋光祥：《地方政府竞争与生产性支出偏向——撤县设区的政治经济学分析》,《财贸经济》2018年第3期。

张莉、王贤彬、徐现祥:《财政激励、晋升激励与地方官员的土地出让行为》,《中国工业经济》2011年第4期。

张清源、苏国灿、梁若冰:《增加土地供给能否有效抑制房价上涨——利用"撤县设区"的准实验研究》,《财贸经济》2018年第4期。

张曙霄、戴永安:《异质性、财政分权与城市经济增长——基于面板分位数回归模型的研究》,《金融研究》2012年第1期。

张文佳、柴彦威:《时空制约下的城市居民活动——移动系统——活动分析法的理论和模型进展》,《国际城市规划》2009年第4期。

张晏、龚六堂:《分税制改革、财政分权与中国经济增长》,《经济学(季刊)》2005年第4期。

张勇、蒲勇健、陈立泰:《城镇化与服务业集聚——基于系统耦合互动的观点》,《中国工业经济》2013年第6期。

章元、万广华:《国际贸易与发展中国家的城市化:来自亚洲的证据》,《中国社会科学》2013年第11期。

赵文哲:《财政分权与前沿技术进步、技术效率关系研究》,《管理世界》2008年第7期。

郑洁、付才辉、张彩虹:《财政分权与环境污染——基于新结构经济学视角》,《财政研究》2018年第3期。

郑新业、王晗、赵益卓:《"省直管县"能促进经济增长吗?——双重差分方法》,《管理世界》2011年第8期。

中国经济增长前沿课题组:《城市化、财政扩张与经济增长》,《经济研究》2011年第11期。

周黎安:《晋升博弈中政府官员的激励与合作——兼论我国地方保护主义和重复建设问题长期存在的原因》,《经济研究》2004年第6期。

周黎安:《中国地方官员的晋升锦标赛模式研究》,《经济研究》2007年第7期。

周其仁:《城市化滞后拖累经济转型》,《经济观察报》2012年4月30日。

周文、赵方、杨飞、李鲁:《土地流转、户籍制度改革与中国城市化:理论与模拟》,《经济研究》2017年第6期。

周亚虹、贺小丹、沈瑶:《中国工业企业自主创新的影响因素和产出绩效研究》,《经济研究》2012年第5期。

周业安、冯兴元、赵坚毅:《地方政府竞争与市场秩序的重构》,《中国社会科学》2004年第1期。

周业安、章泉:《财政分权、经济增长和波动》,《管理世界》2008年第3期。

周业安、赵晓男:《地方政府竞争模式研究——构建地方政府间良性竞争秩序的理论和政策分析》,《管理世界》2002年第12期。

周游、谭光荣、王涛生:《财政分权的门槛与FDI技术溢出效应的非线性研究——基于地方政府竞争视角》,《管理世界》2016年第4期。

二 英文文献

Abernathy, C. R., "The Consolidation of Local Government Services: the Incidence and Practice of Service Delivery Consolidation in North Carolina", *Public Administration Quarterly*, 2012, 36 (1): 42 – 83.

Ades, A. F., Glaeser, E. L., "Trade and Circuses: Explaining Urban Giants", *The Quarterly Journal of Economics*, 1995, 110 (1): 195 – 227.

Akai, N., Sakata, M., "Fiscal Decentralization Contributes to Economic Growth: Evidence from State-Level Cross-Section Data for the United states", *Journal of Urban Economics*, 2002, 52 (1): 93 – 108.

Anderson, G., Ge, Y., "The Size Distribution of Chinese Cities", *Regional Science & Urban Economics*, 2005, 35 (6): 756 – 776.

Andersson, F., Burgess, S., Lane, J. I., Cities, "Matching and the Productivity Gains of Agglomeration", *Journal of Urban Economics*, 2007, 61 (1): 112 – 128.

Ashworth, J., Geys, B., Heyndels, B., et al., "Competition in the Political Arena and Local Government Performance", *Applied Economics*, 2014, 46 (19): 2264 – 2276.

Au, C. C., Henderson, J. V., "Are Chinese Cities too Small?", *Review of Economic Studies*, 2006a, 73 (3): 549 – 576.

Au, C. C., Henderson, J. V., "How Migration Restrictions Limit Agglomeration and Productivity in China", *Journal of Development Economics*, 2006b, 80 (2): 350 – 388.

Baldwin, R. E., Martin, P., Ottaviano, G. I. P., "Global Income Divergence, Trade and Industrialization: The Geography of Growth Take-offs", *Journal of Economic Growth*, 2001, 6 (1): 5 – 37.

Baum-snow, Nathaniel and Ronni Pavan, "Understanding the City Size Wage Gap", *The Review of Economic Studies*, 2012, 79 (1): 88 – 127.

Berliner, J. S., "Internal Migration: a Comparative Disciplinary View", *Lnternal Migration: A Comparative Perspective*, 1977: 443 – 461.

Bertinelli, L., Black, D., "Urbanization and Growth", *Journal of Urban Economics*, 2004, 56 (1): 80 – 96.

Besley, T., Coate, S., "Centralized Versus Decentralized Provision of Local Public Goods: a Political Economy Approach", *Journal of Public Economics*, 2003, 87 (12): 2611 – 2637.

Blanchard, O., Shleifer, A., "Federalism with and without Political Centralization", *IMF Staff Papers*, 2001, 48 (1): 171 – 179.

Bloom, N., Van Reenen, J., "Measuring and Explaining Management Practices Across Firms and Countries", *The Quarterly Journal of Economics*, 2007, 122 (4): 1351 – 1408.

Bodman, P., "Fiscal Decentralization and Economic Growth in the OECD", *Applied Economics*, 2011, 43 (23): 3021 – 3035.

Bosker, M., Brakman, S., Garretsen, H., et al., "Relaxing Hukou: Increased Labor Mobility and China's Economic Geography", *Journal of Urban Economics*, 2012, 72 (2 – 3): 252 – 266.

Breuss, F., Eller, M., "Decentralising the Public Sector: Fiscal Decentralisation and Economic Growth: is there Really a Link?", *CESifo DICE Report*, 2004, 2 (1): 3 – 9.

Burgess, R., Hansen, M., Olken, B. A., et al., "The Political Economy of Deforestation in the Tropics", *The Quarterly Journal of Economics*, 2012, 127 (4): 1707 – 1754.

Cai, H., Treisman, D., "Did Government Decentralization Cause China's Economic Miracle?", *World Politics*, 2006, 58 (4): 505 – 535.

Cai, H., Treisman, D., "Does Competition for Capital Discipline Governments? Decentralization, Globalization and Public Policy", *American Economic Review*,

2005, 95 (3): 817-830.

Carlino, G. A., Chatterjee, S., Hunt, R. M., "Urban Density and the Rate of Invention", *Journal of Urban Economics*, 2007, 61 (3): 389-419.

Carr, J. B., Feiock, R. C., "Metropolitan Government and Economic Development", *Urban Affairs Review*, 1999, 34 (3): 476-488.

Chang, G. H. and Brada, J. C., "The Paradox of China's Growing Under-Urbanization", *Economic Systems*, 2006, 30 (1): 24-40.

Chang, T. H., Peter, J. K., "Misallocation and Manufacturing TFP in China and India", *MPRA Paper*, 2007, 124 (4): 1403-1448.

Chen, Chien-hsun, "Fiscal Decentralization, Collusion and Government Size in China's Transitional Economy", *Applied Economics Letters*, 2004, 11 (11): 699-705.

Cheng, Ya, et al., "How do Technological Innovation and Fiscal Decentralization Affect the Environment? A Story of the Fourth Industrial Revolution and Sustainable Growth", *Technological Forecasting and Social Change*, 2021, 162: 120398.

Clark, G., Cummins, N., "Urbanization, Mortality and Fertility in Malthusian England", *American Economic Review*, 2009, 99 (2): 242-247.

Davoodi, H., Zou, H. F., "Fiscal Decentralization and Economic Growth: a Cross-Country Study", *Journal of Urban Economics*, 1998, 43 (2): 244-257.

De La Roca, Jorge, Diego Puga, "Learning by Working in Big Cities", *Review of Economic Studies*, 2017, 84 (1): 106-142.

Deng, X., Huang, J., Rozelle, S., et al., "Growth, Population and Industrialization and Urban Land Expansion of China", *Journal of Urban Economics*, 2008, 63 (1): 96-115.

Desmet, K., Rossi-Hansberg, E., "Urban Accounting and Welfare", *American Economic Review*, 2013, 103 (6): 2296-2327.

Duranton, G., Diego, P., "Microfoundations of Urban Agglomeration Economies", *Handbook of Regional and Urban Economics*, 2004, Vol. 4: 2063-2117.

Ellison, G., Fudenberg, D., "Knife-Edge or Plateau: When do Market Models

Tip?", *The Quarterly Journal of Economics*, Vol. 118, No. 4, 2003: 1249 – 1278.

Faber, B., "Trade Integration, Market Size and Industrialization: Evidence from China's National Trunk Highway System", *Review of Economic Studies*, 2014, 81 (3): 1046 – 1070.

Fan, S., Li, L., Zhang, X., "Challenges of Creating Cities in China: Lessons from a Short-Lived County-to-City Upgrading Policy", *Journal of Comparative Economics*, 2012, 40 (3): 476 – 491.

Faulk, D., Grassmueck, G., "City-County Consolidation and Local Government Expenditures", *State and Local Government Review*, 2012, 44 (3): 196 – 205.

Feiock, R. C., Carr, J. B., "Private Incentives and Academic Entrepreneurship: the Promotion of City-County Consolidation", *Public Administration Quarterly*, 2000, 24 (2): 223 – 245.

Feltenstein, A., Iwata, S., "Decentralization and Macroeconomic Performance in China: Regional Autonomy has its Costs", *Journal of Development Economics*, 2005, 76 (2): 481 – 591.

Fujita, M., Krugman, P., "The New Economic Geography: Past, Present and the Future", *Economics of Governance*, 2003, 83 (1): 139 – 164.

Fujita, M., Krugman, P., "When Is the Economy Monocentric?", *Regional Science and Urban Economics*, 1995, 25 (4): 505 – 528.

Gaffney, M., Marlowe, J., "Fiscal Implications of City-City Consolidations", *State and Local Government Review*, 2014, 46 (3): 197 – 204.

Gennaioli, N., Porta, R. L., Lopez-De-Silanes, F., et al., "Human Capital and Regional Development", *The Quarterly Journal of Economics*, 2013, 128 (1): 105 – 164.

Giesen, K., SüDekum, J., "Zipf's Law for Cities in the Regions and the Country", *Iza Discussion Papers*, 2011, 11 (4): 667 – 686.

Gollin, D., Jedwab, R., Vollrath, D., "Urbanization With and Without Industrialization", *Journal of Economic Growth*, 2016, 21 (1): 35 – 70.

Gordon, I. R., McCann, P., "Industrial Clusters: Complexes, Agglomeration and/or Social Networks", *Urban Studies*, 2000, 37 (3): 513 – 532.

Greif, A. , Tabellini, G. , "Cultural and Institutional Bifurcation: China and Europe Compared", *American Economic Review*, 2010, 100 (2): 135 – 140.

Guo, Si, Yun Pei and Zoe Xie, "A dynamic model of Fiscal Decentralization and Public debt Accumulation", *Journal of Public Economics*, 2022, 212: 104692.

Hanson, G. H. , "Market Potential, Increasing Returns and Geographic Concentration", *Journal of International Economics*, 2005, 67 (1): 1 – 24.

Hawkins, B. W. , Ward, K. J. , Becker, M. P. , "Governmental Consolidation as a Strategy for Metropolitan Development", *Public Administration Quarterly*, 1991, 15 (2): 253 – 267.

Hawkins, C. V. , "Competition and Cooperation: Local Government Joint Ventures for Economic Development", *Journal of Urban Affairs*, 2010, 32 (2): 253 – 275.

Hayek, F. A. , "The use of Knowledge in Society", *The American Economics Review*, 1945, 35 (4): 519 – 530.

Helsley, R. W. , Strange, W. C. , "Matching and Agglomeration Economies in a System of Cities", *Regional Science & Urban Economics*, 1990, 20 (2): 189 – 212.

Heckman, J. J. , Ichimura, H. , Todd, P. , "Matching as an Econometric Evaluation Estimator: Evidence from Evaluating a Job Training Programmer", *Review of Economic Studies*, 1997, 64 (4): 605 – 654.

Heckman, J. J. , Ichimura, H. , Todd, P. , "Matching as an Econometric Evaluation Estimator", *Review of Economic Studies*, 1998, 65 (2): 261 – 294.

Helsley, R. W. , Strange, W. C. , "Innovation and Input Sharing", *Journal of Urban Economics*, 2002, 51 (1): 25 – 45.

Hertel, T. , Zhai, F. , "Labor Market Distortions, Rural-Urban in Equality and the Opening of China's Economy", *Economic Modelling*, 2006, 23 (1): 76 – 109.

Jimenez, B. S. , Hendrick, R. , "Is Government Consolidation the Answer?", *State and Local Government Review*, 2010, 42 (3): 258 – 270.

Jin, H., Qian, Y., Weingast, B. R., "Regional Decentralization and Fiscal Incentives: Federalism, Chinese Style", *Journal of Public Economics*, 2005, 89: 1719-1742.

Jones, E. T., "Toward Regionalism: the St. Louis Approach", Louis U. Pub. L. Rev., 2014, 34: 103.

Jorgenson, D. W., Stiroh, K. J. U. S., "Economic Growth at the Industry Level", *American Economic Review*, 2000, 90 (2): 161-167.

Joulfaian, D., Marlow, M. L., "Centralization and Government Competition", *Applied Economics*, 1991, 23 (10): 1603-1612.

Kelley, A. C., Williamson, J. G., "Population Growth Industrial Revolutions and the Urban Transition", *Population & Development Review*, 1984, 10 (3): 419.

Khan, Zeeshan, et al., "How does Fiscal Decentralization Affect CO2 Emissions? The Roles of Institutions and Human Capital", *Energy Economics*, 2021, 94: 105060.

Krugman, P., Elizondo, R. L., "Trade Policy and the Third World Metropolis", *NBER Working Papers*, 1996, 49 (1): 137-150.

Krugman, P., "What's new about the new Economic Geography?", *Oxford Review of Economic Policy*, 1998, 14 (2): 7-17.

Kushner, J., Siegel, D., "Are Services Delivered More Efficiently after Municipal Amalgamations?", *Canadian Public Administration*, 2005, 48 (2): 251-267.

Lang, R. E., Dhavale, D., "Micropolitan America: a Brand new Geography", *Redefining Urban and Suburban America: Evidence from Census*, 2005: 235-258.

Leland, Suzanne and Kurt Thurmaier, "When Efficiency is Unbelievable: Normative Lessons from 30 years of City-county Consolidations", *Public Administration Review*, 2005, 65 (4): 475-489.

Leland, S. M., Thurmaier, K., "Metropolitan Consolidation Success: Returning to the Roots of Local Government Reform", *Public Administration Quarterly*, 2000, 24 (2): 202-222.

Li, H., Zhou, L. A., "Political Turnover and Economic Performance: the

Incentive Role of Personnel Control in China", *Journal of Public Economics*, 2005, 89 (9-10): 1743-1762.

Li, L., "The Incentive Role of Creating 'Cities' in China", *China Economic Review*, 2012, 22 (1): 172-181.

Lin, J. Y., Liu, Z., "Fiscal Decentralization and Economic Growth in China", *Economic Development and Cultural Change*, 2000, 49 (1): 1-21.

Lyyttikainen, T., "Tax Competition Among Local Governments: Evidence from a Property Tax Reform in Finland", *Social Science Electronic Publishing*, 2012, 96 (7-8): 584-595.

Marshall, A., "Principles of Economics", *Macmillan and Co. Ltd.*, London, 1890.

Martin, L. L., Schiff, J. H., "City-County Consolidations: Promise Versus Performance", *State & Local Government Review*, 2011, 43 (2): 167-177.

Martinez-Vazquez, J., Mcnab, R., "Fiscal decentralization and Economic Growth", *International Center for Public Policy Working Paper Series*, at AYSPS, GSU, 2001, 31 (9): 1597-1616.

Melitz, M. J., "The Impact of Trade on Intra-Industry Reallocations and Aggregate Industry Productivity", *Econometrica*, 2003, 71 (6): 1695-1725.

Mello, L. R. D., "Fiscal Decentralization and Intergovernmental Fiscal Relations: a Cross-Country Analysis", *World Development*, 2000, 28 (2): 365-380.

Montinola, G., Qian, Y., Weingast, B. R., Federalism, "Chinese Style: the Political Basis for Economic Success in China", *World Politics*, 1995, 48 (1): 50-81.

Moomaw, R. L., Shatter, A. M., "Urbanization and Economic Development: a Bias Toward Large Cities?", *Journal of Urban Economics*, 1996, 40 (1): 13-37.

Moretti, E., "Human Capital and Externalities in Cities", *Handbook of Regional & Urban Economics*, 2004.

Mullan, K., Grosjean, P., Kontoleon, A., "Land Tenure Arrangements and Rural-Urban Migration in China", *World Development*, 2011, 39 (1): 123-133.

Munshi, K., Rosenzweig, M., "Networks and Misallocation: Insurance, Migration and the Rural-Urban Wage Gap", *American Economic Review*, 2016, 106 (1): 46-98.

Norris, D. F., "Prospects for Regional Governance Under the new Regionalism: Economic Imperatives Versus Political Impediments", *Journal of Urban Affairs*, 2001, 23 (5): 557-571.

North, D. C., "A Transaction Cost Theory of Politics", *Journal of Theoretical Politics*, 1990, 2 (4): 355-367.

Nunn, N., Qian, N., "The Potato's Contribution to Population and Urbanization: Evidence from a Historical Experiment", *Quarterly Journal of Economics*, 2011, 126 (2): 593-650.

Oates, W., E., "The Effects of Property Taxes and Local Public Spending on Property Values: an Empirical Study of Tax Capitalization and the Tiebout Hypothesis", *Journal of Political Economy*, 1969, 77 (6): 957-971.

Oates, W. E., "An Essay on Fiscal Federalism", *Journal of Economic Literature*, 1999, 37 (3): 1120-1149.

Oates, W. E., "Fiscal Competition and European Union: Contrasting Perspectives", *Regional Science and Urban Economics*, 2001, 31 (2-3): 133-145.

Partridge, M. D., Rickman, D. S., "Distance from Urban Agglomeration Economies and Rural Poverty", *Journal of Regional Science*, 2008, 48 (2): 285-310.

Qian, Y., Roland, G., "Federalism and the Soft Budget Constraint", *Working Papers*, 1998, 88 (5): 1143-1162.

Qian, Y., Weingast, B. R., "Federalism as a Commitment to Perserving Market Incentives", *Journal of Economic Perspectives*, 1997, 11 (4): 83-92.

Qian, Y. G., Roland, "Federalism and the Soft Budget Constraint", *American Economic Review*, 1998: 1143-1162.

Qiao, B., Martinez-Vazquez, J., Xu, Y., "The Tradeoff Between Growth and Equity in Decentralization Policy: China' Experience", *Journal of Development Economics*, 2008, 86 (1): 112-128.

Reese, L. A. , "Same Governance, Different day: does Metropolitan Reorganization Make a Difference?", *Review of Policy Research*, 2004, 21 (4): 595 – 611.

Riefler, Roger, F. , "Nineteenth-Century Urbanization Patterns in the United States", *The Journal of Economic History*, 1979, 39 (4): 961 – 974.

Rigby, D. L. , Essletzbichler, J. , "Agglomeration Economies and Productivity Differences in US Cities", *Journal of Economic Geography*, 2002, 2 (4): 407 – 432.

Rosenthal, S. S. , Strange, W. C. , "Evidence on the Nature and Sources of Agglomeration Economies", *Handbook of Regional and Urban Economics*, 2004, 4: 2119 – 2171.

Rosentraub, M. S. , "City-County Consolidation and the Rebuilding of Image: the Fiscal Lessons From Indianapolis's UniGov Program", *State and Local Government Review*, 2000, 32 (3): 180 – 191.

Sato, Y. , Yamamoto, K. , "Population Concentration, Urbanization and Demographic Transition", *Journal of Urban Economics*, 2005, 58 (1): 45 – 61.

Savitch, H. V. , Vogel, R. K. , Ye, L. , "Beyond the Rhetoric: Lessons from Louisville's Consolidation", *The American Review of Public Administration*, 2010, 40 (1): 3 – 28.

Shneidman, J. L. , "The Rise of the Western World: a new Economic History", *Contemporary Sociology*, 1974, 27 (4): 38 – 38.

Soo, K. T. , "Zipf's Law for Cities: a Cross-country Investigation", *Regional Science & Urban Economics*, 2005, 35 (3): 239 – 263.

Squicciarini, M. P. , Voigtländer, Nico, "Human Capital and Industrialization: Evidence from the Age of Enlightenment", *The Quarterly Journal of Economics*, 2015, 130 (4): 1825 – 1883.

Stansel, D. , "Interjurisdictional Competition and Economic Growth In U. S. Metropolitan Areas", *Public Finance Review*, 2006, 34 (2): 173 – 194.

Stiroh, K. J. , "Information Technology and the U. S. Productivity Revival: What do the Industry Data Say?", *American Economic Review*, 2002, 92 (5): 1559 – 1576.

Sun, Yunpeng, et al., "Transition Towards Ecological Sustainability Through Fiscal Decentralization, Renewable Energy and Green Investment in OECD Countries", *Renewable Energy*, 2022, 190: 385 – 395.

Tang, Wei and Geoffrey J. D. Hewings, "Do City-County Mergers in China Promote Local Economic Development?", *Economics of Transition*, 2017, 25 (3): 439 – 469.

Thornton, J., "Fiscal Decentralization and Economic Growth Reconsidered", *Journal of Urban Economics*, 2007, 61 (1): 64 – 70.

Tiebout, C. M., "A pure Theory of Local Expenditures", *Journal of Political Economy*, 1956, 64 (5): 416 – 424.

Uchimura, H., Jütting, J. P., "Fiscal Decentralization, Chinese Style: good for Health Outcomes?", *World Development*, 2009, 37 (12): 1926 – 1934.

Weingast, B. R., "The Economic Role of Political Institutions: Market Preserving Federalism and Economic Development", *Journal of Law Economics and Organization*, 1995, 11 (1): 1 – 31.

Whalley, J., Zhang, S., "A Numerical Simulation Analysis of (Hukou) Labour Mobility Restrictions in China", *Journal of Development Economics*, 2007, 83 (2): 392 – 410.

Wu, Haitao, et al., "Environmental Decentralization, Local Government Competition and Regional Green Development: Evidence from China", *Science of the total environment*, 2020, 708: 135085.

Xiao, Ye, Lei Qiu and Xiaobing Liu, "Local Government Competition, Fiscal Expenditure Bias and Regional Innovation", *Business Management Journal*, 2019, 41 (7): 20 – 35.

Xing, C., "Human Capital and Urbanization in the People's Republic of China", *Adbi Working Papers*, 2016.

Xu, C., "The Fundamental Institutions of China's Reforms and Development", *Journal of Economic Literature*, 2011, 49 (4): 1076 – 1151.

Xu, Gang, et al., "How does Urban Population Density Decline Over time? An Exponential Model for Chinese Cities with International Comparisons", *Landscape and Urban Planning*, 2019, 183: 59 – 67.

You, Daming, Yang Zhang and Baolong Yuan, "Environmental Regulation and firm Eco-Innovation: Evidence of Moderating Effects of Fiscal Decentralization and Political Competition from Listed Chinese Industrial Companies", *Journal of cleaner production*, 2019, 207: 1072 – 1083.

Young, D., Deng, H., "Urbanization, Agriculture and Industrialization in China", *Urban Studies*, 1998, 35 (9): 1439 – 1455.

Yuan, Z. C., Qian, Y., Weingast, B., "From Federalism, Chinese Style, to Privatization, Chinese Style", *CEPR Discussion Papers*, 1998, 7 (1): 103 – 131.

Zanzig, B. R., "Measuring the Impact of Competition in Local Government Education Markets on the Cognitive Achievement of Students", *Economics of Education Review*, 1997, 16 (4): 431 – 441.

Zhang, K. H., Song, S., "Rural-Urban Migration and Urbanization in China", *China Economic Review*, 2003, 14 (4): 386 – 400.

Zhang, T., Zou, H., "Fiscal Decentralization, Public Spending and Economic Growth in China", *Journal of Public Economics*, 1998, 67 (2): 221 – 240.

索　引

B

比较静态　13

C

财政分权　5-8, 10-13, 23-28, 31, 133, 136, 139-142, 144, 148-151, 163, 174, 175, 212

财政制度　13, 136-138, 157, 208, 212

产业结构　2, 13, 16, 18, 19, 22, 23, 25, 35, 51, 55, 66, 86, 96, 100, 101, 128, 131, 132, 176

撤县设区　3-7, 9-11, 14, 15, 29-31, 182-196, 198-208, 211-213

城市规模　2, 16, 17, 28, 30, 33, 78, 131, 184

城市化　1-18, 20-24, 28, 29, 31, 32, 34-37, 50, 67-84, 86-108, 110-120, 122-136, 141, 142, 147-149, 151-154, 157, 160, 162-172, 174-176, 178-182, 184-195, 198-203, 205-214, 220, 221

城市群　1, 7, 9, 32, 33, 131, 132, 214

D

地方政府竞争　4-8, 10, 11, 13-15, 23, 24, 26-28, 30, 118, 127, 133, 135, 136, 140-142, 149, 151, 157, 164-167, 169-171, 174, 175, 180, 181, 205, 206, 211, 216

都市圈　1, 7, 9, 13, 32, 71, 74, 76, 78, 79, 83, 132, 181, 213, 214

F

分税制　3-5, 12, 27, 28, 136-142, 148, 157, 160, 212

G

工业化　1-14, 16-24, 28, 29, 31, 32, 50-53, 55, 58, 66-69, 71,

72，75－84，86－105，108－118，
126－136，141，142，147－149，
151－154，157，160，162－172，
174－177，179，180，182，185－
195，198－203，205－213

工业用地　4，8，10，11，14，15，
135，136，140－144，146，148，
149，162，171－181，189，202，
205，206，211，212，217，221

公共服务　25，28，37，172，184，
213

固定效应模型　8，10，174，220

国际经验　2，7，10，13，16，17，
19，32，67，68，84，87，210

H

横向竞争　28，133－136，180

J

基础设施建设　3，28，30，31，96，
100－102，125，136，143－145，
186，202，205，208，212，216，
217

集聚效应　30，135，141，181，204

建成区　13，16，100－104，176，178，
179，221

锦标赛模式　26

经济增长　1－3，5，6，15，17，20，
24－31，33，34，50，74，87，96，
132－136，140，160，162，180，
182，184，206，208－210，212，
213

局部均衡模型　13

K

空间经济　132，134，135，179，181，
182，185，186，208，209

空间一体化　134－136，182，186，
209

O

耦合模型　10，13，96－98，110，
116，129，136，148，210

P

配第一克拉克定理　18，100

评价系统　6，8，13，97－101，103，
104

Q

钱纳里　13，17，20，22，23，84，
86－92，96，102，115，129，134，
210

倾向值匹配法　10，14，185－188，
196，208

R

人口密度　16，18，34，96，99，101－
104

人口普查　10－12，17，37，40，42，
43，90，100，101，103，118，122，
189，204

S

熵值法　10，13，97，98，105，125，
126，136，210

索 引

剩余劳动力　21－23，135

市辖区　5，9，14，29，30，35－37，43－50，67，102，105，142，143，148，172，175，176，178，179，181，183－186，204－208，213，221

双重差分法　9，10，186，208，212

T

"条块"结构　133，136

土地供给　3－5，18，30，205

X

系统 GMM 模型　10

协调程度　8，9，13，14，16，96－98，103，110，117，129，142，148，149，151，154，162－164，166，170，171，175，187，188，190，192，202，205，208，211

行政区划　3－7，9，11，14，29－32，35，36，43，75，76，92－94，103，107，111，118，127，131，133，172，181－186，188，208，211，213，214

行政治理　3，9，29，132－136，142，179，181，185，213，214

Z

镇化　1，7－9，17，22，32，36－40，42，50，67，86，89－92，96，101，118－132，142，210，211，214

镇化指数　121－128，130，210，211

中介效应　15，171，174

准自然实验　29，186，189

纵向分权　133，135，136

综合指数　19，125－127

后　　记

时光荏苒，在博士毕业入职中国社会科学院五年之际，我的博士论文在中国社会科学博士论文文库的资助下，终于即将完成出版工作。在这里我要特别感谢中国社会科学院数量经济与技术经济研究所经济大数据与政策评估实验室，实验室提供的数据资源和硬件设备为我的书稿修改完善工作提供了重要支持。

回顾在复旦大学攻读硕博连读的五年，一天又一天往返于北区和文科图书馆、一场又一场师门组会的热烈讨论、一次又一次向导师汇报论文进展，这些情形依然历历在目。这篇博士论文从定选题、查文献、找数据，再到写模型、跑回归、撰文本，最后到顺利通过盲审、完成答辩，而今又有幸出版，经历了八年有余。

在这八年的光阴中，有太多人给予了我不求回报的支持和帮助。首先，我要感谢我的导师张军教授。按照硕博连读的培养计划，第一年学院只要求我们学习基础课程，没有安排导师进行论文指导。但是出于对张老师学术研究水平的仰慕，我在硕博连读第一年的下学期便与张老师联系，顺利拜入张老师门下。在进入张门之初，我就预期到跟随张老师学习必将在学术上受益匪浅。而事实上，后续四年多的收获远超我最初的想象，且这些收获时至今日依然影响着我。我觉得每个人心目中都有一座高山，它会成为我们人生前进路途中的目标和方向。在了解张老师之前，我心目中的高山是一个抽象的概念。但在了解了张老师过往的求学经历和人生经历，以及在达成世俗意义上的"功成名就"后，仍然拼尽全力去向一个又一个目标靠近的人生状态后，我心目中的这座高山逐渐变得具体起来。这让我在面对生活、学业、工作时可以积极而不急躁，淡然而不淡漠。因为我知道我必须要不断地努力前进，却不需要急于在短期内收获。尽管已毕业五年，我仍有幸偶有机会与张老师见面，向张老师抛出我的诸多疑惑，每每都收获颇丰。借此机会，我想向张老师致以最诚挚的感谢，感谢他在学术上给予我耐心指导，在我还是个懵懂的学生时指导我参与了多项学术科研项目，让我了解现实、增长阅历，这些经历都是我人生宝贵的财富。

其次，我要感谢在博士论文撰写和修改过程当中给予诸多修改意见的老师们。特别是复旦大学的陈诗一教授、陈钊教授、李维森教授、章元教授、王弟海教授、范子英教授和罗长远教授，以及南开大学的胡秋阳教授和张云教授。此外，我还要特别感谢詹璐老师，在五年的复旦生涯中给，詹老师给我提供了诸多帮助。我还要感谢陪伴我走过这段求学岁月的好友和同门。感谢我的两位好友，徐雅婷博士和千茜倩博士，她们是我博士生活中所有喜怒哀乐的出口。感谢我的同门徐力恒博士、刘芳博士、智艳博士、郑宇驰博士、刘贯春博士、赵达博士、石烁博士，我们的同门情谊让我终生难忘。

最后，我要向我的父母表示最真挚的感激。他们在我二十多年的求学路途上给了我最多的爱和包容，让我能够毫无后顾之忧地去完成我的学业，并且在我工作之后依然对我每一次的重要决定给予最大限度地支持，却从不对我过度苛责。我还要感谢我的姐姐，在我离家的日子里，姐姐更多的承担了照顾父母，为父母解忧的责任，让我可以轻装上阵。家人是最坚实的后盾——这是我关于家庭最深刻的体会。

毕业五年，再拿出这份博士论文进行审读、修订、出版，过程中清楚地意识到自己当时的研究有许多浅薄、疏漏之处。但由于工作后研究方向的调整和时间、精力的限制，这份书稿带着诸多遗憾匆匆付梓。如学界同仁对书中研究内容有任何意见、建议或进一步的学术探讨，欢迎不吝赐教。

张慧慧

2024 年 7 月于北京东城